群响　编著

2020
新流量江湖

新流量时代的江湖图景和操盘手视角

台海出版社

目 录

PART_01
短视频 / 直播电商众生相

PART_02
抖音流量的那些事儿

PART_03

私域流量：从小作坊到工业化

PART_04
品牌的新成长路径

PART_05
新锐流量平台的崛起

推荐语

　　刘思毅创立的"群响"，从第一天起就成为这个时代的焦虑缓解机——搞流量，来群响！哗，就像一束光，对在流量旋涡中挣扎求索的创业者来说有莫大的吸引力。无论 to C 还是 to B 的业务，无论线上还是线下的生意，还能有什么事情比流量更让人抓狂，还能有什么事情比流量更让人渴望？

　　群响俱乐部应运而生，这里汇集了中国市场上最多的顶级流量操盘手，汇集了来自巨头公司和创业公司的最新流量方法论。在这里，无论公司规模大小、会员职位高低，英雄不问出处，大家在群响平等交流，互相碰撞，贡献互联网的最佳经验和最新知识。这里有流量界最强音和最强音的碰撞，这里形成了互联网领域最热烈的生态。

　　群响，也是时代背景的浓缩。二十多年来，从中国 PC 互联网萌芽至今，互联网的江山代际迁移频繁，流量时时在变，但基于互联网的"平等、自由、分享"的精神却永续，一如刘思毅建立群响的初心：群山回响，连绵不绝。

——嘉程资本创始合伙人 李黎

未来商战注定发生在企业管理者的认知力战场上。想象力驱动认知力的升级，唯一能够限制公司体量的就是企业创始人的认知水平。企业创始人只有提升自己的认知力，不断挑战自己，刷新自己对人、对事、对这个世界的认知，企业在发展的道路上才能走得更远，走得更稳。电商行业，群响是不可多得的一个认知渠道，推荐 CEO 们都来学习。

——梅花创投创始合伙人 吴世春

2018 年年初和思毅认识的时候，觉得这是个很奇葩的人才。2019 年 5 月知道他出来做群响，我们就参与支持了一下，也见证了这个神奇的组织不断发展壮大。眼前这本《2020 新流量江湖》，群响扮演了整个流量浪潮的桥梁：链接品牌与流量，链接品牌与供应链，链接品牌与平台，一路致力于为中国新消费品牌服务。

群山回响，连绵不绝。非常棒，641 加油！

——红杉资本中国基金合伙人 曹曦

群响是个神奇的地方，在这里流量的各类角色都能找到自己舒适的姿态来参与，相互补充，一路打怪升级。非常欣赏 641 的才华，也敬佩群响团队的用心和热情，希望大家在互联网电商这个领域中，都能闯出属于自己的一番天地。

——网易严选创始人，Spēs 创始人 郑如晶

第一次见面，641 就以久混社会的接地气气质，和北大学子光环的冲突气质，让我印象深刻，真的是太有意思的人了！他建立的群响更是讲干货，重实战，集思考，让人想时刻 follow，参与其中。群响充满了热情、活力、旺盛的生命力，亦如 641 本人的魅力！

搞流量，来群响，祝群响越办越好！

——阿芙精油 CMO 小乙

群响，一个精准的流量对接江湖。在这里一年多，得到了周到的点对点服务沟通，也认识了很多对我们有帮助的朋友。推荐朋友们读一读这本《2020新流量江湖》，开阔视野，拓宽认知渠道。

——认养一头牛 CEO 孙仕军

刘思毅以及群响的活力是中国当代流量界活色生香的写照，恣意的思辨，酣畅的吐槽，构成了一幅我本少年的商业画卷。

——正欢时代 CEO，牛人星球球长 李荣鑫

群响是一个神奇的组织，刘思毅是天生的网红，有赤子之心，有一说一。群响是以流量为核心驱动的社群组织。如果想了解流量，在这里，直接跳过门槛进入资深的圈子。只要有朋友做品牌，做产品，我一定会介绍先加入群响。这样的人脉和圈子，是做好品牌的核心基础之一。

——李子柒投资人 罗一

从古至今资源永远是无价的，群响虽然成立不久，短时间内在国内电商资源社群独占鳌头，我感受到的是用心和努力，来自创始人以及整个群响团队的年轻活力，一群平均年龄23岁的铁子。在非常努力地去做事情做服务，换来的是强大渠道供应链流量主的青睐和认可。

搞流量，来群响——前途无量！

——瓜瓜传媒联合创始人，朱瓜瓜操盘手 崔元

当今中国新商业的学习方法已经在发生变化，过去我们可以在经典著作中学习，可以从国外的先进经验里借鉴。如今中国新商业的变化速度和变化方式让很多操盘人倍感焦虑，想知道很多真实的信息却看不到摸不着，所以去到不同商业形式信息的中心成为一种很高效的学习方法。

群响就是一个可以最高效和高质量地帮助你去到信息中心的组

织，带你去到流量追逐者的身边，带你去到深度创业者的身边，带你去到投资机构的身边，带你去到新锐品牌人的身边。他们掌握着一手的流量信息和对流量的理解，了解中国每一天正在发生的变化，并且彼此交换信息碰撞思考，用自己的全心投入参与中国新商业发展的进程。参与其中让我受益匪浅，欢迎每个读者来到群响看一看。

——禾决决新零售事业部总监，前天猫行业运营专家 Eason

"一期一会"是我对群响最深的感知，创业路上的我们，往往局限在自我的认知。每每参加完群响的活动，都会让我从新的视角产生新的启发。加入群响的一年多，也结识了很多行业相关的伙伴。"小而美"是我对群响团队最大的感慨，90 后的他们有思考、有胆识，最重要的是很务实。从初期的几个人到现在的 20 人、8000 余名会员、多次举办千人线上线下大会……

值得大夸特夸的，当属这本《2020 新流量江湖》，书中不仅有对行业的解读，还有对机遇的感悟。感谢新知！

——华星酷娱合伙人 张丽琨

两年前因一个项目认识 641，第一印象是思维敏捷口若悬河，后来 641 创立了群响，从投资人变成了创业者。群响的调性就像 641 的个人风格，市场中最具激情的一帮创业者聚集于此，各种新流量打法的干货涌动其中。在这个社群里你不容易懈怠，社群里狂奔的小伙伴无形中在鞭策你，要加速。

——青瓜视频创始人 戴宏民

"流量"是从古至今商业必争之地。有人的地方就有流量，只是当下流量的形态和特征发生了变化。大变局之下，关于流量的精准挖掘、应用，是一场对于自身生存和未来的争夺战。《2020 新流量江湖》是来源于一线的实践与思考，在其中，我们将看见真正的流量江湖。

——纳斯 CEO 笑笑

给群响：

丈夫只手把吴钩，意气高于百尺楼。

一万年来谁著史？八千里外觅封侯。

——星罗创始人，前折 800 创始人 许欢

我与思毅认识五年，见证了他自己从操盘手，投资人，再到创立群响这个聚焦在"流量"主题的社群。刘思毅每天都接触大量的电商创始人、操盘手，并且把自己与各路高人聊天的内容，在自己的公众号日更，输出经过深度思考的文字。"新流量"这个命题很大，但我认为刘思毅和他的群响团队来写这本书，最合适不过！强烈推荐！

最后，给所有操盘手和 CEO：仰望整个星空，才能更好地脚踏实地。

——星辰教育创始人 肖逸群 Alex

非常喜欢群响的内容和活动，既重宏观策略也重微观打法，难得的是始终保持一份柔软的底色。这里已不仅仅是一个社群那么简单，如书名一样，群响现在更像一个活泼多彩的流量江湖。

——莞尔文化创始人 曲玮玮

序 言

愿与你一起见证流量的波澜壮阔

各位读者好!

见字如面,我是刘思毅,群响创始人,江湖人称"刘老板"或者"641"(刘思毅的三个数字谐音),非常好记的名字。

很高兴您能翻开这本《2020 新流量江湖》,也很荣幸忝列于此的序言被您认真阅读。

为什么要出这本书?

要从我们群响的创立开始分享。

2019 年 5 月 8 日,我和两位合伙人在北京呼家楼的第一商城,一座商住两用的 200 平方米开放型办公室里,正式推出了"群响"这个品牌的第一篇推送。

群响开张之后,第一天招募了 1000 个会员。之后的每个月里,我们以每个月 300—400 个会员的招募速度稳定增长。到此篇序言写作的 2020 年 11 月 1 日,群响已经是累计参加人数 15 万、收费会员 8000 人的组织。

给新见面的读者朋友解释一下:

群响是什么？

一句话，即"搞流量，来群响"。群响是一家为电商从业者提供关于流量的资源对接、信息共享的服务平台。

什么是资源对接？

做品牌需要渠道，需要供应链，需要自己的操盘手和业务负责人，而我们拥有广阔的人脉库和支持我们的运营小二，来服务广大会员，帮忙曝光，帮忙精准推荐。

如何实现这样的资源对接呢？

我们用 10 个运营小二来服务 8000 位会员，直接保证每一个会员至少在三小时内可以得到相关业务人员的直接回复——拉微信群也好，或者直接帮忙在社群和朋友圈曝光也好，总之是让我们的服务有更多的抓手。

另外，我们每周还会定期举办特定主题的"资源快闪活动"，我们也会有每天的资源对接会，帮助会员进行深度曝光。

什么是信息共享？

做品牌还需要了解市场上的打法、平台政策、平台信息，群响平台上资源持续流动，我们可以很容易地得到更多一手信息，分享给会员。

做品牌还需要学会"他山之石，可以攻玉"，我们定期举行的干货分享活动（我们叫它"夜话会"），每一期邀请一位操盘手同学详细用 7000 字的篇幅来分享他们的操盘经验。

那么我们主要针对谁呢？

我们社群的核心成员，是今天活跃在一线的新消费品牌创始人、操盘手、高管，因此汇聚了不同的智慧。

我们每周一次进行的操盘手分享，全部来自我们的会员；我们每周一次的资源对接会的人脉信息，也全部来自我们的会员。这样才可以实现"所有人分享给所有人",也可以较持续地坚持每周两次的高密度运营。

创立群响一年半了,我们持续发现,今天的流量市场上,有三个主题词——

新电商、新流量、新渠道。

▌何谓"新电商"?

和传统的国货不同,今天的国货新消费创始人大多数是 80 后、90 后的年轻 CEO,而他们面向的核心消费人群,也变成了今天中国活跃在网络上的一线城市年轻人。

今天的电商品牌与往日不同,他们针对的人群的变化,导致了营销策略、冷启动策略以及不同时期的运营策略不尽相同。

而且,最重要的是,品牌的创始人变得日益年轻。经过中国上一个移动互联网浪潮训练和洗礼过的年轻人们,是创立中国新品牌的中坚力量。

▌何谓"新流量"?

甚至在 2017 年之前,很容易得出一个结论——传统电商重度依赖以淘宝、京东、唯品会"两个半"电商平台,从业者甚至只需要学习了解淘宝生态,盯住阿里这一家公司,就可以运营好一家传统电商公司。

而今天的电商变化巨大。特别是在流量侧,流量不再主动聚集在淘宝这样的电商平台上,出现了上游。上游的流量也许是内容平台,也许是即时通讯工具,也许是社区平台,他们以各种各样的形态锁定了用户。

他们是谁?他们是抖音、快手、微信为主的三大头部,以及小红书、微博、B 站、知乎为代表的中腰部平台。他们拥有最稳定的DAU,最稳固的用户使用时长,淘宝和京东等电商平台需要向他们采购流量，而电商平台里的商家，自然也要学习如何从上游攫取流量。

于是今天的电商有了新的课题——如何从上游的这些新流量池中，引入用户，在自己选择的平台中成交，形成一个有稳定销售额的品牌。

▌何谓"新渠道"？

原来的电商可能只在淘宝、京东、唯品会等平台流动，而今天的电商，由于微信、支付宝的电子支付的普及，以及微信电商基础设施的完善，抖音、小红书、B站、快手等次级平台的基础设施也日益完善，我们发现，出现了很多散落在各大流量平台的渠道。

他们不是平台，他们是一撮撮能产生稳定、持续、健康的销售额的渠道，如一个在微信生态有50万粉丝的母婴达人公众号，一个小红书上拥有1000万粉丝的网红。

放大来看，上到淘宝直播的薇娅、李佳琦，下到一个5000个微信好友的妈妈，都有可能成为品牌的出货渠道。

品牌的出货渠道，从未像今天一样如此多元，大大小小、参差不齐。

从这三个主题总结来看，了解新电商、新流量、新渠道，才能对群响有更明确的了解：

消费品牌浪潮般涌现带来巨大的从业人群增量，群响的价值之一就是为这些人提供一个场域，交流和对接的场域；

流量平台的迁移带来了巨大的认知鸿沟，群响的价值之一就是为中国创业者最大可能地解决信息不对称的问题；

渠道的多元化带来巨大的信息不对称，群响的价值之一就是为电商从业者带来哪怕一点点撮合的效率提升。

为此，群响成立一年半以来，迄今为止，我们做了9次1000人以上规模的大会，100期1000人以上参加的线上夜话会，50场500人以上参加的线上资源对接会，累计1500多位——500多天每天3位CEO和业务负责人的曝光推荐。

这在中国线上社群中是很难得的频次。我们经常开玩笑说，这绝对是一个运营驱动、匍匐在地上赚钱的公司。

在这些运营和服务的过程中，我们不断发现群响会员的需求，也不断积累群响会员的完整、有体系的记录。到我提笔写序言的时候，我们认为穿越流量周期、值得反复阅读的操盘手分享，就已经有 100 多篇。

这些操盘手的分享，都是来自一线的实战记录，还包括一些基于实战记录的哲学抽象。

比如，群响会员李荣鑫谈如何看抖音。李荣鑫被称为"抖音哲学家"，除了分享从"牛肉哥"这样一个抖音 IP 的经历之外，他还更多从平台、战略，甚至哲学抽象的角度，来理解在抖音生态的机会。这是十分值得记录和传播的当代流量资料。

另外，集合微信、抖音、快手、淘宝以及小红书、微博、B 站等多个平台的多个精华内容，能够让更多的电商初学者，或者是对流量营销感兴趣的行业外的人，更了解中国当代流量在如何变化。

因此，《2020 新流量江湖》应运而生。

我们从 100 多篇一万字左右的嘉宾分享逐字稿中，按照微信生态、抖音生态、淘宝生态、快手生态以及二级阶梯如知乎、小红书、B 站等平台的逻辑，摘选出最完整、最有普适性参考价值的内容。

考虑到生态的横向对比之外，我们还增加了一个维度，也就是操盘维度。概括起来，本书汇聚的内容，有利于读者对短视频营销、微信私域运营、直播卖货等课题，有更全面且深入的理解。

全书的作者全部来自群响会员，都是群响会员在群响夜话会、群响大会的实际交流记录，经过编辑部老师、群响同事以及作者事后润色编撰形成。

取名《2020 新流量江湖》，是期待用一本书的容量，为大家呈现波澜壮阔的流量江湖。这些都是杭州、北京、广州的线上世界，正在发生的真实商业案例。

这是 2020 年出版的一种时代记录，我们希望用流量案例的方式记录和分享，也期待在电商从业者的信息接收、商业思考方面，贡献一份价值！

　　借此机会感谢为此书编辑做出重大贡献的群响同事 Toby、秋池以及全体群响同事，感谢和我们配合的编辑任黎的耐心和认真。

　　更要感谢一路见证的 8000 多位群响会员，以及本书的内容贡献者——群响的十余位分享者。没有他们的热情响应和无私分享，我们无法以如此快的速度实现本书的出版。

　　最后，愿大家阅读愉快！

刘思毅

于杭州华润大厦

2020 年 10 月 29 日

前言

2020 年，中国新流量江湖的开端

2020 年，电商史上值得记录的一年。

以抖音、快手为代表的短视频、直播平台迅速崛起，从罗永浩入局直播后 6 亿债务快速缩减可见一斑。

私域流量更多不再是微商的小作坊玩法，而逐渐走向工业化，典型案例就是以 KOL 种草 + 私域起家的完美日记赴美 IPO 上市。

疯狂的销售额每天都在破纪录，新生的品牌如雨后春笋不断涌现。从货到品牌，从流量到渠道，整个电商链条上下游都在发生巨大变革。我们将整个变革总结为：

> 流量孕育了新平台，新平台创造了新的营销方式。而这个新的营销方式就是短视频、直播、私域。

新流量孕育了新平台

2020 年依然还是存量的世界，只是在存量世界里面一部分曾经被忽视的人群逐渐走上舞台中央，成为被平台和商家争夺的对象。

以 00 后为代表的新生人群开始逐渐成为消费主力军。三四线县城农村的"下沉人群"开始被看见、被关注。

以往没有能力消费和不会消费的人群，被抖音、快手为代表的平台发现，并且牢牢抓住，成就了当前流量江湖的两大江山。

如今抖音 DAU 已快追上微信，几乎成为国民 App。快手牢牢占住下沉人群心智。

以优质新生代女性为主的小红书平台，成为品牌冷启动种草的必经之地。

Z 世代聚集地的 B 站，从小众逐渐"破圈"，成为商家赢得年轻人的第一座山峰。

以往绝不会网购的县城和乡村人口，自从在微信群里第一次点开拼多多签到后就一发不可收拾。

点赞量和销售额的背后，是一群不被看见的人，赢得了这个世界最珍贵的尊重——被关注。

▌新平台创造了新的营销方式

从 15 秒的短视频开始，一个新的革命其实就已经开始了。抖音精准机器算法下极致的内容，极大地降低了用户的消费门槛，从图文彻底跃进到视频时代。

上至 80 岁老人，下到 3 岁小孩，所有人都可以接收到契合的内容。用户停留时长自然越来越长。

而用户在哪儿，流量在哪儿，生意就在哪儿。

先是淘客、微商、二类电商、淘宝商家纷纷入局赚钱，越来越多的玩法被研究出来，抖+、信息流、达人投放。那是一段躺着赚钱的草莽时代，流量红利增长的速度，足足让电商人追赶了好几个月。

进而大品牌和专业机构反应过来，开始紧急砸钱，培养新团队，全力 all in，政府大力补贴，各类机构、服务商迅速在以电商中心杭州为代表的城市发芽。

每一个流量都值得被尊重，每一个流量都来之不易。在之前流量渠道固化、营销费用与日俱增的背景下，所有电商人都像是沙漠里徒步行走的旅人，对于每一滴水都额外珍惜。

以短视频、直播为代表的流量，被称为"公域流量"；以微信个号、群、企业微信为代表的流量，被称为"私域流量"。

公域流量用来进，私域流量用来存。

自此，短视频、直播、私域流量成为每一个品牌方、流量操盘手必备的营销手段。

品牌、工厂供应链、服务商、流量渠道，每一个环节都在这个背景下，接受和寻求改变。

有人涅槃重生，有人就此陨落。变革的力量催生新的，杀死旧的。

基于此，本书将从以下4个板块，从不同视角对2020年发生的和之后即将发生的，进行盘点、展望和探讨：

一、短视频／直播电商众生相

对于各大平台，头部达人在领导内容创作上的阶段性使命其实已经完成，接下来就是存量市场竞争了。而品类红利、供应链驱动、店铺驱动、精细化运营的时代即将降临。这个版块内容庞杂、丰富，所以分为两部分，第一部分讲众生相，第二部分专讲抖音。

二、私域流量从小作坊到工业化

私域的核心逻辑是如何通过最高的效率、最低的成本触达、留存用户，以及更高效地做转化。这些其实是相对简单的目标。

核心是，当下各方面变化如此迅速，私域所承载的内容越来越多，未来的可延展性也变得更大。

而当前私域流量红利越来越少，私域流量运营也已经从最开始的小作坊形式向流程化规模化运作。团队运作，工作细分，变得更加专业。

三、品牌的新成长路径

新流量渠道和新的营销场景产生，几乎重塑了一个品牌新的成长路径。

从传统的电商平台淘宝、京东，到今天的流量巨头抖音与快手，导致了品牌从品牌定位，品类人群的切入，0-1的冷启动，稳定月销后的快速铺量，品牌心智的占有，都与过去的品牌成长路径有了很大的不同。

我们期望以品牌操盘手的视角去探讨，品牌与流量，货与渠道的种种变革与经验教训。

四、新锐流量平台的崛起

随着众多社交媒体平台的崛起，新流量更多会倒向社交电商和去中心化电商：

1）以云集 / 贝店为代表的导购型社交电商

2）以抖音 / 小红书为代表的内容型社交电商

3）以拼多多为代表的拼购型社交电商

除了抖音快手，许多品牌的营销动作也开始向 B 站、知乎、小红书等平台迁移。但这些平台的商业化起步较晚，如何选择平台，并根据平台优势选择对应的营销策略，对于当下许多品牌来讲，是个棘手的问题。

2020 这一年过去了，新流量江湖的大幕才刚刚拉开，希望阅读此书的各位操盘手们都能乘此风破这浪，获取一番成就。

PART_01

短视频 / 直播
电商众生相

第一节

一文读懂淘宝
内容生态

前情提要

现在谈淘宝内容生态，是比较过时的话题。

流量圈有一个鄙视链，搞淘宝除了直播做得好的，其他都在鄙视链的最底层。很多新手做营销靠小红书起来，靠信息流起来，从没有人说靠淘宝的内容生态起来。

非得要说内容生态，那只可能有某个品牌说靠薇娅李佳琦做起来，但一讲到内容生态就只说两个人的话，是一个唱双簧的舞台，谈不上内容生态。

如果整个淘宝内容生态在未来某一天做起来了，至少要知道风口从哪里来，风口因何而起，它们往哪里去。

流量英雄

姓名： 苍铭

职务： 道与路品牌管理 CEO

原天猫国际营销线小二，是天猫最早一批从事电商内容营销岗位的人。

苍铭算是距离天猫电商营销生态最近的那拨人，精通品牌与平台的联合营销合作及各个渠道资源的打通协调。

江湖过招

本回合主题：淘宝内容营销生态的起底及机会展望

一、看变迁：城头变幻大王旗

过去五年的时间里，我一直在做与电商内容营销有关的事情。

第一方面主要是从人的维度切入，在淘宝内容生态一直变迁的六年时间里分析主导生态变迁的团队及对应的一些人做的业务决定，以人的角度看为什么内容生态一步步跑到了现在的位置。

时任阿里内容生态的负责人闻仲，是淘宝内容生态的活化石。

最开始阿里做的第一个完整的内容生态产品叫"淘江湖"。这个产品一开始做 to B 的社区，没有做起来，然后转型做 to C 的社区也没有搞起来，一下整个业务就都没有了。业务没有了，人还在，于是在闻仲的带领下转型为做淘宝达人的团队。

当时淘宝平台没有给内容展现的场景，但要做内容得先有人。闻仲团队找了很多媒体、淘女郎和电商从业者，邀请他们进入阿里成为淘宝达人。

唯一可以运营的场叫微淘，现在还在，那时候微淘是整个阿里所有内容生态产品中淘宝达人唯一可以运营的渠道。

在频道运营的误区中迷失

2015 年年初的时候，阿里做了第二个内容产品叫"淘宝头条"，就运营一个产品，两个人做内测，店在南京做的测试，在南京本地测试效果非常好，阿里就把这个业务拉到了非常高的级别。在最高 level 的时候，淘宝头条和钉钉两个产品组成了阿里创新业务事业部，直接向阿里巴巴副总裁汇报。

现在钉钉成了撒手锏，当时阿里把淘宝头条对应今日头条，是因为头条资讯做得很牛，但是在产品竞争中先后被有好货的图文产品"干"掉，又被直播转化效率高的产品"干"掉。

从这方面来看，在 2016 年前，整个淘系内容的洗牌，被阿里放在很高的位置，当时所有的电商 App 都没有开始做这个事情。

到 2018 年，大家讲起淘宝内容骂声一片，没有人说阿里内容做得有多好。阿里从 2015 年到 2018 年起了大早，但是倒下得也较早。当时阿里前台内容遇到了比较大的问题，即过度重频道，重运营，轻算法。

阿里当时做了"活菩萨"，把淘宝首页 4000 万的 DAU（日活跃用户数量）送给图文短视频的频道。这 4000 万的 DAU 是通过阿里妈妈付费的，但变成内容产品之后，把所有的流量给了所谓的淘宝达人。达人把流量变成了内容，通过内容向商家收费。

比较真实的数据是，当一个品牌做图文短视频，拿到真实图文进店的成本高 30 到 50 元。这种成本的投放比导致了没有哪一个商家在整个内容生态中挣到钱。——当然有很多别的角色挣到钱了，后面会专门说。

在整整三年中，很风光的内容频道的团队在后期全部离职或者被转岗、被合并，手机淘宝首页基本上看不到三四年前的内容频道，基本上全散了。

到 2019 年直播崛起的时候，与很多人认知不一样的是，2019 年的年底全世界的人都在讲淘宝直播的时候，其实淘宝直播前台做业务的小二只有十几个人。虽然直播在天猫内部是所有人的焦点，但做不了什么事：人太少了！

而实质上这两年在阿里生态掌握话语权的是天猫的各个小二，他们拿到内容话语权主要是因为手里有货。天猫小二是全世界手里货最多的人，变现最好的方式是找天猫小二合作；如果想与一个明星合作做全世界最牛的货品和价格，靠自己招商基本上搞不定，但如果和天猫官方行业合作，这个事就变得非常轻松。天猫小二靠着手里的商家和货品的集群拿到了内容的话语权。

但这两年出现了很大的变化，可能一个天猫的团队里面有做商家管理的、做营销的、做内容的……做什么都有可能。

你会发现，天猫小二可能每个行业对应 20 个小二，而其中有18 个人对应直播板块，几乎每一个小二都把直播作为自己的抓手，而本质上这个抓手是流量，不是内容本身。而小二拿到了内容话语权之后，反而没有做内容，只是做自己行业里的流量分配。

产品及技术团队，才是内容未来

比较可喜的趋势是，天猫淘宝在内容层面上越来越重视产品及技术团队。

当 2016 到 2018 年天猫非常重视前台频道运营的时候，也是整个阿里的导购内容产品"死"得最容易的时候。比如当时美妆学院的产品线，前台运营的小二有自己的价值观，他要对所有的内容进行审稿，但是美妆行业希望在活动里放资源位，淘客要流量，商家也要流量，于是做了很多垃圾内容，因为平台要承载的东西和要干的事情太多，反而没有真正地把用户留存起来。淘宝在直播之前的每一个产品都是 DAU 导向。

如果不看淘宝本身，本质上频道占 DAU 比例一直在下滑，用户停留时间极少。原本淘宝希望以内容提升消费者的停留时长，结果发现做频道运营，内容做得越多，消费者跑得越快，最后除了非常下沉的小镇青年几乎没有人看淘宝的内容了。

所以，这两年淘宝开始重视算法和技术，尤其是淘宝很重要的产品"猜你喜欢"，每天有过亿的DAU。他们基于对消费者的把握，在"猜你喜欢"植入一定的内容，这些内容也得到了比较好的反馈。2020年下半年"手淘"大改版，给短视频更多的流量，希望在这方面能够挽回整个阿里内容生态的败局。

赚钱的机会怎么变，谁赚到了？

那么，在阿里过去的五六年里，阿里在手淘频道给了内容前台4000的DAU，这些钱到底被谁赚了？

下面主要从业务机会的变迁和入局玩家的变迁做简单的阐述。

业务机会的变迁方面，我认为，今后，淘宝大学讲师报名应该会更火爆。为什么？所有靠内容生态崛起真正赚到钱的公司中，有七成公司的老板是淘宝大学的讲师。如果你想在淘宝里挣到钱，最好的方式是报名淘宝大学，成为淘宝大学的讲师，就可以在这个生态中赚到第一桶金。

那谁是第一个赚到钱的呢？地域媒体。

最开始淘宝头条做资讯分发的时候，引入了很多城市的媒体做都市媒体计划，比如将《新京报》《新闻晨报》等地方媒体引进来。地方媒体组建微博运营、微信运营，组建了淘宝内容运营的团队，然后接一些商家的通稿做全平台的分发，一开始淘宝头条是这个定位和角色。

当时地域媒体做得比较好的，一个月通过淘系分发能做到50万到100万收入的量级。背后原因就是当时阿里大力扶持地域媒体，希望把整个淘宝头条做到今日头条的量级。当时阿里通过对产品进行改造以适应内容的变化，比如都市媒体很难在天猫里招到商。他们能拿到淘宝头条的流量，但是不知道怎么变现流量，所以那时候闻仲和淘宝头条的团队一起发起了一个项目，叫作"阿里V任务"。这个产品，电商人都清楚，当时V任务的初心是帮助媒体去做电商的分发，借此基本上消灭了信息不对称。

那么，真正地在这个场里从2015年开始一直赚到今天的是谁呢？淘客。

2015 年至 2016 年淘宝头条兴起的时候，很多人不知道淘宝头条背后，是内容生态做了奖励内容计划，拿出 20 亿激励内容创作者。

但一年后，奖励计划并未推进，原因是钱不够——在 2016 年淘宝给内容创作者分了 10 个亿，到 2017 年年终钱没了。

这些钱被什么内容分走了？被淘宝内容场里的淘客内容，以淘客分佣的方式全部拿走了。当时 20 亿成立了阿里妈妈淘客分佣的钱。

2016 年前后淘宝做内容并不和商家联系，于是淘客就去阿里妈妈那儿看哪些产品佣金高，以非常惊人的选品能力从阿里妈妈的池子里选品，去全网"扒"内容，"扒"一些让大家看起来很舒服但其实完全是拼凑的内容，甚至内容可能和产品都没有关系。通过每天几十条的内容分发，一个号发完之后注册新号，一个工作室可能手里有二三十个号。就这样，淘客的佣金做得比较好的团队一个月有 500 万元到 1000 万元收入。

淘客就靠这种内容洗刷了淘宝内容生态里几乎所有的流量。

淘系 MCN 的风口起飞

为了对抗这个趋势，淘系在 2017 年做了改版，叫作"动态奖金激励计划"，所有的佣金要在阿里巴巴才能拿走。阿里开发了一个很牛的算法，能够通过监测图片文字的质量来给文章打分，再根据机器对文章质量打的分，把这些从淘客截留的钱分给文章创作者。

于是，老牌的淘客几乎全部离场，因为他们发现佣金赚不到钱了；但很多迭代出来新的淘客在这波红利之下还能继续赚到钱，因为毕竟审稿是机器审，他们摸到了规律，通过自己的技术和商业数据的能力，把很多内容做到了符合机器审稿的审美，继续赚淘宝的分佣。

到了 2019 年、2020 年，这两年大家不怎么做淘宝内容了，以淘宝短视频为例，淘宝短视频每个月有 3000 万的动态内容分佣，分给内容的创作者。（可能有大部分人没有见到过这笔钱，但有小团队一直默默地赚钱，然后分享。）

所以在整个淘客利益体系之下，品牌的内容在淘内基本上没有任何价值；消费者也并不太喜欢看淘宝的内容。

被时代选中的直播 MCN

到了 2018 年，整个淘宝的 MCN（多频道网络服务机构）大规模地崛起。

但那两年淘内的 MCN 自己手里却没有一分钱的流量，所有的流量来自阿里的分配。在手淘的内容场景中，可以看到"有好货"，一个 0 粉丝的达人和 100 万粉丝的达人内容露出和曝光的概率几乎一样，没有什么差异，真正有差异的是权限。

阿里为了对抗淘客、提升自己的内容质量，中间做过很多次变革。2017 年有一个变革叫审稿制，把导购拆成几十个栏目，多道审稿之后，通过审稿内容才能在频道中展现。当然审稿不能一天让几千几万篇内容投进来，要把住内容门槛，审稿之前把住达人的权限，一个频道给几百个人开权限。只有开权限的人才能在内容频道审稿。这时候频道一天可能有 300 万或者 500 万的 DAU，但能拿到权限的可能只有 100 人。

对这 100 个达人来讲，他们当然无论内容写成什么垃圾样子都愿意对外报两千三千，因为所有的行业小二都在逼商家一定要做内容。商家发现要买内容只能从这 100 个人中买，两千三千也要认，哪怕买了之后没有任何一点流量，只能被安慰说是种草，以后内容会爆，要多等一点时间。

所以当时 MCN 手里没有自己的流量，所有的账号不存在私域。相当于阿里造了高速公路，高速公路收费站给了达人和 MCN，达人和 MCN 在收费站的门口躺着等机会。现在，这种机会已经慢慢地没有了，因为生态做烂了。

在这个过程中，直播型的 MCN 在没有被人重视的情况下沉淀了下来。现在还活在市场上的很多 MCN 做得很优秀，是因为他们完成了业务的转型，有部分原因是因为陪着淘宝走完了四到五年，所以他们对电商的内容非常了解，转型成非常懂电商的广告公司，或者早早抓到了直播的风口，转型成直播 MCN 的公司。

现在所谓的淘内的内容型的 MCN 基本完成了洗白，以前躺在权限上赚钱的机构市面上已经看不到了。

整个直播的 MCN 都在说薇娅、李佳琦，其实看淘内直播 MCN 榜单，第一名谦寻，第二名美 ONE，第三名开始一直到第二十名可能基本上很多人都报不出来。这些公司手里没有非常牛的主播，但这些报不出来名字的公司里很多主播集群年销售额可以做到 10 到 20 个亿，这些成交依赖于服装、服饰公司的非标品。

对达人来讲很难养出一个头部的主播，但手里很多主播一晚上卖衣服可以卖 200 万。品牌找这些主播合作，合作之后只能卖几百块钱，因为淘宝沉淀出来的用户，认为标品要去顶级主播直播间，货最好，价格最好。

现在淘系直播算法之下，最大的机会不是服饰直播，也不是推出像薇娅李佳琦一样的达人网红，而是做国民的明星——做直播所谓的"old money"和" new money"，这是今年的两个新词。目前来看，那些传统的代表着明星资本圈层的" old money"可能是以后的大人物。

二、大复盘：每一个产品终有尾声

每一个新生的产品，都曾被淘系寄予厚望。

图文是所有淘系参与者的滑铁卢

淘宝最新的内容产品有哪些？这些产品是如何起来的以及如何死掉的？

淘宝短视频遇到一个很大的问题是变现效率，如果商家做淘宝短视频，可能一个视频进店的成本要 30 到 50 块钱。在这个效率之下会产生一个很大的问题——视频内容的供给问题。

任何一个品牌或者一个团队，或者那几个在淘宝短视频里长期做——且做得很好的，基本上没有人在玩这个，因为没有人在这里拿过什么结果。淘宝短视频最后的流量还是被淘客或者是一些非常低客单价的视频淘宝商家拿走了，不是天猫品牌玩的场所。品牌官方没有做内容，导致内容视频变得很糟糕。

另外一个产品是微淘，微淘一度是整个阿里内容的希望。 2017年和 2018 年手淘的 DAU 有 1.4 亿，直到今天微淘的 DAU 还是5000 万左右的量级，这么高的 DAU 之下，淘宝希望通过微淘把运营做起来。

但所有人做微淘的时候发现了一件事，微淘的成功本质上是产品和技术算法的结果。大家想把微淘做好，结果发现折腾了半年到一年的时间，无论商家还是达人没有人发现微淘发生了变化。所有人都在运营，但动作没有变化和增长。这是不可被运营的东西，在淘内是没有抓手的，也没有办法拿到很好的结果。慢慢地，微淘就被放到其他位置了。

三、天猫营销不止于内容

到了 2017 年的时候，天猫做了非常成功的 IP ，如"超级品牌日""超级品类日""小黑盒"，做这些 IP 是天猫营销的巅峰，之后都在做行业 IP 。

行业 IP 没有哪一个做成，商家没有把钱挣回来。但是，天猫 IP做到目前的节点慢慢地孵化了很多东西，不少新国货新品类的首发机会很多，新东西的爆发都需要天猫 IP 的催化，天猫 IP 慢慢地变成了新国货和新品类催化的机制。

在内容营销的时代，IP 最巅峰时期 2018 年之后内容营销的时代，基本上小二们已经不怎么提营销了，一般提营销就是说内容，而说内容就是讲流量。那时候行业小二们会觉得自己什么都有，他们拿着商家的货品可以拿到全网所有的流量，但是他们觉得自己什么都没有，因为所有的流量是别人的，年终 GMV（成交总额）其实没有变化，觉得自己没有创造出来新的价值。

但是在资源、流量、工具方面，慢慢地商家不再依赖于天猫，商家开始慢慢自己玩了之后，对天猫小二也是非常好的事情，因为天猫小二本身就不是来玩流量，玩流量只是为了不得已的 KPI 来帮商家忙。

天猫小二本质是要引领行业的趋势，这是天猫人的使命和价值。

现在天猫各个行业把对于新品类和新国货的扶持提到了一个非常高的程度。这几乎是很多行业唯一的 KPI，在 KPI 之下大家可以和天猫在这方面做很多结合。

比如天猫美妆目前做的事情是，把世界 500 强的很多顶级美妆品牌和新国货的团队结合起来，由美妆品牌提供资本、场地、资源、技术、供应链的支持。天猫实体行业开始获得去很多原产地挖掘供应链的机会。

大健康行业更多的是通过数据分析发现新机会，比如我看到的软糖的机会：2018 年有一批天猫国际保健品的品牌开始做保健品的软糖，到了 2019 年整个国货线都在做软糖；2020 年 6 月有一个软糖的保健品，货还没有做出来，已经融到 1.3 个亿。

营销小二对新品牌、新品的扶持，是当下的机会。

江湖评说

行业趋势的引导，是天猫营销人的使命及价值。

第二节

闭环来了：抖音直播电商的
10 个创业赛道

前情提要：

宏观环境变化：反马太效应时代的降临。

本文为纪念 2020 年一个特殊的日子：2020 年 10 月 9 日。这一天，抖音直播正式切断与第三方电商平台的合作，彻底闭环！

相比于已经形成超级头部直播带货达人（月销售额十亿级）的淘宝（薇娅、李佳琦）、快手（辛巴），抖音在生态维护上的格局是令人敬畏的。所谓的马太效应，用中国话来讲，即是"人之道，损不足而补有余"，强者恒强，可这一点恰恰不适用于描述抖音。抖音在过去的一年里，虽然对老罗、陈赫等个别达人给出过一些流量红利，但在整体上，抖音始终追求的是"天之道，损有余而补不足"，俗称"削山头"，也就是"反马太效应"。对于每个梦想成为抖音版辛巴的电商带货达人而言，抖音执行的这个天条，不仅反直觉，甚至反人性。

然而就整个抖音生态而言，却可能是对的。

流量英雄

姓名：李荣鑫

职务：正欢时代 CEO、牛人星球球长

真正的抖音原生态品牌操盘手，所操盘的品牌"牛肉哥"，从零开始，10 个月成为 2018 双十一天猫牛羊肉类目、进口红酒类目店铺销量冠军，2019 年 6·18 天猫红酒、原切牛排类目店铺销量冠军。

李荣鑫在 2019 年 10 月时就成功预测：抖音对 CPS 毫无兴趣，要做就做交易平台，要做电商，要做自营渠道。

持续思考、持续创造、持续成功的"抖音哲学家"。

江湖过招

本回合主题：抖音直播电商的 10 个创业赛道

小道消息时间：2020 年 10 月

- 抖音官宣，抖音日活跃用户已经超过 6 亿。
- 据匿名人士透露，抖音内部对单个电商达人单月销售额的软上限是 2 亿人民币，独家签约达人、明星、媒体账号除外。一旦发现有机会触发软上限的账号，就会进行相应限制和账号观察。抖音需要的不是个体的巨人，而是集体的繁荣。
- 据匿名人士透露，抖音目前的月实际成交（非 GMV 口径，不含下单未付款）是快手的三分之一至四分之一。集体繁荣的路，似乎需要更漫长的上升周期。

很难说，"让一部分人先富起来"和"集体繁荣"哪个做法更有见地，但从目前淘宝、快手的一系列动作来看，他们也在积极寻求"集体繁荣"的解决方案。淘系对直通车投放边界的改造、快手新出的小店通服务，都在模仿抖音付费流量体系对电商生态的服务模式，再结合抖音 10 月 9 日起实施的直播电商闭环政策（直播间带货只能使用抖音小店商品链接），我们发现，三大直播平台已经达成的共识是："集体繁荣"的目标是店铺，而不是达人，虽然在这个过程中，部分类型的达人也会吃到一些红利，尤其是自有供应链达人和垂类达人。

对于各大平台，头部达人在领导内容创作上的阶段性使命其实已经完成，接下来就是存量市场竞争了。**品类红利、供应链驱动、店铺驱动、精细化运营的时代即将降临。**

- 内容型创业门槛将提高但持续有机会，内容型电商的角逐将越来越惨烈。
- 新的野生顶流（参考 2020 年上半年的朱瓜瓜）不再出现，红人成长期的马太效应将受限，单个账号天花板将大幅降低。
- 机构带资入场绞杀（参考 2020 年下半年的遥望）将成为新常态，成熟团队（参考广州十三行的档口老板娘们）将通过供应链能力和认知差快速收割市场。
- 草根崛起难度将进一步提高，赛道繁多而冗余。

在这个大环境下，如何选准自己的赛道就显得特别重要。

抖音直播电商的三大核心领域

我把整个抖音直播电商生态分为了三大核心领域、10 个创业赛道，三大核心领域分别是：

- 控制流量——降低流量的获得成本

- 控制店铺——提高流量的变现效率
- 控制货源——提高资金的使用效率

第一个核心领域：控制流量

虽然在不同阶段侧重点不同，直播电商本质上还是一门粉丝资产、流量采买的生意。从商业终局来看，谁能持续地将有效流量的获得成本降到最低，谁就能持续获得竞争优势。然而在这场游戏里，注定了最大赢家必然是平台。作为生态中的一分子，我们要考虑的终极命题是：我们是否有可能穿越平台的生命周期，活到下一个超级平台的崛起之时？

这个问题不难回答。试问，在微信公众号时代，有几家自媒体在抖音快手时代延续了自己的成功？有多少前浪没有被后浪拍死在沙滩上？所以，我的答案是相对消极的。

> 一个时代必有一个时代的英雄，只不过上一个时代的英雄注定是下一个时代的谈资和背景板。
>
> ——《千面英雄》

围绕抖音或者快手生态的纯流量生意，大概率不是一门长期主义的生意。这一类生意如果目前不能挣钱甚至亏损，那从长期看来，就更不可能挣钱。

创业赛道 1：短视频内容型流量

一句话描述：通过制作优质的短视频内容来塑造人设，并向直播间提供源源不断的引流。

参赛主要形式：MCN、达人工作室

赛道评级：☆☆☆☆

赛道前景分析：

首先设定一个边界，这一部分，我们讨论的短视频内容变现形式是直播电商变现，而不是短视频广告业务。

在 2020 年的 2 月到 8 月，"无粉带货""Feed 流 + 品牌专场直播间"在抖音大行其道。抖音在算法层面对非短视频内容来源的直播流量给予了明显的政策倾斜，以期尽快打开局面。事实上，抖音也确实做到了，月销售破千万的直播间目前已经达到 160 多个。据说到了 8 月份，抖音直播带货仅仅服装品类的日 GMV 就突破 2 亿元。

三季度末，直播带货圈的"老人"们已经感受到了一丝变化：完全脱离短视频内容的直播带货账号，成长似乎都遇到了瓶颈。这种瓶颈主要来自四个方面：

- 付费流量的 ROI（投资回报率）由于抖音广告分发系统的纳什均衡机制（我个人称之为"穿顶机制"），不再有早期红利，短期 ROI 跑正越来越依赖短视频引流配比和直播推荐流量占比。这两者，一个是玄学，一个是黑盒机制，都具有很强的不确定性。
- 团队长期依赖非短视频流量，已经丧失了制作优质短视频内容的能力。
- 抖音直播本身的 DAU 的天花板开始见顶，5000 万 DAU 量级的直播人群对照大盘 6 亿总 DAU，直播带货收割速度快于 DAU 增长。
- 品牌专场模式遇到了供应侧瓶颈，很多品类已经被玩废了。譬如，是朱瓜瓜 + 韩束开启了抖音专场带货时代，而现在韩束品牌专场处境堪忧，同时线下经销商价格体系也被破坏殆尽。

其实，从抖音侧来看，保持优质短视频内容和直播商业化的平衡，将是永远的命题。在这场较量中，还有两股力量在分别博弈：

- 产品侧：由内容驱动的用户增长和用户活跃更重要，还是直播带来的 GPM（其商品千次展现所带来的总下单金额）和 GMV（下单总金额）增长更重要。在字节跳动仍未上市的今天，产品侧的每一个动作，都会决定字节跳动的估值体系。甚至 Tiktok 在海外的成败，最终也一定会影响国内抖音在电商板块的战略执行力度。

- 商业化侧：相对于 2000 亿级的广告收入，千亿级的电商 GMV 只能带来百亿级的经营性收入。广告、电商两大业务在货币化率上有着天壤之别，但在客户对象上却是同质化的。小米雷军的一场 5000 万人观看的直播，在内部到底是流量补贴 + 案例打造的电商业务，还是挣得盆满钵满的 CPM（展示付费广告）广告业务？这本账可不好算。

回到正题，不管抖音内部如何神仙打架，一个依靠抖音直播为生的达人，如果失去了短视频引流直播间的能力，那么在长期竞争中将会彻底失去安全感。在以下场景中，将尤为被动：

- 大盘流量吃紧，周末或者大促期间，付费流量价格是以往的 2 倍甚至 4 倍时，直播承载能力再强又如何？这种情况下平台会不会通过降低流量质量来变相提供泡沫流量？
- 垂类主播竞争激烈时，总客群不变，流量出价增高，人群包中的新用户占比下滑严重，也就是出现所谓的"品类审美疲劳""品牌审美疲劳"。
- 早期起盘时，由于 ROI 长期为负，直接导致项目夭折、优秀主播被埋没。

在这个领域，优秀的编导和操盘手是极为稀缺的，我甚至认为，在短视频大行其道的当下，这种团队的能力可以广泛复用于其他平台，甚至是下一个时代的内容平台。

能给直播间赋能的短视频内容生产能力，大约有以下几种类型：

- 垂类人设向，即打造垂类人设，高传播、高涨粉向内容（参考丰回珠宝）
- 直播预热向，高概率上热门的直播预热内容（参考小关老师卖卡露伽鱼子酱）
- 产品的内容化，即产品视频化以后自动激发浏览用户的好奇心和交互行为（参考各类小商品严选号）
- 供应链的内容化，即通过展示供应链进一步提供用户信任、IP人设（参考小范卖海鲜）
- 人群画像的内容化，即通过高热度的剧情内容针对特定用户人群进行引流（参考衣哥、岳老板）

值得注意的是，由于直播间付费流量中有一部分是可以直接投放短视频的（但是广告审核要求会远高于普通短视频），直投短视频或者直播间，两者 ROI 的回报率根据达人知名度、短视频质量、直播间画面、商品品类会有所不同，所以这部分的能力对于抖音、快手未来的广告投放体系都具有战略价值。

所以在牛人星球体系内部，在内容侧，我们希冀于规模化复制这种制作能力。未来的店铺直播、品牌直播、达人转型都会对这块的能力有巨大需求缺口。

创业赛道 2：直播内容型流量

一句话描述：通过优化直播间的细节或商业运作，来获取免费直播间流量的商业服务。

参赛主要形式：MCN、达人工作室、挂榜工作室、PK 工作室

赛道评级：☆☆

赛道前景分析：

直播间的流量构成有一个很神秘的部分，就是直播推荐流量。大抵可以理解为，直播间都表现出众，无论是用户留存、互动，还是商业转化，算法会通过某种机制奖励相当部分的流量给踩中算法触发点的账号。

所以，如果你听说过那些 ROI 60 元、只有十多万粉丝、投 10 万元广告可以卖五六百万销售额的，完全不需要感到吃惊。那只有一种可能，这场直播人、货、场匹配度很高，踩中了算法，得到了大量的直播推荐流量加持。一旦后期失去了这个算法加持，表现又会回到正常范畴。（这里涉及达人隐私，就不举例了。）

直播推荐流量只是直播间非付费流量的一种形式，也是很多所谓"养号"人的追求。不过，跟动辄 1 至 2 个月的养号时间相比，命中算法的概率依然是一门玄学。

我们通常认为，直播推荐流量主要来源于系统对以下直播间内容的算法层关注：

- 直播间装修和主播魅力，继而产生的可信度和交互积极性
- 直播间的购买行为在交互上的各种数据支撑，譬如购物车点击率、详情页打开率、付款完成率等
- 直播账号历史直播习惯与系统奖励机制间的契合度
- 对于直播间付费流量的独特奖励机制
- 对于短视频引流直播间的独特奖励机制
- 对于 DOU+ 流量的加成机制
- 对于直播间老用户的长期 ROI 奖励机制
- 对于直播间粉丝团、礼物收入的奖励机制

好了，其实各位读者应该发现了，这一部分几乎等于没说，因为这就是一个黑盒的算法。我认为在术的层面，提高直播间的细节表现无可厚非，但在道的层面，不应该花过多时间去揣摩直播推荐机制在细节上的成败，费时且没有结论。

此外，还有一些不那么主流的直播流量获取方式，但其本质还是付费流量：

- 以情感类主播为代表的，面向下沉市场中年妇女的挂榜

式带货。单链接带货能力可以达到百万级。（抖音搜索情感主播即可）由于快手目前已经无法挂榜，抖音挂榜卖货应该还能有几个月的红利。

- 以 PK 类、大哥型主播为代表的，面向部分省份中青年男性粉丝为主的挂榜式带货或者直接带货。其中陈先生、利哥、衣哥、刘轩豪都是值得研究的范例。当然，分析他们光靠商业常识不行，还需要社会工程学。

与快手早期比较纯粹的通过礼物打赏来置换直播间粉丝的打法（辛巴的崛起就是靠这个机制）相比，抖音始终没有形成这种"为爱埋单"的用户氛围。兴许这就是北快手、南抖音最大的区别。应该这么说：对于大部分品牌和 MCN 机构，能玩明白如何把直播打赏费用转化为电商购物粉丝，这个认知路径太长，操作手法太玄幻，几乎不可重现。

综上，我认为，直播间内容型流量的构成固然举足轻重，但作为一门长期生意，具有巨大的系统性风险。一旦发生算法或连麦机制的变化，则前期壁垒荡然无存。

部分 MCN 和工作室，以 1—2 次的偶然红利为原点，先自欺，再欺人，这样是不长久的。还记得 2019 年那些收费昂贵、教你如何 DOU⁺ 暴利带货的培训班吗？他们现在在哪里？

创业赛道 3：精准付费投放流量

一句话描述：通过付费方式，提高直播间的客户流量、客户质量、成交氛围。

参赛主要形式：巨量代理商、知名投手

赛道评级：☆☆

赛道前景分析：

众所周知，字节系本质上是一家很牛的广告公司。在抖音 6 亿日活的今天，还在想着死薅抖音羊毛、一毛不拔的流量玩家必然难成气候。

接下来会诞生一些机构或个体，像牛人星球的合作伙伴张阳、梅冬、Evan、加伟几位老师，都是行业知名的抖音投放专家，主要为一些头部品牌、头部达人的直播间进行投放咨询或者代投服务。快手投放方面，壁虎看看的文痞大叔也是行业专家。

从生意角度，代投、代理业务在今时今日，最多只能算是一门薄利的生意，因为仅仅依靠广告返点，可能连投手的工资都挣不回来。毕竟对于一场 6 小时的直播而言，一个投手的时间投入起码在 3 小时以上。

那么，为什么有人会去做这门苦生意呢？因为数据值钱，经验更值钱。

当我们的合作伙伴为其他机构代投时，核心就是为了获取最新的前线战报，以日为单位地优化我们的投放策略。这些策略最终会让我们自己的品牌客户、合作达人受益。这是底层逻辑，有点像 IT 行业的开源软件的思维方式。

总之，这是一门不懂行做不好，但一点也不性感的生意。遇到一些完全不懂行，还在跟投手们计较广告返点的客户，我只能说，你不知道你站在多少巨人的肩膀上，多少人替你蹚过尸山血海。窃以为，未来应该也会出现一些具备全案咨询、交付能力，且商务能力也相匹配的优质投放服务机构。目前市场上大部分投手的价值都是被严重低估的。

此外，在官方的付费通道巨量引擎以外，还有一些意料之中的付费直播数据服务，包括：

- 直播人气／点赞
- 包时发言／购物车点击
- 定时礼物／机器人粉丝团／包时粉丝团发言
- 刷单（不发货）

不论好坏，也算是一种生意，每个时代都不会缺少他们。

创业赛道 4：达人经纪

一句话描述：游说达人签卖身契或者框架协议，替达人招商。

参赛主要形式：大部分的 MCN

赛道评级：☆

赛道前景分析：

对于这个赛道，我只感到悲哀。

我之所以认为大部分的 MCN 对达人没有什么价值，就是因为大部分的 MCN 本质上就是一个招商公司，一个彻头彻尾的掮客罢了。这是悲哀其一。

首先我们要理解，招商这件事情的竞争力所在。所谓招商，本质也是销售，把空气卖成黄金叫本事，把黄金当豆腐卖了谁不会呢？今天大部分的达人经纪机构，本质上是利用了短期信息不对称，将达人的有限时间、账号资产低价卖给品牌方，从这个角度，已经提前进场的抖音小店品牌、品牌专场公司早已吃到红利，真香。

今天的品牌专场还是如此热闹，是有一个阶段性的前置条件的：达人们普遍没有收取坑位费。

当然，如果出现一个优秀的经纪，他也着实很难反过来证明，因为他的存在，达人在市场上有额外溢价。这是悲哀其二。

我去年提出过一个概念叫 KOT，即用组团出道方式来组织 KOL，来实现 KOL 账号资产向厂牌资产的进化。到今天来看，2020 年也就"酒仙网"系列 IP 有所建树（8 月酒水类目 GMV 破亿），其他寥寥。承蒙酒仙网团队认可，我们彼此间有过高强度的交流。我发现，如果把酒仙网比作一个 MCN，他的厂牌对达人本身是有垂类赋能的。相形之下，谦寻（薇娅）旗下、美 ONE（李佳琦）旗下的达人，跟其他 MCN 机构的达人相比，抛开背后资金实力，并没有本质的不同，特别是冷启动优势也不大。

所以，如果一定要做 MCN 这个生意，并且以商务经纪约为主，一定要考虑垂类厂牌的事情了。不管你有多么牛的律师，多么豪华的直播基地，但凡你想靠签约来锁定达人，你先要问问自己：除了钱，你还能给人家提供什么?

综上,传统 MCN 的短视频内容孵化能力在直播电商时代很大程度上被边缘化,目前比较成立的模式,是垂类 MCN+ 垂类直播达人 + 垂类供应链资源的组合。否则,作为机构方,MCN 的可替代性过强。

至于那些依靠给达人撮掇专场直播的机构,那更是一门有今天无明日的生意,就不专门写了。

创业赛道 5:数据分析

一句话描述:对直播间的数据进行分析和复盘,指导优化后续工作。

参赛主要形式:数据提供商

赛道评级:☆☆☆

赛道前景分析:

品牌和 MCN 机构都会用到各类数据服务。对于投入巨大技术团队的第三方数据公司而言,盈利的重心想必最终不会是卖 VIP 账号,而应该是增值服务。只不过还没有人走出成熟路线。

我认为,数据分析这个细分领域,会出现四个商业化发展方向:

1. BI(商业智能)工具集

实际上,现在市面上热门的工具似乎已经可以满足我们大部分的数据分析要求了,但是很多个性化的需求是藏在场景里的。我举两个例子:

第一个:很多机构的小主播在刚开始起步时,为了提高成交氛围,提振士气,我们会给主播上一些在线假粉,俗称协议粉。但是一旦上了协议粉,我们就会发现直播间的用户平均停留时间(简称 MKT)特别长,不真实,无法有效反映主播的留人能力。从数学角度,只要知道这些协议粉的上下线时间,我们就可反推出真实粉丝的真实 MKT,相当于一个二元一次解方程。这个数据源,本质上现在的工具都可以解决。这个工具,我们愿意额外付费。

第二个：很多时候，弹幕里很多用户的意见、需求，我们都来不及收集，某个工具把这些数据都采集了下来，做成了词云。但是，词云的价值真的很有限，而且分词手法也很初级，没有被深度学习调教过。如果能把弹幕词包做成更高维度的结构化内容，并且加入模糊匹配、完整匹配等分词统计工具，就可以帮助运营团队发掘新的用户需求和直播流程的可改进之处。

2. 深度解决方案

目前的数据平台体现的更多是公域的数据挖掘，但是机构更愿意支付的是对于私域数据的深度挖掘和授权管理服务。

抖音私域数据管理解决方案，特别是随着抖音产品侧私域群功能的开启，你有没有一些兴趣呢？

3. 官方 ISV 服务商

从阿里云、京东云，甚至有赞云的 ISV（独立软件开发商）服务发展史来看，所有电商平台为了考虑生态健康度，最终都会开放付费插件式的 ISV 平台权限。目前抖音云只是提供了部分的电商接口，方便第三方 ERP（企业资源计划）、WMS（仓库管理）系统的接入。未来的 ISV 接入只是时间问题。

4. 策略咨询与交付

目前国内还没有这样的企业，但我认为问题还是在于，抖音电商体系目前还在高速进化中，没有定型，不利于深度咨询业务的开展。

创业赛道 6：直播支持

一句话描述：对缺少直播支持服务团队的店铺、达人、品牌提供交付服务。

参赛主要形式：直播服务机构、代播机构

赛道评级：☆☆☆☆

赛道前景分析：

这可能是未来一年左右，直播市场上最稀缺的服务——直播支持。

如果早些年你参观过淘系直播基地就会发现，大部分直播间面积都不大，感觉够放产品和人就行了。但是如果各位到过抖音直播的现场（以腰腿部达人居多），绝对是满满一屋子人，每场直播至少有 6 个人在服务。

这是因为淘系直播跟抖音直播相比，有两个巨大的差别：

- 淘系没有付费流量打法，在线人数也不会明示，只显示累计在线。所以，在淘宝直播，不需要投手，也不需要做成交氛围的维护，甚至抖音直播间通常标配的"喊话氛围组"，淘宝主播大部分都没有。
- 淘系流量特征是线性放量，而抖音是脉冲式高精度流量＋脉冲式低精度流量混合。相比于淘系主播在场控上的佛系，抖音直播间要考虑：短视频爆了咋办？短视频没爆咋办？付费流量这一波都是美食粉，主播还在卖美妆怎么办？一下进来很多黑粉咋办？（与淘宝女粉为主不同，抖音男粉比例很高，杠精众多）直播间被警告两次了怎么办？如此种种，需要场控及时做出应对。

也就是说，抖音直播间的不确定性更大，对团队规模和能力的要求更高，当然机会也更多。这也是为什么很多淘系主播刚进抖音的时候极度不适应。

具体这类工作到底有多复杂呢，我们仅以直播前的现场准备工作为例，就有：

- 直播布景与灯光
- BGM 选曲和音箱调试
- 网速测试
- 着装检查（领口、肩带）

- 改价测试 / 上下架测试 / 库存确认 / 支付方式测试
- 口播易触发极限词清单说明
- 禁售商品确认 / 商品标题极限词确认（应对举报）
- 推流设备组：设备管理与调试 / 直播伴侣操作 / 贴图设计 / 多机位

直播开始时，工作就又会涉及：引流内容发布、付费流量上款配合、限流情况应急预案、逼单管理、抽奖管理、弹幕控评、断播警告处理等复杂处境。

抖音直播这种生态，对很多没有直播经验，但却拥有海量短视频粉丝的大 V 十分不友好，到底去哪能找到一个拿来就能打仗的直播服务团队？太难了。直播支持服务不佳，结果就是流量的承载能力不理想，单个 UV（独立访客访问量）的商业价值不理想，付费流量 ROI 永远做不正，免费流量永远是竹篮打水，最后导致团队心灰意懒，彻底被数据击垮。

恰恰是这种复杂性，给了专业团队很好的成长机会。由于直播支持这个业务赛道，糅和了 1—5 创业赛道的各种业务要素，我们也可以称之为"直播现场操盘"业务。换句话说，这就是一个小型电视购物制片组。

这种直播支持业务能力的颗粒度，最小可以做到 2 人（不含主播），最高可以做到 12 人以上，分别可以匹配不同层面的直播需求。

我在杭州、深圳已经看到了一些专业机构在这方面的能力构建和体系建立，我觉得未来可期。现在很多淘宝二流主播到抖音来实施降维打击（前提是适应了抖音生态），未来可能是抖音直播服务团队到淘宝、快手去实施降维打击。

第二个核心领域：控制店铺

今天的我们，必须思考一个新的命题：

　　未来的抖音，到底是店铺资产重要，还是账号资产重要？

　　这个问题又会带来一系列衍生的问题：

　　抖音小店会不会有商品搜索型流量？

　　抖音小店会不会有手淘首页这样的流量入口？

　　抖音小店如何解决对店铺而言最重要的复购问题？

　　一切的问题都只是一句潜台词：抖音小店，你准备好了吗？

　　即便抛开对抖音小店作为电商基础设施的功能完善度的担忧，即便只考虑中短期的投资回报率，我认为，店铺资产的价值也远高于账号资产。理由如下：

　　第一点，抖音小店目前处于野蛮红利期。

　　不管出于什么考量，抖音小店目前的订单统计机制可能是所有大型电商平台中最容易制造虚假繁荣的机制：不显示30日销量，只显示累计销量；未发货退款，累计销量不回撤；已发货订单没有第三方统计数据来源，官方不公布。

　　也就是说，除了当天的资金周转成本，抖音小店系统上虚增销售量的成本几乎为零。这就是为什么在5—7月时各路明星抖音首秀严重翻车以后，8月底那些明星又"杀回来"了——是有捷径的。

　　综上，目前的抖音小店具备很多野蛮生长期的抖音默许的特殊红利，越早进场，越能实现某种层面上的原始积累。

　　第二点，控店效率是直播转化率的决定性因素之一。

　　在目前的抖音直播间，为什么很多人做品牌专场容易起量，一旦做混场就一地鸡毛呢？这里面有很多因素，比如认知成本低、筹备期短、付费流量投放策略简单等显而易见的原因，而最核心的因素，就是控店！

　　在线改价已经是公认的直播间最佳促销手段，但在线改价的权限不在达人手里，而在店铺运营手里。一个品牌专场，单个品牌方的运营人员即可满足整场的改价需求。混场呢？20个品牌方派20个运营人员为你实时改价还是开20个子账号给你的运营人员？你以为你是薇娅吗？这对于腰部主播简直就是噩梦。

　　除非控店（无论是专场还是混场），不然直播转化效率不会太高，仅仅依靠过款型讲解就能日销百万的达人太少了。

由于目前消费者在抖音上买东西对店铺本身感知度不高，所以，商家一般不必刻意追求单店体量。甚至相反，由于抖音电商管控严格，多个店铺能更好地应对黑天鹅事件带来的系统性风险。

创业赛道 7：货主店铺运营

一句话描述：以品牌主或大经销商为服务对象的抖音小店商业化运营服务。

参赛主要形式：传统 TP（淘宝代运营）公司转型、专业 DP

赛道评级：☆ ☆ ☆

赛道前景分析：

在我记忆里，抖音团队历史上起码发起过 3 次关于 DP（抖音电商代运营服务机构）的主动征集，且每次对 DP 的定义都不同。2018—2019 年的时候，抖音小店尚未成型，头条各系都在尝试电商变现，有一个叫"值点"的 App 也是那个时期的产品。那时候，抖音希望找的 DP 本质上只是供应链而已，类似今天的卡美啦、魔筷心选、星罗，期望他们能为达人提供优质货源。后来有一阵子，DP 又变成了对电商带货类 MCN 公司的定义，类似我们这样的公司。再后来，DP 就成了招揽品牌方入驻抖音小店的角色，但具体的代运营内容没有特别成熟的市场规则。

在这个过程中，抖音在不停地进化，不停琢磨外部合作伙伴的身份接入方式。

最近很多做投资的朋友也在跟我讨论做一家大型抖音电商代运营公司的可能性，类似宝尊、壹网壹创之于天猫。在给出我的意见之前，我们不妨先了解下头条这家公司的特性：

头条的商业化风格，向来是"只要是挣钱的生意，除非被证明我做不了，不然就轮不到别人做"。

我们回过头来看品牌抖音小店代运营这件事的核心交付内容：品牌自播、达人代播，没了。至于美工、客服这些都是古典主义电商早就成熟了的，而天猫淘宝那些让店家头疼的店铺装修和活动报名确实压根就没有。

也就是说，那些熟悉了天猫生态的品牌商家，只需要找到好的达人合作资源，80% 以上的问题就解决了。至于品牌自播，坦率说，天猫商家有多少家 GMV 主要靠自播的？天猫尚且如此，抖音也一样，具备超越达人的流量成本控制能力的商家屈指可数。

综上，我直接提出一个反问：这个代运营太简单了吧，只需要做撮合就行，抖音自己为啥不做？

事实上，巨量百应、星图这些内部产品线已经出现了类似的撮合功能，"割"达人们的"韭菜"，我想，抖音不需要别人代劳。还有比掌握流量大棒的抖音小二更适合做撮合业务的吗？

那为什么还是给这个赛道三颗星呢？因为 DP 还是有很多手法来跟抖音"掰手腕"的：

- 实力雄厚的 DP 本质上最终都是品牌大经销商，是包销对赌制的，抖音不会做这么苦的生意。
- 能在单个品类里形成组货垄断能力，甚至可以组织品类专场的 DP 最终将会具备一定的议价能力。今天的"酒仙网"已经具备这样的雏形。

此外，抖音电商未来最大的商业化目标，可能并不是电商广告业务，而是支付业务和供应链金融业务。我们很清楚，电商商家大促期间最苦恼的事情就是没钱备货，而这才是真正的大买卖。在天猫，这个业务表面上是服务中小商家，但是真正有大规模需求的反而是那些代理了几十个大牌的超级 TP 公司。抖音亦然。

所以，我的初步结论如下：

- 抖音 DP 这件事是成立的，但是小玩家的机会不大。
- 抖音 DP 这件事依然是一个苦差事。

从资本层面来看，如果抖音小店自身最终没有破局成功，成为中国电商平台的第三极，则抖音 DP 的天花板堪忧。特别是，如果复购没有解决，所有 DP 业务都吃不到时间的复利，这是糟糕的预期。

综上，传统 TP 转型是不错的。

创业赛道 8：流量主店铺运营

一句话描述：以内容生产者、主播等流量主为服务对象的抖音小店商业化运营服务。

参赛主要形式：MCN 公司转型、供应链公司转型

赛道评级：☆☆☆☆

赛道前景分析：

做过传统 TP 业务的乙方同志们，一定有一个体会：

全世界最糟糕的事情就是向甲方要广告投放预算，且要对赌；为流量主服务最美好的地方在于，这些达人"穷到只剩流量"，他们只是缺少好货。

在这个业务形态的探索上，正善应该是先驱，我们很早就开始明白，"穷得只剩流量"的达人们和"抠得只有好货"的货主们，是天然的绝配。两年多来，我们的生鲜板块业务几乎一分钱广告费都没有投过，无论是天猫时代，还是抖音小店时代，使用的底层逻辑就是面向流量主的店铺运营模式。

说来这些没什么稀奇，很多抖音头部的美妆达人都有自己的红人店。我们也不例外，运营的也都是 500 万以上的头部号，只是品类不一样。问题来了，头部号就这么些，腰腿部号有机会做店铺化运营吗？

目前还没有结论，但我趋向于认为有很大的机会，原因如下：

- 抖音的存量达人已经到了半饱和阶段，大量有粉丝规模却拙于变现的存量达人成了结构性的机遇。一方面 MCN 解约潮即将到来，一方面达人变现压力史无前例地大。

- 抖音账号变现的核心壁垒实际上是账号粉丝画像与货盘的匹配，这是店铺运营的机会。遥望操盘的"米娅有点甜"和保税区化妆品合作的案例就是非常鲜明的证据。没有带不动货的达人，只有不够牛的货盘。
- 店铺与达人的长期绑定，可以演进出"家族化""收徒""小号卫星式带货"等很多长期主义的电商玩法，让达人真正有可能实现"财务自由"，而不是白天拍短视频晚上直播到凌晨的"自媒体奴隶"。
- 单个店铺可以以厂牌形式，同时服务于不超过 10 名的有限达人，这也是被验证过可行的单店 +IP 群模式。
- IP 群 + 店群模式目前还没见人进行探索，但理论上可行。不过受限于抖音小店的开设门槛的逐次增高，该打法是否会得到抖音官方的支持，不得而知。

综上，这是一门有技术含量的生意，适合精通选品组货且有相应上游资源的团队。

第三个核心领域：控制货源

最近，有一个抖音带货月 GMV 3000 万的服装类女主播拍了一条短视频，内容如下：最近 3 个月平均月销千万，佣金百万，但是算上人员开支和投放费用，只赚了 2 万块。评论区大部分人都质疑她蹭热度，不赚钱为什么还天天播？短视频中，她还说了一个细节：服装类的退货率高达 70%，原因是抖音用户都是冲动消费。

我很想说，她应该没有说谎，实际情况可能比大家想象中还要差。

一方面，抖音在最近这几个月催生出了大量月销数千万的专场型主播，尤其以珠宝、皮草、服装类为多，这类账号主要依靠付费流量投放和知名度较高的品牌货品，短视频流量占比几乎忽略不计。由于以播专场为主，这类主播大都是走穴制的，并没有自己的供应链体系，哪里有货去哪里播，也无法对粉丝售后进行负责。前文提到的短视频里讲的就是这一类主播的生存现状——5000万一个月的GMV，50%以上的退货率，300多万的带货佣金，小200万的广告投放费用，小几十万的团队工资和差旅费用，最后能到手的利润并不多，甚至是亏损。这些账号沉溺于虚假繁荣中，宁要名次，不要利润，甚至利用系统漏洞刷单。

另一方面，以"罗拉密码"为代表的广州十三行/深圳南油档口女老板们在抖音也杀得风生水起。她们一般能轻松月销数百万甚至上千万，退货率不到25%，线下档口还能消化退货和断码款式，利润高的能有50%。"罗拉密码"甚至被传月净利5000万。她们最大的特点是，只卖自己家的货，不卖别人的货。她们自己生产，自己开店铺，自己直播，把产业链上所有环节的利润都吃到；她们是平均年资7年以上的超级买手，甚至本身就是服装设计师，还大多有衣架子身材，她们太了解什么样的衣服退货率低又上镜。

回到商业本质去思考问题，对大部分局中人而言，有点难。

所以，如果说抖音上目前还有什么不可忽视的红利，我想说，就是货！更确切地说，是品类红利！

得益于抖音对品类开放的谨小慎微，抖音尚有N多品类目前还在蒙昧时期。

当服装日GMV破1.8亿的时候，酒水类目的月GMV刚过8000万。虽然服装是世界上最适合直播电商的品类没错，但酒水类目在内容电商的巨大潜力早就被快手验证过了。酒仙网毫无疑问已经抓住了这个风口，实现了公司的重大转型，从一家传统互联网垂类电商企业转型成了垂类内容电商服务企业。可是，酒水行业就没有泡沫吗？一场1000多万的酒水专场，由200万的苹果、600万的按摩椅、100万的电影票加上200万不到的酒类GMV组成，这种故事同样在不停重复。

只有谁最后真的挣到钱了？货主以及披着网红的皮的货主！

还有抖音平台本身。

我不禁想起了朱自清《荷塘月色》中的一句话：热闹是你们的，

我什么都没有……

除了利润!

创业赛道9:品牌货盘

一句话描述:通过代理、经销知名品牌商品向主播提供组货服务。

参赛主要形式:传统TP、经销商

赛道评级:☆☆☆

赛道前景分析:

与只是控店的TP/DP类型选手不同,能控制货源的才叫"爸爸"。

时至今日,抖音各路主播,特别是专场型主播,基本已经到了播无可播的地步,因为可以收割的品牌越来越不够用了。

国庆前,我正巧在杭州目睹了一场最终卖了1100万的品牌专场(真实数据,无水分),是某腰部主播求了品牌方整整2个月才得到机会播一场的。为了达成这次合作,该达人甚至让出了销售佣金的50%以上给了居间人。

为什么会出现这种情况?我称之为"名利场"效应。

其实,这种类型的专场,达人的核心目的不再是盈利,而是获取好看的数据、涨直播购物粉丝。不要老说流量侧、网红强势,品牌也很强势,只是看大家手里的筹码而已。目前国货大牌基本快被榨干了,接下来就是进口大牌专场了。

这一幕,跟当年天猫,国际大牌把"淘品牌"们绞杀殆尽的那一幕,是不是惊人相似?因此,我一直觉得,根本就不会出现"抖品牌"这个物种,当年淘宝还给了这些淘品牌四五年的发展喘息时间,抖音连2年都给不了,巨头就要进场了。

综上,以品牌货盘为中心,加上一定的店铺运营能力,会是一门不错的掮客生意,至于技术含量,那是没有的,就看社会资源组织能力了。

创业赛道10:品类货盘

一句话描述:通过自营、代理、经销垂类优质商品向主播提供组货服务。

参赛主要形式：垂类大渠道商

赛道评级：☆☆☆☆

赛道前景分析：

这是一门机遇很大，但非常有技术含量的生意。

以酒类为例，目前大家都知道这是个好品类，不然曾志伟、杨坤这些中老年男星为啥都可以首秀破千万呢？可为什么半年过去了，这个类目还是在月 GMV 亿元级这个当量徘徊呢？仅仅是因为抖音早期的"敝帚自珍"吗？或者我们问问酒类达人圈子，你们觉得酒仙网作为一个典型的品类货盘，能做多大？

实际上，很多人都理解错了，酒仙网压根不是做货的，而是做互联网的。酒仙网是一个类似酒水类天猫的平台概念的公司。大部分酒仙网仓库的酒，货权都是在酒仙网上开店的商家的，商家不同意破价，酒仙网是没有独断式定价权的。酒仙网的自营酒品，用以满足拉飞哥为代表的 IP 矩阵是没有问题的，但是要再增加规模，供应链是巨大挑战。这里面的挑战，既包括 SKU（库存保有单位）的有效划分、开发速度，也包括留足利润空间给流量侧。

7 月底的时候，我们与酒仙网合作，为麻辣德子组织了一场酒水类专场直播，应该说成绩还不错，卖出了德子历史上最佳单场成绩。后面一直没有返场，核心原因还是利润率没有达到预期。

在后续酒类大商逐渐入场的大背景下，酒仙网如何巩固优势地位？归根到底还是要看大家对供应链的底层理解以及对抖音生态的趋势性把握。

这门生意的复杂，主要会体现在四个方面：

- 品类策划——如何定品类边界？跟抖音电商的品类规划是不是有协同性？政策性风险大不大？适配的达人群体基础如何？
- 资金、成本管理——由于大部分达人纳税规范不一，货主如何处理所得税问题？抖音小店系统的结算和统计功能还很不健全，现金流量怎么规划？如何理解抖音小二口中的大促活动和达人眼中的大场面？怎么备货不会把自己埋了？

- 仓储物流管理——如何度过 WMS 在不同平台异构中的痛苦过程？是人来疯似的赠品处理和包裹合并没完没了吗？

- 选品与组货——你是否足够了解直播玩法，有专业的选品负责人？如何平衡多个品牌之间的组货、上架先后关系？

综上，这是一门需要钱、需要认知、需要资源、需要机遇，缺一不可的生意。

江湖评说

"道、法、术、器"，缺一不可。

如果把控制流量看作"术"和"器"，那么控制店铺就是"法"，控制货源就是"道"。

不同的团队应根据自身的特点，择地而栖。

第三节

逐浪快手，
攫取公域 + 私域流量的∞

流量英雄

姓名：马宏彬

职务：快手高级副总裁

江湖过招

本回合主题：逐浪快手，攫取公域 + 私域流量的 ∞

首先和大家分享两个故事。

第一个是卖烧烤的小伙和格力董明珠的 3.1 亿的直播传奇。

卖烧烤的小伙是平台第三大网红，他们一起在当天晚上卖出 3.1 亿。我亲眼经历了整个过程，基本上商品上架几秒钟就没有了。我们当时觉得很震惊，这样的力度和客单价是过去没有想到的。

相比以前，现在 10 亿、8 亿这种量级出现得越来越多。

第二个故事，压路机。一个直播间里只有 700 人看，却卖出去 31 台压路机。快手平台特别好玩和不一样的点是：有独特的圈层。700 人看起来不多，但都是从事这个行业的人，大家一起交流都是懂行的，所以行家里手在里面玩起来的状态不太一样。

影响用户消费的四个关键环节

在影响用户消费的四个关键环节里，不管是兴趣、推荐、决策还是购买，我们以前认知度都是不强的。快手从 2017 年开始讨论这个问题，大概在 2019 年才把这件事情真的想清楚并大力地发展起来。

之前我们不确定平台影响决策点是否发生了作用，到今天发现作用很明显：短视频 + 直播平台，让用户愿意每天在快手花 60 分钟时间。用户每天和平台互动频繁，喜欢或不喜欢都有明确地告知，所以在连接人和货，连接消费者和创作者之间的算法上，或曰路径上，都给机器学习培植了非常丰富的土壤。

隐藏在单双列背后的商业机密

关于双列和单列的区别，已经越来越模糊了。

去年我在杭州，有一位流量操盘手向我描述他眼里的快手平台特点：认人不认货，只要认定你这个人，不管你卖什么我都买。

反过来，在单列的场景下，当时有一个比较明显的趋势：认货不认人，卖起来的难度小一些。

快手早年对单列的理解比较差，我们做了快手极速版之后对单列和双列有了比较好的认知。过去我们比较困惑，中国能容下两个短视频平台吗？今天看不仅可以容下，而且日活发展比较迅速。

究竟什么原因导致不同产品之间的差别？我尝试总结一下。

单列的产品，即单列上下滑：被动（低容错）、金字塔型（精品）、有较高观感、公域流量占比高，类似内容媒体，且头部集中。

双列，即常规意义上看快手的样子：相对来说更主动（高容错）、呈橄榄形（多样化）、观感一般、私域流量占比高，类似关系社区，且公平普惠。

单列和双列两个产品的核心差异在哪里？今年差异没有以前那么大。我们倒退到两年前，两个产品核心差异点，首先是流量的控制权在谁手里？

双列，是我们把流量的选择权交给了用户，而不是留在平台自己身上，而单列的变化是把整个流量的选择权放在平台的手上，这个区别决定了快手平台对于流量的控制有限，平台几乎出不了热点。

我们探索为什么单列情况下不出热点和爆款时发现，每个环节、每个试验的目的都是去中心化，把热点打散的状态。双列的产品由于把流量给了用户，让用户用行为主动权，用户主动行为下容错率就高，能容忍你做一些不相干的事情。但单列情况下，流量在平台手里，所以平台要负责任。选择权和控制权导致内容判断的尺度。在双列下，内容呈现了橄榄型，主动容错性很高，包括选择客户容错性也很高，最终的特点是多样化的内容的分布。

但有一个问题，双列观感一般。我和美术领域内比较有造诣的人聊过，把四五个图放在一起，组合非常多样，这种状态下从色调也好，构图也好，非常嘈杂。另外控制封面的压力非常大，所以比较难操作，但是也有好处。随着职业生涯越走越深，我有两个感觉：首先是苍天饶过谁，任何一件事你觉得好到极端的时候也有不好的地方，任何不好的事情也有好的点。设计上，快手看起来可能没有那么好看，但对每个用户都是付出成本的。付出成本和没有付出成本，哪怕非常小的差别，会引起用户心理上的依赖，使快手的关注页流量非常大。这也造就了快手非常独特的"点关注"文化。

过去很长时间，很多人在快手里玩得非常好：一个人直播一年可以挣几个亿；一个山东老大爷唱歌，开直播的时候有 7 万人在线——鸟巢也就 7 万人——这中间有一些独特的情感上的连接。

由于我们把选择权给了用户，最后的结果是快手变成了关系型的社区。

在单列上，我们认识到事情有好有坏之后做了一些尝试，也取得了一些效果。去年 7 月 23 日我找了 16 个同学，我们要做一个快手极速版的东西，找了一个名字之后，特点是脱离双列的 UI（界面设计），做了单列 UI 的尝试。

过去一段时间，短视频整个日活用户和使用时长发展速度很快。对于快手来讲，当我们意识到自己的优势以及劣势、长处和短处之后，我们会找到一个平衡板发展下来。

大家可以下载快手 8.0 的版本，不管是 logo 还是 UI 做了一定程度的改版，对单列和双列做了一定程度的综合，既保留双列原汁原味的设计和特点，也给了一部分用户空间。

融合社交长效营销价值

关于快手融合社交，这是品牌长效营销解决方案。

快手是一个正常的平台，既有平台自己关系社区成长的优势和特点，同时也有适合大中小头部腰部的客户的玩法。

快手的私域流量火的结果是直播间很火，因为流量是自己的；快手也是依托短视频和直播把社交能量融合起来，在能量场以上做一些电商层面的转化。

总体来说，我们希望品牌能在快手实现公域流量的广泛触达和私域阵地的长效经营。

比如，在公域领域内有各种各样的工具满足大家的诉求；有很多内容的多元渗透方式；我们也提供短视频和直播间更多样的触达途径。

品牌增长四部曲

我们提了一个口号 RISE：

首先是 Reach，流量覆盖，提升信息传递效率。从流量覆盖的角度分成覆盖、触达、加速和提效，过去公司商业化比较少，重视度不大。现在整个公司的力量非常明显地向这个方向转移。从覆盖角度看，第一是通过视觉抢占广泛的用户，有动态开屏等方式让大家第一时间触达到用户；第二是触达，提供了很多种触达用户的方式，尤其是零粉丝触达用户的方式；第三是加速，我们有款产品叫"快手粉条"，可以为大家的视频做加热。如果大家觉得短视频内容很好，就可以通过快手粉条进一步地扩大曝光，获取更多用户的认知……这些都是最近这段时间普及比较快的方式和方法。

Inspire，内容渗透，打造全链营销闭环。快手为什么对转化效果这么有信心，首先是用户会在平台上花很长的时间，这里发生的触点非常多，而且比较精准，人和货连接在效率这个场景下得到最大限度发挥；公司还会集合最精干的力量从各个角度保证效果；第二，整个转化链路和损耗小很多。最后流量 + 展示之后，品牌从展示到效果有越来越多成功的案例。

三个月之前找相对成功的案例是很艰难的事，现在发现有很多可以挑一挑。前期通过开屏产品和信息流进行强导流，中间穿插很多挑战赛和品牌直播间的互动，通过拔草和支持把效果做出来。

快手今天不再完全是私域流量非常火、公域流量很惨淡的状态，而是进入公域和私域相对平衡的状态：既可以新品引爆互动，另外快手也通过 IP 捆绑造势往前走。比较好的例子就是，快手在和伊利的合作中，通过国货之夜以直播收官，GMV 也超出预期。

回顾四年前我加入快手的时候，公司差不多 200 人，完全想象不到会变成今天的状态。过去几年，我们不怎么做活动，也不怎么做运营。去年开始，我们在比较良性的竞争环境下才开始做运营。过去是 30 天一场活动，现在是一天 30 场活动，同时平台有很多大的 IP 出来，有很多重磅事件，比如快手之夜等等。还有很多精品频道，可以帮助大家往前走一步，还有一些品牌定制，如果预算充足，可以做专项联合打造品牌专属的专场。

今年快手正在成为完全可以和大家的语言体系对齐的平台，大家可以没有任何恐惧地进来，我们在体系里有很多可以一起玩儿的事情。

Seize，RISE 模型中的第三环，是电商交易闭环。我鼓励大家来试试看。我们有信心翻一个更大的量级，一方面日活会继续增长，另一方面转化的过程和细节的体验有一定程度的变化。

从直播电商角度看，企业品牌和平台红人能很好地联动，打造品牌各种各样的大事件。

就像伊利在平台的积淀不多，但和平台网红做了很好的合作，达到一个理想的效果。

Echo，长效营销，实现品牌上升增长。在快手体系里，私域流量仍然是大家的。公域里的粉丝数有可能只是一个数据，但私域的数是铁粉，每个人都是经过长时间选择过来的。我们有磁力矩阵，可以帮助品牌用户在快手不断地卖货，不断地在公域流量拓展，同时在私域流量沉淀长期的价值。私域流量作为平台是对所有的操作者保持足够的尊重，私域的比例仍然很大，今天的状况属于私域和公域都是同时发展的过程。

最近我们还把注意力放在了线索营销、效果赋能和新增长点等方面。线索营销，这是重点发力的方向，有专业的团队支持大家做类似的变化，有各种各样的状态。效果赋能有各种各样的样式，不管是个性化的文字标签，还是权益卡片等都是变化比较快的过程。

除此之外还提供 DMP（数据管理平台）的方式，在快手平台除了买粉条，还可以尝试小店通的产品，为大家提供支持，结合快手多场景数据和算法，把用户的画像和产品做更紧密的连接。

9 月 23 日我们在北京开了一场发布会，把快手快接单升级为磁力聚星，让品牌和达人连接更加顺畅。我们做了很大的变化和调整：品牌除了在快手平台内正常广告投放之外，也有新的营销方式，即通过快手达人与用户建立起来比较好的连接方式。另外磁力聚星也服务于中腰部达人，帮助他们在体系内有比较不错的转化效率和效果。

最后是品牌直播间，我们新提供了"小铃铛"这一转化组件，不再局限于电商购物这一件事情。

在此基础上我们有更大程度的算法支持，希望品牌在快手里实现从预热到助推到高潮到成交，在整个平台做相对比较完整的闭环整合。

介绍了这么多，总结一下：

快手仍然是一款 App，它的用户使用时长比较长，整个平台黏性非常高；第二用户比较年轻，和中国网民分布状态一致。

在平台里并不只有小镇青年，快手也不只是东北的 App，我们在中国南北方都有广泛的用户分布，只不过是分布占地大小而已。

快手的直播日活也稳步增长，今天的直播和过往的直播相比发生了特别大的变化。

直播内容的范围在扩大，直播金额也在持续刷新纪录，这有天时地利人和的因素。我们希望通过快手的广告产品和电商的优质服务为用户带来从零开始增长的机会。

随着 8.0 版本的上线，快手的产品功能补齐比较快。短视频和直播这件事情刚刚开始，我们特别愿意陪着大家一起玩下来，希望大家在快手赚到钱。

（此篇内容编自马宏彬在 2020 年 9 月 20 日群响大会上的演讲，嘉宾分享时任快手高级副总裁。）

第四节

关于薇娅、李佳琦、罗永浩、辛巴四个直播顶流的不同路径

前情提要

关于薇娅、李佳琦、罗永浩、辛巴等人在直播电商中的"江湖地位"有多显赫，相信无须编者赘述，这里开门见山，单聊聊这四位的不同路径。作者自诩为"地命海心点评，道听途说颇多"，但对于顶流的观察绝对有利于把控和理解平台的生命周期和政策趋势，相信读者自有分解。

流量英雄

姓名：刘思毅

职务：群响创始人、CEO

江湖过招

本回合主题：关于薇娅、李佳琦、罗永浩、辛巴四个直播顶流的不同路径。

先上结论。

第一，薇娅：淘宝直播一姐，夫妻老婆店，通过锁定尖货在淘系的最低价格，以供应链的优势赋能薇娅系主播，本质还是在挟品牌整合淘内主播江湖，塑造淘宝内的系列人肉聚划算。

第二，李佳琦：美妆"小仙女"，拥有最忠诚、最波澜壮阔的上升中产阶级年轻女性，美妆、彩妆、生活方式品牌最爱他。客单价、复购率小王子，但由于利益问题，持续性弱于薇娅家族，和美 ONE 的利益分配决定了他会持续走一枝花独秀的道路。

第三，罗永浩：当之无愧、抖音官方认证的生态内带货第一人，独特的粉丝构成创造了独特的 CPM 价值，未来可期。

第四，辛巴：快手顶流 + 自控有心智的流量 + 自控顶级供应链 + 资本合作和流量合作双重锁定顶级传统尖货品牌。辛巴在现金储备、供应链控制、谈判品牌势能、谈判平台，都与前三者风格不同。再一个个单独论说。

一、薇娅

薇娅特别辛苦，是希望自己退休的，而且薇娅夫妇有巨大的资本化动机，从融资和团队架构都能看出来。

薇娅目前的策略，盘点一下：

第一，保证直播稳定流量和稳定 GMV 产出。

目前薇娅定期直播的总 UV 单次在 200 —300 万，最高在线人数在 30 万左右，常规直播下的 GMV 在小几千万量级，这是一个需要努力才能稳定的流量，也是稀缺、稳定、足以安定品牌方的成绩，更是头部的大盘保证。

第二，全域加大曝光。

批量、大力在外部流量平台加大曝光。广点通，视频号、抖音、综艺节目、微博，都有薇娅出现。为何有这么大的预算？第一净利率允许，第二客单价允许，第三复购率允许，捕捉一个高频的忠诚直播受众的经济模型，几乎可以无限投，唯一投不动的是，直播需要瞬时流量进入，但是淘宝直播的路径如此之长，因此只能投 CPM，本质上除了微博，其他流量端天然和淘宝直播需要的即时流量有异步性。

第三，锁定优质供应链。

想都不用想，目前直播顶流的商业模式相当清晰，矩阵化的核心不是流量，而是货的锁定，当然撬动的起点，是流量。薇娅的供应链和选品团队，需要控价、控品、控周期，甚至更细，锁定优质品牌在淘系的价格、产品甚至更细的颗粒度，塑造薇娅供应链的品牌池，以此杠杆吸引到更多的优秀的主播与潜在主播，和谦寻公司进行深度的供应链合作，正式从以薇娅为核心的主播机构升级为供应链贸易公司。

主播毛利高，但是持续性有问题；贸易公司毛利偏低，但规模巨大。君不见，白墙、卡美啦、魔筷以及江湖上很多的个体撮合机构，都可以走 5% 的服务费，何况是谦寻这样的杠杆能力。

第四，处理好和淘宝直播的微妙关系。

流量上，薇娅在淘宝主端的在线人数已经不能通过淘宝原生流量增长了。事实上淘宝直播的 DAU 只有 2000 万，远远不够薇娅、李佳琦两大主播洗粉。

薇娅、李佳琦起步于淘宝直播。他们的团队创造性地保护了淘系高客单价、高复购的高质量比价类、被性价比驱动的观播人群被

Top 2 长期推动的私域分发能力。这是两大淘系主播起盘的核心流量原因。

但是现在，养肥了的羊不再在乎牧羊人怎么看了。尽管资本上，阿里系与 Top 2 有千丝万缕的联系，但是巨人的直播部门和薇娅、李佳琦两位顶流之间的对话渠道是不畅通的，也理应不畅通——淘宝直播除了提供直播交易工具之外，再无其他任何价值。

薇娅和李佳琦短期不可能离开淘宝直播，因为沉没成本太高，也因为资本化带来的股权关系限制。不过他们与淘宝直播的关系则不一样，淘宝直播的 2000 万 DAU 要怎么分，本来就是非此即彼的关系。淘宝直播主推汪涵李湘等明星主播时，需要从 Top 2 直播间抢流量，也就不足为奇了。

总结一下，薇娅是真正的淘宝直播 GMV 一姐，薇娅单个主播的上限是淘宝直播的 DAU 和全网搞量的能力，但是所幸薇娅不是一个人，通过供应链赋能的方式，薇娅夫妻在做一个庞大的淘内主播帝国。

二、李佳琦

李佳琦如此优质，天时地利人和倒让我觉得李佳琦之后，再也没有办法塑造一个能以"年轻女性之友"的标签，吸引淘宝、抖音上如此多的上升中产阶级女性达人了。

地利，李佳琦火于抖音，成交于淘宝，受美妆品牌的金主爸爸喜爱的核心是李佳琦带来的粉丝价值高，品牌复购率超过薇娅。如果说薇娅吸引的是精打细算的家庭主妇与爱美且比价的年轻女性，那么李佳琦吸引的则是爱美、时尚以及不那么价格敏感，但是也热爱性价比的都市年轻女性。

淘宝需要薇娅和李佳琦，没有优劣，但品牌更需要李佳琦，也更爱李佳琦。品牌希望一场直播不仅能销库存，更是基于淘系的 CPM 曝光和 PR（网页权重），这个意义上讲，李佳琦是美妆品牌品效合一的战场。

天时，李佳琦的火爆，与新国货潮流趋势分不开。美妆侧近几年的国货繁荣，与 90 后新女性对新奇特、性价比的热爱密不可分。

人和，李佳琦的体力、表现力以及妇女之友的天然魅力，在前期的淘宝直播如此稀缺此类主播的前提下，几乎无敌。由于起步于抖音，李佳琦比薇娅更坚决、更快、更灵活地进行着多端营销。

不过李佳琦也不能"出"淘宝，尽管已经有多种擦线的试探与尝试，淘宝直播最终还是不能容忍李佳琦的交易转移。

李佳琦也只能是一个人，为什么他不能是薇娅，很简单，他不需要自己成就一个公司，美 One 也不是李佳琦的。李佳琦需要的正是一枝独秀。他需要的是不断更新自己为核心的直播团队、内容团队、选品团队、运营团队，自己应该是一个超级大 IP，一枝独秀。

大胆猜测，与花西子的绑定，其股权关系，也是放在李佳琦控制的公司身上。

这也是李佳琦的短板，中国消费者的偏好变化太快，特别是年轻人群，顶流的迁移速度太快，如何抵御这一点呢？无解。

三、罗永浩

抖音通过罗永浩这个案例成功宣告：抖音也可以出顶流，抖音也可以卖货，和淘宝直播类似的货可以，和快手直播类似的主播也可以。罗永浩是年后抖音的一次 PR 宣战，从这个侧面来讲，罗永浩不可能失败，因为他代表的是抖音平台。

罗永浩带货，从来都是走抖音直播。

罗永浩在单场直播 UV 产值与总产值上，仍然与本文标题中其他三位有明显差距，可为什么坑位费却是市场前列，即使频繁被人吐槽翻车，仍然不断有品牌金主爸爸愿意去合作呢？

核心是，市场上缺乏如同罗永浩一样的主播。

这样的主播，是当年花几百万做过线下发布会的。做过发布会、直播策划，特别是针对重点品牌这一点是罗永浩独有的。如果说苹果要找谁做直播卖货，那首选罗永浩，进一步，所有硬核科技，或者其他不差预算，需要品位的品牌，必然第一个找罗永浩，而非薇娅、李佳琦和辛巴。

这样的主播，是十年如一日在新东方塑造的。创业失败居然还有如此铁杆的粉丝追随以及科技圈特定的影响力。有影响力就有基础盘，有核心掌控互联网议程设置的粉丝人群的影响力，那更是 CPM 的首选。

以直播的形式，卖 CPM，还可以非常谦卑地做到 ROI 为正，再加上抖音官方的加持，甚至还有甲方的加持，为他高兴。

如果你认识罗永浩，是否可以为我引荐一下，想认识他，交个朋友。

四、辛巴

辛巴是快手的顶流，日前正在和快手官方博弈，快手高层似乎也没有想好的样子，不同位置，不同立场。

须知，辛巴不仅只有辛巴，还有他控制下的家族，以及他控制下的货，和他锁定的快手生态内排他的品牌池。

快手生态要开门迎客，提高品牌和客单价，然后提高电商生态的流量控盘和对其他主播的赋能，辛巴家族都是绕不开的一个点。还需要知道的是，快手的寡头主播，是快手的分发机制造成的。

快手和辛巴的战争，已经不是一个平台想杀死谁就杀死谁了。由于快手对自己平台分发能力的普惠，已经繁衍出很多个和辛巴类似的小型家族。

对于辛巴家族的态度如何，涉及快手如何和未来的寡头相处，如何处理顶级主播对品牌的锁定，如何处理顶级主播拉帮结派，渗透生态。

目前的状态是，平台之上，民间居然有第二面大旗，这是快手不能容忍的，但快手能控制已经渗透到 N 多带货领域的主播的辛巴家族吗？

辛巴家族带货能力、对品的理解，以及对快手运营到成交的一系列能力，远不是其他快手家族和机构能比的。控制，两败俱伤，不抽空，任由做大，官方与品牌对话，没有力度，也对其他 KOL（关键意见领袖）不能实现以儆效尤。

还有一点，不控制，辛巴家族对快手整个电商生态的虹吸效应太强大，对于新入场和其他中腰部主播的持续生存产生了非常大的挑战。

不要小瞧辛巴这样的顶流 + 自控顶级供应链 + 资本合作与流量合作，双重锁定顶级传统尖货品牌。快手 DAU 远远高于淘宝直播，抖音直播不容许超级寡头出现，辛巴几乎是中国主播流量的顶端，其势能、其现金流远远在李佳琦、薇娅之上。

其实这场战争已经不是平台和顶流的博弈，还有其他渠道和一系列的顶级大咖消费品牌的纠缠，非常有意思。

江湖评说

综上，来一个顶流的路径总结：

一、对于直播带货顶流来说，锁货是核心，但锁货需要强大的流量成交能力，不仅是流量，还要有成交，品效合一强大才能撼动尖货；

二、尖货被顶流在某一生态锁定时，会让同一生态的其他主播选择战队，被顶流供应链赋能，这时候顶流联盟和平台之间会产生明显的博弈关系；

三、顶流主播手握流量之后，持续创造交易额，持续赚取高毛利坑位费、佣金，拥有大量现金之后，买流量、吃货、投资流量与主播、买供应链、买顶级品牌的资产参与，从而形成顶流主播直播经济圈，是自然而然的。

第五节

主播大了一定会单飞？
这家 MCN 偷偷笑了

前情提要

2019 年，国内 MCN 机构数量突破了 2 万家。

巨大规模的 MCN 机构也催生了庞大的主播群体。MCN 和主播的关系，目前有以下几种：

一是夫妻店，利益深度绑定，可遇不可求；二是自持雇佣关系，即给主播发工资，也是流失率最大的一种方式；三是利用合约进行绑定，但大多数机构都存在误区，比如为了绑定，甚至签订 50 年期限，导致人在曹营心在汉，同样存在风险。

无论 B2B 的合作也好，MCN 和主播也好，公司和操盘手之间也好，平台和 IP 之间也好，绑定关系用一句话来形容，叫作：只有永远的利益，没有永远的绑定。

MCN 与主播之间的关系应该是合作制，而非雇佣制。雇佣关系一定会带来流失，而后者，只要是良性发展，双方都处于舒服的平衡点，合作就会持续。

流量英雄

姓名：颜美熙

职务：好秀传媒 CEO

好秀传媒（原小辣椒传媒），是一家从事专业主播孵化、直播带货、全网营销及网络科技类的全方位互联网电商公司。公司员工 300 余人，目前孵化主播 264 位，百万级主播 13 位，千万级主播 1 位。

好秀传媒实施主播管理改革至今，主播的流失率只有 3%，突破了业内 MCN 机构"持续招募持续流失"的死循环。

江湖过招

本回合主题：MCN 机构如何培养、留住主播？

在还未正式进入主题前，特别想问已经在做 MCN 的朋友，我们直播行业到底属于传媒行业，还是属于电商行业？

估计各位也曾经思考过类似问题。因为国家还并未对直播行业进行所属行业区分，所以我所定义的直播行业，其实就是一个融合性行业，既要求丰富的电商行业经验，还要有传媒行业的宣发推广渠道。基于以上，之后的直播机构所要做的业务会更加全面，需要的人才也更加专业。

一、直播电商从业角色与商业定位

换句话说，就是公司如何界定主播与公司间的关系？

我从事直播行业已经8年，从事直播电商4年，2016年开始做电商。当时大多数公司都是采用自持雇佣关系，给主播发工资。我们普遍发现，主播招募很难，很多已经被娱乐直播"忽悠"过的主播，都想要一些稳定的工资，所以当时在市场还是一片蓝海的时候，主播招募几乎是每家机构最头痛的事。

2018年我们参加了一场机构大会，了解到，之前那些同行公司所培养的主播几乎都流失掉了，有些机构也已经支撑不下去，大家都在说机构根本赚不到钱。有很多公司有了前车之鉴，没有实力自持的就去合作第三方公司，有实力的公司依然保持着自持培养。然而，自持主播公司又发现：主播孵化周期太长，难变现。就这样，机构一直都在一个死循环状态。

市场很残酷，也很现实。我们公司一直坚持与主播保持的关系是合作制，而非雇佣制。雇佣关系一定会带来流失，而合作关系，只要是良性发展，合作就会一直持续。

我们在主播入职后，会对他们做一周新人培训，实习期1—3个月，由经纪人团队挖掘主播的包装特点，定人设，定类目。主播实习期只拿销售提成（佣金），实习期过后，公司正式签约并开设薪资。我们的薪资包含两部分：基础薪资，绩效薪资。公司收取每个主播的培训费及月度管理费，培训费用转正之后退还。主播只需要做好每天的直播，直播运营、设计、商品运营、培训导师都由公司负责。当时公司一组5人运营团队同时负责10—15个主播。主播的KPI与运营的KPI相互捆绑，相互养成。主播的数据提升得快，运营的KPI奖金也相对较高。我们目前百万粉丝的主播，几乎都是2016年陪伴公司成长的主播。

我们会把主播进行类目分组，然后根据不同阶段对主播进行KPI考核，连续2个月考核达标的主播可以晋升主播等级，等级不同，公司所匹配的资源与人员也不同。KPI是从主播的周直播时长、月GMV、粉丝数，三个方面来考核。看似雇佣，并非雇佣。

有健全的合作机制，就可以减少机构/企业自持主播的流失率吗？

这远远不够。除了给主播丰厚的收入之外，还需要给主播带来更多的是 2 度——提升度、资源度。一般来说主播签约后才真正属于"公司"，大多数公司都会选择先签约，因为害怕主播流失而浪费公司资源；然而对于主播而言，他们更在乎的是，如何能够在平台上长期持续地发展，这也是我们在主播签约的问题上下了很大功夫的原因。

二、主播养成三部曲

我们把主播分成三个成长阶段：

第一阶段，新人期主播。新主播的任务就是培训和训练。目标是快速增长到 1 万粉丝，不要求 GMV。刚开始只会让主播在镜头前尽情表演人格魅力，不会让其直接卖货。我们对新主播的 KPI 考核也是从"4 度 2 力"进行考核。

4 度：勤奋度（直播时长）、可看度（粉丝停留时长）、喜爱度（增转粉率）、忠实度（粉丝回访率）

2 力：引导力（商品点击率）、消费力（成交转化率）

当主播增粉达到 1 万粉丝以上之后，商品运营人员才会根据粉丝匹配度给主播进行匹配货品，开始卖货。

当新主播单场 GMV 达到 1 万以上，才能完成孵化期，进入成长期并完成签约。我们最快孵化主播的速度是一个半月进入成长期。当然我们也有部分新主播未在三个月孵化期内完成晋升，那我们就会把孵化期主播进行对外劳务派遣。

张雨绮在《乘风破浪的姐姐》节目里面有句话我非常喜欢："人气是人气，业务是业务。"不签约并不代表业务能力不行，只是公司觉得可能孵化周期过长。

第二阶段，成长期主播。这个阶段我们会倾斜部分资源与团队来辅助成长期主播。首先，主播要先完成与公司的签约，但这份合约属于一个主播管理及归属权的合约，合约特别标明了一点，如主播自身投资非本行业外的所有实体行业，所得盈利部分公司不予干涉。这样主播就不会觉得你过多干涉他的私人生活。

签约完成之后，主播会进入分组，由经纪人统一对主播进行分组管理。目前分了 10 个组。一个经纪人配 5 个直播运营，2 个商品运营、1 个数据分析师，负责 10 个主播数据成长。每个主播自配 1—2 个助理。每组团队成员有 30 个人左右。经纪人负责每个主播的 BD 业务、日常业务等。主播依然安心做好每场直播就行。

无竞争不进步。我们对成长期主播的养成更为苛刻。成长期主播每月会进行月度考核排名，我们会按照月 GMV 及粉丝增长数量的比率评定排位。每月前三名的主播会直接提升主播等级，前 30 名主播会享受公司给予的额外资源，末尾 10 名的主播则给予需要增加周直播时长及给排位前 10 名主播做副播的惩罚（这个惩罚一是让末尾主播学习优秀主播的直播，二是也可以给主播自己多拉拉人气）。连续两个月依然在末尾排名的主播直接降低主播等级（在这里说明一下主播等级，主播等级是与基础薪资挂钩的）。

当成长性主播单场 GMV ≥ 100 万时，这个主播就成功毕业，晋升到成熟主播了。大家都说现在的主播能卖点货的都出去单干了，的确是这样的。因此对于成熟主播，我们又实施了一套新的管理办法。

第三阶段，成熟主播。公司直接与成熟主播共同开设公司 / 工作室，由总公司进行直接控股，主播正常占比 30% 左右（不同情况不同标准）。公司帮助主播搭建个人专属团队（经纪人、直播运营、商品运营、活动运营、数据分析师及招商 / 审品团队等），主播可自行选择公司开设地、直播间装修等。我们在主播达到成熟时，会与主播签署第二份合约（商务经纪约），总公司享受主播招募的独家经纪合约。

公司只要享有主播的独家经纪约，其实就不怕主播单飞。我们从管理改革至今，主播的流失率只有 3%，大多数主播是愿意服从公司管理的。

三、关于直播团队建设

今年品牌方都开始做自播，对于主播的要求及培训更是品牌主们苦恼的事。我们在主播入职初期就开始给主播进行定期培训，成长期主播及成熟期主播进行类目及直播运营培训。这里简单说下新主播培训的内容，可以此类推，做升级变化。

新主播大都是素人，我们新人班培训也是围绕着基础技能展开，分为三部分。

1. 主播的自我介绍及自我优势放大

一个好的自我介绍是可以快速引起转粉的，也是与粉丝相识的初次共鸣。我们一直把主播和粉丝比喻为情侣，主播不需要主动找寻精准粉丝，而是通过人设放大去吸引喜欢自己的粉丝就行了。不需要上来就卖货，而是更好地跟粉丝达成初识，增大路转粉概率，增加粉丝停留时长。

2. 基础技能学习——直播话术及节奏的把控

带货主播还是以带货为核心，产品讲得好是提升销量的必要条件。我们把话术分为三大类——基定话术、包装话术、促销话术。

这三类话术都是以产品为核心进行讲述，下面以服装类目作为例子。

基定话术：基础设定的话术，也是固定话术，包含款式、风格、类型，面料、做工、亮点，功能、场景、人群。

包装话术：针对产品的特点、品牌背景、竞品比对等放大产品的优势，如厂家、品牌背景，产品销量、明星同款，同类型产品对比。

促销话术：也是主播运用的直播技巧之一，常用技巧就是改低价、领优惠券、限购等。优秀的主播会在收单环节放大部分直播技巧，把控下单节奏。单品话术节奏决定了整场的直播节奏。

3. 直播间运营学习——直播中控台、直播间整场脚本撰写及训练

因为中控台玩法每个平台都不一样，在这里就不详细说明了，对直播间整场脚本的撰写是每个主播必备的一项技能，也是节奏训练的一部分。

四、如何更节省成本而有效地快速组建团队？

一般一个直播团队会有三个部门组成：策划部门、运营部门、直播部门。

很多直播间在直播前都不会进行一场直播的规划，基本都是到了镜头前就开播，至于什么时候说什么样的话，完全是即兴发挥。俗话说，"好的开始是成功的一半"，而好的准备更是好的开始的一半。随意看待一场直播的团队，凭什么跟视平台如战场的团队争夺流量？直播前的准备工作需要由策划人员来全盘策划——写直播脚本（直播脚本的策划包含：直播流量如何安排、话术安排、日常直播间活动或大促活动等内容性的策划），一个好的策划人员可以带来高效的直播。

除了策划人员以外，还需要与主播、粉丝互动的就是场控了。场控的角色不能少。在调动情绪、现场互动方面，场控能扮演很多种角色。（例如：扮演品牌方老板做客直播间与主播现场砍价）场控除了角色扮演以外，还要提醒主播的直播节奏、话术、配合商品返场及配合主播做一些直播脚本等。一场直播是想要情绪高昂还是冷冷清清，取决于你的场控能力。

接下来，我们说一说运营人员。很多个人主播甚至一些刚入行的商家，都认为主播是拿到什么产品就随时卖什么产品，这才能体现主播的直播能力。这是错误的想法。一场好的直播，除了有好的策划、好的场控之外，重中之重就是直播运营。我们一般会把运营人员分为商品运营和活动运营两种。

　　商品运营：顾名思义就是直播间商品的提供。收集整理产品信息，挖掘产品的功能和卖点（有很多新奇特的产品并不是制造商给的 idea，而是商品运营挖掘出来的），还要针对主播进行产品知识的培训，优化直播间的商品顺序。

　　活动运营：收集活动信息。（1. 收集官方平台阶段性的活动玩法；2. 多逛逛其他直播间，寻找优秀直播间的活动玩法及直播技巧。）

　　最后说一下整场直播的核心：直播人员——主播。我们会把主播和助理分为主播和副播两个角色。

　　作为主播，她 / 他的工作内容就有些不可代替性，主导整场的直播，介绍并展示产品，直播过程的把控，及时复盘直播内容。部分工作内容是除了副播以外，其他岗位的人很难帮得上忙的，不过主播也有部分工作需要和其他岗位一起配合完成。

　　一场直播结束后，我们需要从本场直播数据中分析，总结出本场直播中的优劣势，在接下来的工作中继续发扬对直播间数据有利的直播技巧，改善运营套路上的不足。所以单靠主播是很难把直播做好的，需要团队一起发力才行。

　　再来说副播，一般副播都是主播自己配的，有一个配合的人，整场直播主播也稍事轻松些，直播也更加流畅、充分。看起来副播在一场直播中不是很起眼，但是副播的工作一点不比主播少。除了要协助主播完成整场直播外，还需要与主播配合默契。副播一般都会负责整场直播的规则 / 玩法说明。比如：在抽奖环节时，主动进行相关的规则说明并操作；同一款衣服有不同颜色，主播穿主推色(库存大)，则副播就需要试穿其他颜色。

　　在复盘阶段，主播会在下播后跟运营人员一起开复盘会议，一般会议都是由主播来主持。我们也会轮流主持。谁主持会议，谁就负责本场复盘会议记录并监督每位按要求在下一场改善。主播会就本场直播进行整体复盘，每个职位人员也要就本场直播情况进行说明。

　　1. 主播主要说明整场直播的基本场观情况，进行商品售卖环节阐述。总结各职位提出的不足，下一场进行改善。

2.副播主要说明整场直播粉丝互动的情况与粉丝情绪，总结粉丝需求及反馈粉丝问题。

3.商品运营人员则要在主播单品售卖时统计单品直播时的时观数据和售卖转化率，优化直播商品顺序，改善商品链接等问题。

4.策划/场控人员重点是说明流量投放问题及转化问题，优化投放技巧，提升直播间人气与互动。

5.最后就是活动运营，需要说明本场直播间直播脚本设定的不足与环节衔接问题，分享优秀直播间的玩法套路，在下一场进行改善。

江湖评说

如何能绑定 IP，然后和 MCN 同进退呢？

针对这个场景的提问，真的听到耳朵茧子都要起来了：MCN 的绑定，绑定，绑定！

绑定这个词我觉得我要是 IP，一听就会火冒三丈，提防一百倍。

开宗明义说清楚基本观点，就一句话，B2B 的合作也好，MCN 和达人也好，公司和操盘手之间也好，平台和 IP 之间也好，绑定关系用一句话来形容，叫作：

只有永远的利益，没有永远的绑定。

江湖一直流传的话，"MCN 要长久，最好头牌是老板的配偶。"

再给江湖兄弟分享两个群响看到的玩法吧。

第一种玩法，叫作开放合作。不排他，不追求绝对绑定，只从利益出发，签最符合双方共同利益的条款，有期限。这和我们团队的策略类似。

他们做小红书 KOL 营销，把小红书的 KOL 分成了三类，针对不同级别的 KOL，提供的方案如下：

1.完全素人，提供基础的孵化支持和商单支持，作为自己矩阵资产的一部分，有严格的、期限之内的排他绑定，但这个的前提是给他的商单比较多，才可以通过排他合作满足，不然也会出去接私单。

2.有一定基础的腰部红人，提供的是双方比较有安全感的履约承诺条款，有一定的排他期，彼此都有诚意，MCN 的诚意可能是许诺保商单量，达人的诚意是排他，或者优先。看双方的诚意，以及机构本身对达人的看好度和专业领先程度。

3.顶流，要是和 MCN 合作，最大的动机一定是商单，特别是一些有自己的势能加成的商单，因此不会绑定，只是约定商业上的安排，如 MCN 锁定达人的排期和推送，MCN 打包合作，达人要履约。这个模式的核心，在于商业模式是简单的 CPM 种草单的派送，而不需要和 IP 深度去合作。

还有一种玩法，更"简单粗暴"，就是孵化矩阵，且同时不押注任何一个 IP，就是一个走量孵化的逻辑，我不希望，也不期望你能成为顶流，打造工厂就可以了。

针对这种业务场景，给读者罗列几点形而上的建议：

第一，排他问题无法解决，人性追求最优解，就是希望自由选择，这和人性相关。

第二，绑定与否和利益相关，持久有共同利益，也就有了较大的沉没成本。

第三，绑定的是人，不是机器，商业条款阻碍不了人的主观能动性，一旦一个 IP 和一个机构撕破脸，IP 不认真配合，就是两败俱伤的局面。

第四，创始人要有开放度，要坦诚，也要双方接受商业上的安排和妥协，也要学会大量分享利益，互递投名状。

最后，还是那句话，要把人当人，而不是一个物品。很多问题其实是感受问题，不是法律问题。法律是必要的，但在此场合下一定不是能拿到最想要结果的最优方案。

PART_02

抖音流量的
那些事儿

第一节

抖音带货
玩法大全

前情提要

淘客的流量的迁移一定跟着流量跑，2020 年流量最多的地方在哪里？

抖音。

由于抖音的算法机制，相对来说，还没有出现像其他平台那样头部独大的局面。对于每个人，机会都是存在的。

而抖音淘客团，是抖音官方政策观察最敏锐的执行者和跟风者，他们逐浪而居地打爆了很多品，也积攒下最深厚的玩法经验。

抖音带货有哪些玩法？

直播带多个商品，怎么选品搭配？

直播间人气就是提不上来怎么办？

流量英雄

姓名： 周志鹏

职务： 佰星科技联合创始人

2018 年进入抖音短视频行业，2019 年年底开始抖音直播带货，基本经历了抖音各个生态发展过程（踩过各种"坑"）。既有打造大 IP 的经历，也有快速变现，民间"野路子"打法。遵循变现为王的理念。

江湖过招

本回合主题：抖音带货玩法大全——抖音带货主流玩法，选品、内容构建及运营逻辑

一、抖音带货的几个阶段主流玩法

1. 垂直账号转私域

顾名思义，就是在抖音做内容，引流微信或者其他工具进行变现，这种方式从抖音刚出来到现在一直有部分人在操作，也是比较长久的一种玩法。个人总结，高客单价或者敏感性产品这种操作比较适合。

2. 自然流量矩阵视频带货

这是抖音带货发展的第二个阶段，差不多 2019 年 3 月份开始一直到现在还有少部分玩家在玩这种方式。

多设备多账号操作，而且当时由于抖音带货还没那么多商家入场，所以整体的货品还是比较缺乏的，主要以简单的产品为主，比如水果、菜刀还有一些新奇特的家居好物，所有账号都是重内容轻

人设，几乎不会去塑造达人形象。

这种模式的尝试让不少人尝到了甜头，所以通过优化玩法和市场变得更加多元化，产品的丰富度增加，但是只适合少量暴利品（比如养生，功效性的一些产品）。

这种玩法到 2019 年年底基本不好玩了，因为那些卖茶和卖保健品的，都是自备几百台手机，打擦边球，直接导致抖音在 2019 年 11 月份两次更改了橱窗规则来打击这种玩法，同时封了大批量的账号。

业内有句玩笑话：抖音的风控是跟着玩家的步伐推进的。

3. dou+ 视频带货

dou+ 视频带货应该可以算真正意义上的淘客和电商营运玩法，以钱换钱，投出不错的 ROI。

红利期差不多在 2019 年 6 月份到 2019 年 10 月份。这个阶段抖音 dou+ 的投产比基本都在 1∶2 以上，部分高阶玩家一比十几，圈内 dou+ 月佣千万的大有人在。

当然这个红利期过后，dou+ 带货也越来越难操作，很多 dou+ 大佬退出 dou+ 圈子。因为视频 dou+ 带货不适宜大部分玩家操作了，就不细讲了。

4. 短视频 + 直播

"短视频 + 直播"玩法也经历了两个阶段：

第一个阶段是视频挂车，然后挂直播；以短视频进行转化，直播带动视频流量，批量发布视频。这种方法基本已经不适用，就不详细叙说了。

第二个阶段就是"短视频 + 主播直播"。为什么可以这么玩？给大家分析两个点。视频手机发布和电脑端定时发布。手机端视频发布一般有两种方式：第一种是每隔 20 分钟或者 30 分钟发布 1 到 3 个视频，那么在直播的时候怎么发布作品呢？

很简单，手机直播超过 30 分钟，直接杀死抖音进程，然后重新点开抖音发布完作品，再点击直播，上面会有个恢复直播选项，点击即可。

这种方式直播是没有结束的，但是会显示"主播暂时离开一会，马上回来"的提示，会导致在线人数减少。

第二种方式就是一个抖音号登录两部手机，即 A 机和 B 机。A 机用来发布作品，B 机直播。

直播过程中发布视频是为了流量叠加，直播间人数递增。这时候发布的作品也是根据该账号进行测试，流量容易热门的视频。视频测试好，直播间上人比较快。

一般一场直播 4 个小时左右，会发布 20—30 个视频。我们会经常看到一些大网红直播时也会这样操作。最早使用这种操作的大网红是"真善牛肉哥"，一般直播时会发布 30—40 个作品，一直发布到下播为止。

电脑端发布作品也有两种方式，直播过程中，不用手机用电脑也可以发布，但是电脑发布选不了热门音乐和进行热门视频拍同款操作。 当然如果你一开始发布测试视频就是在电脑端发布，就不需要考虑热门音乐这个因素，这是电脑端发布作品的第一种方式；

第二种方式是电脑端定时发布，定时发布一般也是设置每 20—30 分钟发布两个作品。

因为定时发布作品是两个小时之后作品才会发布出去，所以要在开播之前 2 个小时进行定时操作，然后定时操作过程中有个小技巧要注意，打乱定时发布的时间。这是一种定时叠加流量池的过程——抖音视频曝光流量池叠加的原理，就是多个视频往一个时间段积蓄，开播进行爆发。这种操作也就产生了圈内所说的瞬爆、连爆、叠爆。

瞬爆：顾名思义就是视频发布瞬间就上热门，直播间瞬间上人，达到最高转化。

连爆：顾名思义就是发布视频一个接着一个上热门，这里说的热门就是几万到几十万播放量。多个视频一起爆，直播间很快会涌入非常精准的流量，这时主播抓住这波流量就可以在极短的时间达成比较高的转化。

叠爆：主要就是电脑端定时发布，比如 6 点开播我们可以定时在 5：50、5：51、5：52 这几种，让流量在开播时叠加的流量一瞬间进入直播间。利用视频叠加流量达到流量积蓄，类似蓄水池原理。

目前"短视频＋直播带货"还是主流带货模式，但是不要沉迷于瞬爆、连爆、叠爆这种模式，这种需要大批量账号进行测试，对于新手玩家难度较大。

5. 直播带货

直播的三个关键环节：人、货、场。

人就是指主播和消费人群。

主播：直播间很关键的因素，主播控场能力好，直播间热度高，转化就会高。

消费人群：我们发现下沉市场的用户更好转化，以 25—50 岁二线及二线以下女性群体为主。（80% 单价不是很高的产品都适用。）

货：选好的货品，匹配主播的货品也是一场直播转化的关键。

场：这里理解为直播间场景和控场，个人认为控场比场景更重要，很多个人主播和工作室主播的场景很简单，但直播效果很好。

二、抖音直播带货的玩法及逻辑分析

这里主要从抖音带货的选品、内容构建、运营逻辑来讲；选品是关键，内容是核心，运营是必要条件。如何选品，选什么样的品，选品的逻辑取决于产品消费人群的定位。

通过直播间产品的选择和直播内容的设置达到商品高转化。

1. 选品

关于直播带货，我们都知道除了视频直播带货可能带单品外，其他大部分主播都是多个商品直播带，这里选品是很关键的。

一般在直播时都会设置几个层级的产品：引流款（福利款），爆款，利润款。

引流款：起吸引观众拉人气的作用，基本没有利润。引流款不要在直播时直接一口气放出来，而是要分批放出来让观众抢购，让观众在直播间留存，让直播间上热门。

引流款要注意的是，产品实用性要高，看着价格比较高，但直播间抢购价格低，达到引流效果。

爆款：顾名思义，即当下热度比较高的产品，这些产品本身具备一定的热度，当然这些产品的利润空间也是足够的。一般价格区间在 100 元以内。

利润款就不用说了，是你这场直播的利润占比最大的产品。目前大环境下，我们根据自己的数据和经验，家居百货和食品、鞋服是目前抖音直播带货比较合适的利润款产品。

养生品和化妆品相对去年来说，今年整体比较难操作，化妆品建议找强人设主播来带。抖音平台 0—79 元是最畅销的价格区间。

消费人群的分析：目前我们团队构建的消费主体画像为：25—50 岁二线及二线以下城市女性。下沉市场用户活跃，套路简单，成交率高。

可以参照快手和拼多多用户画像。

2. 内容构建

内容的构建主要有：场景的搭建，直播脚本的设置和主播的控场能力，而这些内容都是为了提高直播间人气和商品转化率。

下面分析直播间人气的五大来源方式。

（1）**视频推荐**：在直播之前 20 分钟左右发布你的视频作品。随着你的视频播放量不断增长，当别人刷到你的视频的时候，看到你的头像的直播红圈在闪，点击头像就进入了你的直播间。

（2）**你的粉丝**：关注你的人在关注页看到你的直播点进去，但这个其实最不重要。很多几百万粉丝的账号，其直播间也没几个人。

（3）**直播广场**：直播广场是直播人气的一个重要来源。上面说了，如果你的一个视频热了，直播会进来很多观众。那么直播广场怎么进人呢？最主要就是要提升你的直播权重，直播广场权重高，相当于你的直播间在一个大热门上，别人点击直播广场就很容易进入你的直播间。

（4）**同城推荐**：打开你的同城定位，别人在查看同城的时候就有机会进入你的直播间。

（5）**其他**：指直播间的各种推广，比如直播间的 dou+ ，直播间的分享、信息流等。

影响直播间人气的三大因素是：留存率＋互动率＋关注率。

留存率：指直播间观众的平均观看时长。

互动率：指直播间的观众和主播互动的弹幕数。

关注率：观看直播的观众给主播点关注的概率。

当然还有点赞数和礼物数等因素，但作为带货主播我们主要关注上述三大因素。

直播带货（这里说的直播带货是指纯直播带货，不用短视频作为直播的流量入口）也分自然流量和付费流量两种。

自然流量直播：相信很多人都听过无人直播和卡直播广场两个名词。

无人直播顾名思义就是没有真人的直播，无人直播是通过电脑推流到抖音直播间，通过素材回放或者专业直播设备进行操作。

卡直播广场的底层逻辑是，抓住深夜不睡闲得无聊的心理，利用人的好奇心和一些强迫症心理去录制一些相关视频，比如深夜婆媳，夫妻吵架等。

3. 自然流量卡真人直播带货

逻辑是利用人的贪便宜和中奖心理，在直播间和关注进行互动，达到留存和点关注的目的，增加直播间权重，上直播广场。

但是相信大家也看到很多 1 元秒苹果 11 的直播，那是诈骗，看到的朋友动一动你们勤劳的小手指，点个举报，希望我们一起来保护我们的抖音带货生态。

4. 付费流量卡直播广场

直播间投 dou+，每次 200—500 元，选择 0.5 小时，消耗完之后，继续投，一场直播投三次，并且在直播间利用红包、福袋的方式，提高观众的留存时间。

想要上千人同时在线的直播间，需要卡半个月，每天开播两小时，5 天在 200 人的时候下播，5 天在 500 人时候下播，5 天在 1000 人时候下播。

以后你一开直播，直播间基本都能维持在千人以上，之后尽量不断播，此方法操作比较简单，但是需要主播在直播间要有控场能力。

当然直播最简单的方式还是付费投放，你不需要考虑是不是上直播广场，是不是视频热门，只需要测试一个好的 ROI 即可。

抖音视频和直播的底层逻辑最核心的还是"人性的分析"。

抓住"贪嗔痴慢疑"。以"贪"来说，大多数人都有贪便宜的心理，把握人性这一核心点，去设置你的玩法和套路，当然希望大家都能给消费者带去好的产品，生意的核心还是诚信。

江湖评说

抖音带货还能玩吗？现阶段哪些类目转化比较高？

抖音直播带货自今年 3 月起风靡，也不过大半年的时间。由于抖音的算法机制，相对来说没有像其他平台那样形成头部独大的局面。

相对来说对于每个人的机会都是存在的。个人玩家想入场可以考虑水果特产类目和家居好物类目，这些类易操作、成本低、风险低，也是长线类目，输出稳定，以自然流量为主，付费流量为辅。

团队和公司入场选品，建议直播为主、视频为辅，可以考虑服装、食品、小家电类目，相对来说上手快，品类多易转化，以付费流量为主，自然流量为辅，达到稳定批量化操作。

2020 年的电商红利已经漫卷，你入局了吗？

第二节

抖音直播间
现场操盘

前情提要

抖音红人常见的直播类型是专场直播和混播。

专场直播：和单个品牌方合作，一晚就只做一个品牌的直播。

混播：一晚上播不同品牌的产品，可能承接的是红人的抖音小店、淘宝店，或者天猫的各个品牌方。

做品牌专场的红人，通过与不同品牌合作专场来积累自己的人气。她们没有自己专门的店铺，只为其他品牌作嫁衣。

到底是选择不断地往前跑，把量跑起来，还是圈地为王？这是个问题！

专场红人如何获得品牌方独家权益？

抖音直播团队的基本构成是怎样的？

抖音直播现场执行需要做到哪些才能实现最大点击和转化？

流量英雄

姓名：陈聪

职务：抖音 TOP 美妆 MCN 直播操盘手

陈聪在抖音某顶级美妆 MCN 直播团队负责运营，红人最高月 GMV 过千万。也曾任孵化组组长，操盘至少10位美妆红人顺利变现。

江湖过招

此回合主题：抖音直播现场操盘，超高转化组品、非爆品出货、品牌直播玩法

一、抖音直播的"货"

抖音红人常见的直播类型是专场直播和混播，专场直播指的是和单个品牌方合作，一晚就只做一个品牌的直播。混播就是一晚上播不同品牌的产品，可能承接的是红人的抖音小店、淘宝店，或者各个天猫的品牌方。说这点是因为想提一下，红人自营的店铺，一般是和各种 TP 合作的，TP 主要负责解决供应的问题，能以多低的价格进多少货，通过这种方法还会做自己的私域。这类红人以自己店铺经营为主，也是通过破价加配置等方法实现自己的独家权益，通过沉淀能更好提高黏性和增加复购。

而做品牌专场的红人，也是通过不同品牌合作专场来建立自己的心智，她们没有自己的店铺，只为其他品牌作嫁衣。目前来看基本没有不断做品牌专场，同时又经营自己店铺的红人。我很想了解下别人的主播是怎么思考这个问题的？你们希望是不断地跑马占地，还是圈地为王？

独家权益

上面提到的独家权益，就是所有"货"的核心。有了独家权益，一场直播才能开展。我们常用的手段是用各类查价软件，来查品牌的历史最低价，但是这个方法其实并不高效，品牌方还可以用些技巧来规避的，例如新建链接，做完专场直播后直接下架，又因为你在抖音无法查看直播回顾，这就容易信息不对称，红人谈判就很吃力。所以最好的方法是留意品牌方是否和别的红人合作专场，我们根据红人提前的预热，例如个人签名的修改，预热视频的发布，提前对当场直播进行录屏。品牌专场都是能给到最低价或者独家配赠的，这样通过回顾就能很好地查看整场的权益了。这样掌握了细节你才能更容易和品牌方谈判，不然你的配赠和价格不到位，直播就真的翻车了。因为你的粉丝已经发现你不再能拿到比别人更好或同等的利益了，自然心智就容易改变，你所谓的人设也无法立住了。

组品的重要性

其实以我们的经验来说，价格还是相对容易查到的。但是品牌方有时候已经无法再给到同样的价格，面对这样的问题只能通过重新组货来解决。把另外一款产品绑定销售，这样能提高整体价值，再不断增加更多配赠，目的很清晰，就是你的整体权益绝不能主观上比别人低。

尽管爆款 + 多配赠已经是最优选择了，但是产品不够，难以维持整场直播的时候，其他的品即使是卖得并不好的也可以通过各种组合打爆，这就必须要好好结合红人的销售话术，无论如何组品，你的权益力度拉满才可以实现超高转化的效果。

专场直播预热

权益定好后，直播预热工作可以开展了。预热的渠道主要是视频、直播和私域。一般预热是维持 2—3 天的，因为第一天通常是与品牌方开始谈判，这里已经提供了出行、谈判的内容素材，这是第一波预热。第二波是产品的试用、品牌背书。第三波可能是提前的预热直播，就是不卖货只进行产品剧透。这里其实素材很固定，但是内容玩法有很多，我们只看曝光是否达到预期就好了。

产品链接

虽然产品链接是件很小的事，可是购物体验真的是非常非常非常重要的事。产品链接在直播前一天是用来测试的，我们除了挂橱窗，最重要的是检查链路，只有最简单的链路才能最大程度保证转化，所以我们检查链路只需要遵循这一点就可以了。专场开始前，要明确自己的需求给品牌方，付款只走拍立减，没有其他方式。大家可以回顾一下我们看别人直播的时候，当你听到详情页领券要客服备注，大部分人看到这步都想跳出了。链接标题检查是为了规避掉车这个问题，由于抖音审核异常严格，关于秒杀专享福利等词都是不能出现的。标题确认好，价格确认好，这个链接就可以正常使用了。我们专场工作一定会再要求品牌方多准备几个备用链接，因为抖音直播谁都不知道会发生什么意外，例如你直播中忽然发现链接被人工审核封了，这时候你必须随时有新链接来替换使用，保证整场直播能顺利完成。这项工作看起来很简单，但执行起来特别容易出各种问题，所以必须由专人负责好。

产品链接、上下架、库存、卖点设置（巨量百应里设置）、返场提示、销量统计都应该归属到一个负责人，基本和电商这块的对接就稳妥了，执行效率也会很高。

二、抖音直播的"人"

抖音直播团队的基本构成

最早的时候，我们只有红人一个人，提前加好购物车，自己上下架，淘宝那边配合电商运营，这应该是最初的构成。一个人拍摄的产量有点低，所以需要一个能配合红人一起创作拍摄的人，这个角色叫编导或者是视频策划。视频是抖音的根本，也是主播重要的流量来源。随着上架的产品越来越多，编导也要继续想下一期的爆款视频，所以需要一个控场的人，负责实时报数据，提前准备好产品链接，帮主播准备好产品。只要红人有现场需求，这个人就来负责。最早的现场负责人是这个，这也是我最开始接触抖音直播时的工作。

产品变多了，基础销量数据也有了，因为价格权益不足，我们发现很难比别的直播间卖得好。这就需要有人负责起直播前的选品了，当然红人也是最重要的选品人，她们一起完成选品排期等工作。

这4个人是抖音直播团队最基础的构成，当然已经无法满足我们现在的需求了。随着主播的产出越来越稳定，我们团队增加了文案策划，负责直播产品的卖点。编导也多了拍摄助理，负责产出爆款视频、配合拍摄、布置直播间。流量也要追求更稳定，投放预算开始加大，dou+ 和巨量引擎一起上阵，这里增加了投放的负责人。基础团队已经到7个人了。

其实除了现场最基础的7个人，还有在公司的剪辑人、商务对接人，这些都是专门负责直播工作的团队成员。如果红人有一定体量了，这些成员基本是连轴转的，上班时间也从早上变成中午，所以你想识破对方是否是骗子，你只要在早上找他们，能反应很快的基本不是真实的。我们工作时间基本到晚上12点，第二天中午开始准备下一场的工作。如果是跑品牌专场要出差，可能一周也不休息一天。我们5月份的时候从1号到18号一直在外面跑，每天不是直播就是在准备直播的工作，这样的团队才能保证正常的运作。

红人直播顺序及话术

红人掌握着流量和成交的核心。专场敲定好权益，红人必须想好对应的产品话术，根据自己的节奏来确定播品顺序。其实顺序不是真的像脚本一样按流程走，而是用来维持直播间热度的重要方法。这就是我们认为的直播间节奏，理论上一晚你是可以频率非常高地推出返场爆品，配合投放我们才能让流量叠加明显，这样非爆品也可以尽可能地出货。关键时刻是开播前的1小时，我们必须要在这个时间段亮出爆品，结合话术最大程度地提高粉丝停留时间。而返场的顺序则通过现场实时反馈的数据来定，灵活地调整来达成产出目标。

红人话术的重要性

其实大家留意看抖音的直播，都已经对砍价非常熟悉了，我们可以粗暴地理解话术是需要完成种草和收割的，写好产品卖点就是完成种草的部分，而收割就是通过催单、砍价等技巧来完成的。

对于低价秒杀和爆品，红人应该搭配好自己的专属话术。这些话术是用来强化自己人设的，输出自己的价值观，常见的有介绍自己是谁，为什么要做直播，我能给粉丝回馈什么等。

低价秒杀在抖音已经非常常见了，但是秒出去不会给你带来产出，现在用来提高在线也不见得很有效了，所以强化自己的话术，让此刻参与秒杀的粉丝尽可能增加停留时间，这才是最重要的核心目的。

对于这部分我还是建议大家多留意朱瓜瓜，瓜姐。瓜姐是我认为抖音里能最好地演绎这些技巧的红人了。补充一下价格翻车这个小技巧，就是故意在播品的时候把价格念错，比如价格是 108 的你念成 88，让粉丝觉得自己拍到更低的价格，主播结合好自己的反应，这时来一段经典的操作把责任推给运营，让粉丝体验到一把捡到便宜的快感，成交效果都是很乐观的。要在直播安排小技巧其实很容易，找到比较默契的团队成员一起配合就行。

三、抖音直播中的"场"

直播现场

在抖音直播其实还有个好处，就是我们的设备和现场都极为简单。去年团队曾经试过做淘宝直播，直播推流对设备和网络要求都很高，动不动摄像头、电脑、灯光就搭进去几万，而因为高清所付出的远远不止是成本，你损失最大的是亲近的体验。这点我始终认为，抖音直播还是用手机，起码目前这个阶段，手机才有最好的效果，大家如果留意过高清的直播，就会发现红人和手机更有具体感，这种体验实在是太明显了。红人用手机直播，和粉丝互动的感觉会很亲近，尤其是砍价环节。大家多多看看朱瓜瓜，瓜姐的神操作，基本上脸部就占了三分之二的画面，我们很容易就能跟着红人情绪走了。除此以外，红人能很好地看到粉丝的回复，互动效率很高。所以想入场抖音直播，只需要淘宝百来块的补光灯，一个手机支架，一台质量好点的手机，加速度正常点的网络就能马上开始了。其实最近我们都能经常刷到一些没粉丝的账号开了直播，视频可能就只有1—2条，互动基本是没有的，可能是利用新开直播容易获得推荐流量的关系，也能有几百到一两千人在线。与其观望不如直接入场尝试，前期获得基础的流量数据分析也更有利于去总结规划。

这里我们直接以前面团队分工来说明。直播开始 3 小时前，预热视频已经发布完成。编导还需要负责现场的切片录制，比如今晚要发布 20 条切片视频，那标题要提前先准备好类似的格式，方便及时发布。投放的负责人要建好计划，开播前要直接加热视频或者直播间。助播要确认好直播产品的顺序，准备好直播产品和赠品。现场运营已经在直播前完成链接检查了，要联系好品牌方的店铺运营进行实时改价。除此以外，为了活跃好气氛，有些直播间需要准备好音乐，这块可以交给编导来负责。

直播现场常见的问题

优惠券

为了保证专场直播的购买体验，我们提前准备好的链接必须都是拍立减的，这个时候品牌方会提前 1 天停止掉所有的店铺优惠券，为的就是防止有出现先领券再拍立减，叠加破价，所以必须要提前沟通好。

除了专场外，我们混播很多商品，这些商品基本都是爆款的链接。为了能正常达到直播间优惠，很多时候还是会用单品优惠券来设置的。这样品牌方既可以避免优惠叠加，又能实现直播间利益。但是设置的优惠券必须要提前一天检测好，因为大部分天猫店设置的优惠券都有一定时间的延迟，很可能当天设的优惠券由于各种原因迟迟未抓取到。

库存

这里的库存指的是直播现场如果转化效果很好，平时预设的库存一般是 1000 左右，可能一瞬间就会拍完，直播的运营必须时刻留意好库存并及时补充。无库存的产品是会掉车的，而掉车后又很有可能出现不明原因挂不上，所以记得时刻留意并且提前补好。这类情况经常在专场出现，瞬间成交的订单太多了，而品牌运营很可能自己没察觉到流量来得这么快。以前就经常出现库存没及时补好造成掉车，或者忽然天猫后台出现莫名的 bug 导致加不上，又得重新登录再补的情况。这一来一去的折腾实在是非常损失成交。一些很小很小的细节在直播的时候被无限放大，因这样的问题造成的损失实在太低级了，绝对不允许发生这种事情。

实时数据

需要直播间现场实时统计的数据中最重要的是进店率和支付金额。这两个数据是投放负责人的重要参考依据。投放需要考虑到进店率来评估流量的效果，再通过支付金额来判断整体投入产出是否能维持。对于红人方面，产出数据在播完 1—4 个产品的时候就需要进行提示了，现场一般是写在白板上来提示红人。红人在直播的过程中是非常投入的，我们必须要引导红人正确地进行返场。比如说前期爆品播完后，会进行第一次返场，这个时候只会返一个最好的爆品，然后继续完成其他的直播。红人会根据流量情况和互动情况来返场，爆品除了能冲销量还对流量有一定程度的帮助。因为前面编导发布的切片很可能在跑，进来的粉丝是因为切片内容里提及的爆品而来。如果短时间出现很多对爆品的评论，那么就很有可能是这类情况。所以红人要及时地进行返场，这个操作是要靠红人把握的。如果返场的产品销量并不是特别好，我们需要及时反馈给红人，让红人来进行判断。毕竟产出才是第一，不是单靠评论互动就直接随便选品来返的。

卖点设置

这里的卖点指的是巨量百应后台设置的 15 字卖点。结构基本是写秒杀价格，还有拍法。如有些产品设置的是拍 2 或者拍 3 才能达到满减，那我们必须要在 15 字内写清楚。字数有限，也因为这点我们需更好地进行提炼。前面一般解释拍法比如"拍 2 发 6！秒杀价 99！"如果拍法是直接拍 1，那我们应该强调的是到手多少件，强调配赠是非常丰富的，比如"秒杀 99 再送中样 + 卸妆棉 + 面膜"。

产出数据

直播后的复盘非常重要，这时候我们会对数据再进行一次统计。现场数据和复盘数据是不同的，由于要算上退款，我们对直播后 2 天的数据要重新统计。要留意红人高产出的品，基本上不变的情况都是 3 到 5 个的爆品来提高 GMV，甚至占整场直播的 80%。所以这样大家都清楚了，我们前期组品必须要解决这个问题，如果无法组好 5 个或以上的爆品，基本这次直播是风险很大的，红人很可能播到 3 小时后返场也返不动了。根据数据红人更能清楚自己能播好的品是哪些，这些爆品可以给到下次选品进行参考，这样才能对一场直播的产出更有把握。

视频发布

直播现场发布的切片需要审核，这点需要编导熟悉好抖音审核的规则，不能出现过多营销用语或极限词。不审核通过的视频不单是损失了曝光，最重要的是损失了投放载体，这一点专场跑得多的朋友应该深有体会。所以说现场录制的切片除了免费曝光外，更多的数量其实是为了保证投放载体这点上。

气氛

直播间的气氛这个是我个人很主观的看法，红人一晚最少直播 5 个小时，一直在讲产品的话，有时候就很'干'，所以红人需要根据直播现场来调节气氛。比如吐槽助播，调侃现场的运营同事，每次产品下架的时候是现场所有人一起倒计时……这些能娱乐自己的因素也是会传递给粉丝的。即便运营人员休息时看自己喜欢的直播，也会让娱乐的氛围更符合抖音的调性。

专场直播里，可以要求品牌方出人一起配合，品牌方无论是否出镜，这个出场人物都能一定程度调节氛围：被砍价的不乐意，说爆单后的惊喜等。红人能把现场利用起来也能大大提高直播的气氛，而气氛很多时候也会帮助红人自己，会让红人更有精神更有能量地去介绍产品去输出给粉丝。这点真的是很主观的体验，在直播现场工作过的朋友们比较容易理解。

互动

上面提到的是现场的工作氛围，更重要的是直播间的互动氛围。红人是直播间的核心人物，为什么一直让粉丝评论转发或者点赞直播间，其实都是为了更好地让粉丝停留，让粉丝更投入，这样互动提高了，能增加自己直播间的权重。每次在播到爆品的时候，引导互动的次数会更加频繁，这样新进的流量更容易参与进来。无论抽奖还是福利，抖音最常见的是截屏送礼，这点也是为了增加观众在直播间的停留时长，增加粉丝互动的可能。根据这一点，我们也能反推：福利可以进行提前预热，这样拍摄的素材也增加了——核心永远是提高点击和停留。

四、抖音直播的流量

抖音直播的流量，都可以从巨量百应的流量来源看到。这里的推荐流量有两种：一是通过他人短视频进入直播间，并下滑到你的直播间；另外一种则是直接通过你的视频进入你的直播间。推荐流量以外的流量来源则有直播广场、同城、关注、其他。

　　红人直播的时候，相应视频上的头像光标是在闪的，如果视频爆了的时候开播，视频会一直在流量池跑，流量就能不断从视频里进入直播间。可以说视频是最重要的流量来源。

　　读到这里，很多读者会举例，说朱瓜瓜或者很多其他红人，他们视频互动也不怎么样，为什么直播在线有这么多人？我也想说这一点，要达到朱瓜瓜这类头部红人的流量级别，只靠直播间的推荐流量，是非常非常困难的事情，因为你的话术、权益很难在短时间就超越对手，既然无法保证停留时长，在线的跳失率就会很高。假设停留时长是最重要的权重，无法保证这点就无法获得推荐流量的情况下，视频反而是可以通过团队协作集体创作的。制作视频的爆款概率我认为比现在的直播获得大量推荐难度更低：在这种机制下，其实做出爆款视频的难度更是低于直播时获得高流量推荐的。因此视频是不能放弃的，这是抖音的根本，想办法让自己的视频提高播放，这块流量就能好好利用了。

　　除了爆款视频之外，我们能发现很多红人做专场的时候，直播现场片段（也叫切片）也是非常好的素材。秒杀、爆品、砍价或者翻车这些非常容易提高完播率的片段，可以用手机直接录制就完成发布，只要对标题下好功夫，这些片段都能有不错的播放。假设一段好的切片会有5000到1万的播放，一晚直播有5个小时，可以发20—40条切片。没有爆款短视频，就靠量来补充播放量，这里引入的流量可以完全说是免费的。如果有播放特别好的切片，还能进行投放，这样就能最大程度地去利用好抖音的流量了。

　　说到投放，除了最常见的投放播放最好的切片外，有条件的可以使用巨量引擎来直投直播间。这里直接说结论了：投 DOU+ 直接加热直播间和投巨量直接投直播间对比的话，巨量投放更好掌控，进入成本控制在 0.5—0.8 元 / 人是可以接受的，这个具体要看现场转化来定预算。实时反馈进店数据和销量数据对投放同事来说非常重要，这点团队间要配合好。

补充：关于小店

　　大概今年 6 月底，我们忽然有一天全机构都挂不上几个品牌的链接，在杭州的同事也遇到了同样的问题，不久字节就公布了抖音电商部的成立。我第一时间想到的就是快手曾经也有段时间无法挂上天猫的链接，原因很简单，平台想完成闭环。当时是"6·18"刚结束不久，巨量百应的实时监控能看到小店和京东的成交，就是看不了淘宝的，而抖音的订单提示也做了更新，有很清楚的提醒。这一系列动作预示着小店接下来权重会越来越明显，小店将会是必然选项。

品牌的直播玩法分享

曝光预热

　　品牌前三天主动提供充分的创作素材给红人，确保红人有足量的素材完成视频产出。预热是重要的流量准备工作，包括邀请红人到品牌集团，在会议室砍价，参观产品生产线，品牌所获得的荣誉证书，创业背景，仓库打包发货，等等。结合红人的创作优势，在直播前 3 天通过视频就能获取足够的曝光。

独家直播权益

产品常见的组合类型有以下几种：

1. 爆款 + 库存品（爆款粉底液 + 卸妆产品）

2. 爆款单品搭配（防晒喷雾 + 防晒霜、眼部精华 + 眼膜）

3. 单品叠加（面膜 X10）

现场砍价

品牌方和红人提前确认好需要进行彩排的爆款产品，在直播间演绎砍价的场景。砍价要集中在爆款产品上，关键动作是阻拦。这里需要注意撤离的时间，一般播品时间＋演绎不会超过5分钟，不能让效果太尴尬，趁直播间评论互动最活跃的时候来上架，才容易出效果。

投放

根据投放预算来要求红人给出产出目标，可以按现场实际产出来追加投放预算。

江湖评说

无论是红人还是品牌方，核心目标都是高产出。在这点的基础上，前期的谈判必须要意识到：专场权益如果无法给到位，红人再怎么引流都是出不了好效果的。品牌方必须站在红人的角度来一起参与组货。因为现场掌握核心的是红人，现场也是红人的主场，品牌方是需要借助他的粉丝来完成产出的。爆款同时也是引流款，在爆款上花心思组好配赠，用其他的产品来补充利润，这样的方式能够更合理地利用好红人的流量。新品首发也是如此，很多品牌就是在专场做新品首发的，即使是首发的产品，结合好配置也能够达到很好的爆发。

在专场里面，品牌方大都非常努力。专场对于机构来说是红人不断地去跑专场，对品牌方来说就是不断地找红人合作专场。品牌方可以通过一次专场直播合作，结合红人的视频和直播来达到收获曝光和产出的目标。

红人的粉丝也能一定程度转化为品牌的粉丝，所以挑选好红人非常重要。在现场的抖音直播里，找明星还不如把预算花在中小型的主播上。纯佣合作的红人依然很多，完全可以自己找垂类的主播来进行测款，可以多花时间在挑选主播上，数据平台上其实很多红人的数据都看得很清楚，找10个主播可能都花不了1个明星的钱，这样测款后数据产出是否达到预期就一目了然了。

　　再不然可以自己直播，现在抖音上已经经常看到品牌直接开直播了，甚至是连冷启动都没有的、一个不知道哪来的新号，直接开直播上购物车。找对产品或者找到话术比较好的员工都可以直接开播，组合好自己的品，拿点预算投放给自己的直播间，这样一来自己也熟悉玩法，也对自己挑选主播能提高经验。

　　方法一定比困难多。

第三节

抖音顶流毛光光操盘手：
我眼中的直播电商

前情提要

聊一聊抖音情感营销里固定的模式和套路。

首先是浪子模式，被情伤过很懂女人的男人，有颜值的主播经常用这样的套路和内容。

第二是帝王模式，比如出身不太好，经过后天努力逆风翻盘了，取得了一定成绩，而且控制欲望比较高。去年有剧情类似的内容，非常火，逆袭的霸道总裁的内容模式屡试不爽。

第三是诗人模式，向往田园生活，追求精神世界。抖音也有这样的内容，隐居田园户外生活，还有最近特别火的海岛野外生存。看到这些内容的时候，会产生很强的套路感。

另外，当经常刷抖音的用户看到重复固定的套路性内容时，会感觉到疲倦甚至有点厌恶，所以抖音会经常周期性地推出一些趋势性发掘的新内容，使之成为潮流。

如果在抖音想做现象级别的IP，只需要做对一件事情：要么第一时间跟上流行，要么创造流行。

流量英雄

姓名：Cony

职务：嘻柚互娱创始人

嘻柚互娱是全平台头部 MCN 机构，字节跳动 top 3 social 全案公司。Cony 是"毛光光"的操盘手，使"一人撑起一台戏的光头男孩"毛光光迅速在抖音走红，并且取得单场带货数千万的成绩，成为抖音顶流主播。

江湖过招

本回合主题：毛光光的起盘全流程，以及我眼中的直播电商

一、毛光光起盘原因分析

做好 IP 绕不开的基本点是人设，非真实的、套路性的人设很危险，或者说不稳定。

我们是怎么做的？下图是毛光光曾经扮演拍摄的角色，有些并不是很成功。后来我们将套路性的人设完全抛开，发掘毛光光本身生活历程中的一些片段或者一些记忆犹新的时刻，或者他本身性格的一部分，再把生活中接触到的很有特点的小角色搬到内容的矩阵中，发现，哎这就有意思了。

比如大学生林影、胡亚雪，大学老师李文静和张达林，还有"柜姐"吴桂芳以及经理周雅琴，还有贵妇许太等，我们之所以设置这么多角色，首先是想把人设的可能性增大，以此分摊成本，分摊风险，同时能扩大自己的存在度。

我们做毛光光账号起盘或者取得小成绩的第一点原因，总结来

说，是**在套路中寻找真实，在真实里嵌入套路**。

为什么这么说？上述角色都是我们积极努力寻找出来的真实的场景，或者将真实的人物角色套在内容中，同时还需要偏套路性地将剧情串联起来。内容中表现出来的特质肯定是因为这个人本身具备这样的性格和特点，这个人就是这么好玩。但是不可否认的是，这个人背后多少都会进行一定的包装和设计。

上面说到"存在度"的概念，就不得不提到王东岳先生"递弱代偿"的理论。

递弱代偿的原理是，越简单越初级的物种或物质形态的存在度越高，越高级或者越复杂的物种或者物种形态存在度越弱，且同时存在度呈递减的趋势，这是递弱。代偿是指因为存在度降低，所以为了保持其稳定延存需要相应地提升自己的续存能力。

也就是说，存在度和延存度之间会存在一个矛盾；做内容的过程中，也会存在这样的矛盾。我们将一些关键因素或者将横纵坐标换成做内容经常遇到的关键因素，就会比较好地显现出来。

横坐标是娱乐属性，即账号是否是泛娱乐账号，到底有多泛。纵坐标是商业价值。

简单来说，如何在粉丝增长或者粉丝到达一定量级的前提之下，能够保持商业价值不断地提高，或者商业价值能有进一步的发展。随着娱乐属性的升高，商业价格应该是随之变低，虽然曝光率在增加，但垂粉转化率在降；当娱乐属性越来越低的时候，垂粉转化率会越来越高。

所以，抖音上千万关注量级别的网红大部分是以泛娱乐或者娱乐属性为主的网红，垂类的网红，如美妆、母婴类则不太好涨丝，或者粉丝量级一定程度上会受限。

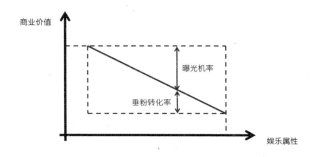

图 1　毛光光起盘分析

2019 年我们放弃了一定的粉丝量级，做了潮流账号，但潮流文化受到了过多的外部环境影响，于是今年做内容调整的时候，我们投入娱乐属性的赛道中，想快速涨粉。

但是当粉丝量上来之后，商业价值矛盾如何解决？我们尝试了一条路径，通过内容场景解决商业价值矛盾的问题：在毛光光的账号中，大部分场景和交易相关，比如陈丽莎学校的美妆店，再比如"柜姐"吴桂芳婆婆经常去的超市。

总结来说，毛光光怎么起盘？两个方法：第一，在套路中寻找真实，在真实中兼容套路。第二，用内容场景的问题解决商业价值矛盾。

二、我们如何做直播电商？

毛光光的账号目前是每周开播一场，稳定 1000 万以上的真实成交量级。我们理解的直播电商的核心点是：粉丝购买心智的培养。总结为以下四步：

第一步，品和货。品指品牌和品类，货指产品。各位应该认同"好的产品自己会说话，好的产品自有流量"，在直播间或者在直播带货领域也是如此，好的产品是自带流量属性，所以就要尽量找好的产品。在这方面有一点建议，尽量找满足消费升级需求的产品。举个例子，毛巾和洗脸巾，在性价比相同的情况下，哪一个更适合在直播间做带货？当然是洗脸巾，因为它满足了消费升级的属性。

第二，卖货能力。不仅是主播的卖货能力，还是整个团队配合起来的卖货能力、运营能力。

第三，开播频次。相当于用时间去换空间，以量变寻求产生质变，播得越频繁，时间越固定，意味着空间和质变的可能性越大。目前毛光光是一周播一次，但是我们会明显地感觉到，7 月份开始每周播一次，相比之前半个月播一次在转化效率上有明显提升，受众已经慢慢接受或者慢慢形成了来这个直播间看货买货的习惯。

第四，私域流量。私域流量的作用，不单单是作为卖货成交转换的前置，而且是在抖音平台上，粉丝和网红产生勾连很重要的通路，私域流量能提升粉丝的黏性。

三、浅谈抖音直播电商趋势

最近比较热、大家比较关心的问题是，抖音中到底能不能长出另一个快手电商生态？

在直播带货的板块，抖音和快手相差的几个关键点有哪些？第一，私域流量；第二，中心化；第三，直播日活。

快手的产品设计和运营策略导致私域流量的属性明显高于抖音，这是毋庸置疑的。这导致了快手粉丝的黏性高于抖音的粉丝黏性。这也是目前在直播带货领域为什么有很多快手的主播直播间观众能够稳定正态分布在一定的数量，但是抖音不行的原因。（抖音有很多千万级主播开播也就几百人观看。）

第二，中心化是抖音的特点，而快手的特点则是去中心化。抖音中心化导致内容创作不需要太强内容属性，只要单一的内容特点，加上一些运营的方式方法，就能够使自己成为很头部的网红。但是去中心化的运营策略会导致一些不可控的因素，当不可控程度上升到一定量级就只能封禁，这也很常见；也是因为抖音去中心化的做法，才有了很多野蛮生长的快手头部主播。

第三，直播日活。抖音暂时不知，快手直播日活的官方数据已经突破了1亿，快手平台的日活是3亿以上，也就是说超过1/3的用户成为快手的直播用户。实际上，只有当直播日活到达一定的数量级的时候，才能说明这个平台用户已经有了看直播以及在直播间买货的习惯。

总体看下来，抖音能不能长出和快手一样的直播生态？我个人观点是不能，但抖音会长出另一种不同的直播生态。

为什么？

我们换个思路，从营销角度横向对比目前关注度最高的三个直播平台：快手直播、抖音直播以及淘宝直播。

当抖音带货进入大众视野之前，这三个平台从营销角度都各有各的特点：快手是高转化的平台，但品牌进不了场，大部分是一线以下的品牌在快手上有比较高的转化；淘宝直播，转化率也相对较高，但是淘宝直播对于一线品牌或者大品牌的转化效果更好，但对一些小品牌，或者C店（个人店铺）品牌不那么友好。

抖音在直播带货出现之前，是一个偏品宣导向的平台。各位可能会说：在抖音上种草也能出比较高的ROI呀！这我不否认。流量红利期在一个平台流量爆发的时候一定是短暂存在的，同时流量红利期还可以长期存在于一些小范围的投放和营销策略中。但长期来看，当流量红利不存在，或者批量进行投放的时候，效果和品牌没有办法同时存在。

即，品效合一在抖音接下来的营销环境中是真实存在的了。

2018年之前，"品效合一"概念很火，2019年基本上销声匿迹了，为什么？这是假命题。直播的出现或者说抖音直播出现在大众视野之后，形成了看似简单的闭环：从短视频的安利种草到直播间的导购促单，再到小店下单成交。这样的商业闭环看似简单，但正因为闭环的成交才使品效合一成为可能，为内容营销提供了一个新的维度、新的格局，而接下来抖音直播生态的趋势应该就在这里。

如果将抖音直播生态的趋势具象化，那么内容的热度、带货的能力和垂粉的数量三个指标共同决定了商业价值：当账号有基础热度时，会给直播间带来很多自然流量，省下很多投放费用；带货能力包括从选品到供货到私域流量等；垂粉的数量，意味着只有经常看你直播间卖货才有转化的动力。三者共同决定了一个直播间的商业价值能有多大。

抖音内短期直播的流量红利依然存在，流量红利导致大量有流量思维的玩家进场、竞争加速和洗盘迭代的加速。

基于以上情况，各位操盘手用品牌的思维提前布局，会更加长久。

江湖评说

接 Cony 的结尾，我们也想聊聊，流量不是资产，品牌才是。

今天的流量主安全边界普遍比较高，因为他们觉得自己的月营收毛利超高，利润超高，还是甲方。但是看看顶流们，比如朱瓜瓜、李佳琦和薇娅，这些顶流表面在做流量，实际在做什么？辛巴在投品牌，薇娅做供应链的场域，李佳琦在绑定品牌，正所谓"流量优则控货，货优则做流量"。品牌的销量不应该只体现在战报中，还应该体现在实实在在的机构资产和利润中。

流量主为什么要绑定品牌？因为流量需要资产化，虽然流量意味着稳定的现金流，但不意味着一个长续的资产。流量资产化在今天的电商世界里只有一条出路，即品牌。机构的品牌化意味着当流量主发现他推红了品牌，但品牌和他没有任何关系，他就会想自己去绑定甚至自己去做品牌。当然这两者其实边界非常清晰，门槛也非常清晰。但这是所有流量主心中的痛：流量不是资产。

另一方面，品牌的机构化意味着品牌操盘手需要有真功夫，从冷启动的时候内化营销能力，到后来品牌优则做流量、做营销，甚至业务溢出，出现一个 MCN 或者一个营销公司的业务，把品牌增长的节奏牢牢把握在自己手中。

　　中国今天流量的力量是长久以来最大的产业链的整合，这是一种必然。能力兼备之后就应该什么都吃，流量优则控货，货优则做流量，这是变化的流量时代最有安全感的无限游戏的做法，两边走是趋势。

第四节

月销百万，
不只发生在直播间

前情提要

直播带货 VS 短视频带货

对于流量主而言，更适合做短视频还是做直播？

对于品牌来说，什么样的货更适合做短视频带货？

以上两个问题，其实是两个完全不同的逻辑：短视频更依赖内容本身，且有长尾分发的优势；直播更依赖主播本人现场的销售能力、氛围的把控、节奏的把控、投放、加热，等等。

不同的流量类型、产品要选对适合的带货方式。现在短视频带货似乎被讨论得比较少，那么什么样的货适合在短视频里做？短视频有哪些独特优势？

第一，内容型账号和人设，通过长时间的内容运营积累了大量内容型粉丝，可以根据粉丝属性更好地埋梗埋卖点，呈现产品的独特性和核心卖点。

第二，相较于直播带货的瞬时爆发，短视频的优势在于内容的沉淀，是有长尾流量的，相当于在一个账号里建立了一个卖货渠道。

流量英雄

姓名：蛋蛋

职务：蛋解创业创始人

蛋解创业就是这样一个"另类"的案例，作为一个商业财经类的垂直抖音账号，不仅能卖各种百货，而且客单价还都很高，单号单月带货的 GMV 已经突破了 200 万元。

各位可能会疑惑，200 万也不算多啊，是不多，可蛋解创业作为一个垂类账号，能做到这个地步已经算本领域还不错的账号了，另外他们几乎不做直播，这 200 万元纯是靠视频带货创造的，所以比较有特殊性。

江湖过招

本回合主题：抖音短视频带货，高转化账号塑造、选品逻辑、品牌合作

一、为什么选择短视频带货而非直播带货？

其实我们蛋解创业这家公司从成立到现在已经 5 年多了，一直都是一家内容属性的公司。从最开始做创业类的音频节目，到后来在微信公众号做开店测评类的深度图文内容，再到现在在抖音和快手做商业财经类内容。其实蛋解创业团队一直都没有变，就是一帮做内容的人，生来带有写稿的基因。

作为音频节目的主播、公众号的主笔、短视频的出镜 IP，其实蛋蛋也不算是一个演艺型人设。在今年直播大火的时候，他也尝试

过坚持直播，始终不温不火。

但是我们却惊喜地发现，我们的每一条视频虽然都很长（平均在 3—5 分钟），但是完播率都不算低，而且通过一年多做抖音、做内容的过程，我本人也在抖音建立起了一个商业说书人这样一个人设。很多粉丝都对我及蛋蛋这样一个人设建立了很强的信任。

所以，在新冠病毒疫情到来后，我们便开始尝试视频带货，直接在视频里推荐好物并挂链接。

作为一个商业垂类账号，其实我们还是比较另类的，和我们同赛道的账号变现的方式大多是卖课、卖培训、招代理、接广告。而我们现在不仅视频带货，而且是什么都带，卖过书，也卖过枕头和牙刷，最夸张的是连电动马桶圈我们都卖，而且还卖得挺好。

那蛋解创业是怎么一步一步开始"走斜坡、上斜路"的呢？其实特别有意思。最开始我们决定卖货的时候，聚焦的品类是经管类的图书。因为感觉卖书比较符合我们的调性和账号定位。事实证明我们的决策也是正确的，我们带的第一本书叫作《西贝的服务员为什么总爱笑》，是一本关于餐饮和管理类的图书，这本书当时我们并没抱太大希望能卖多少。但视频发布当天的销量就有 1000 本，之后这本书一共卖了 4000 本，给我们建立了不小的信心。

后来我们又尝试卖了本中信出版社的《苏世民：我的经验与教训》，这本书一条视频直接卖了 1 万本。转化率大概能做到 5‰，这条视频把我们视频带货的决心彻底点燃了。

而后我们马不停蹄又带了多本商业类图书，但数据却越来越差。为啥呢，你想想啊，你把你假设成一个蛋解的"脑残粉"，这得是多"脑残"的人才能在这一个账号连续买 10 本书啊！所以这才是我们的致命问题！如果只卖单品类的话，那么复购会越来越低，这样带着带着就"没有然后"了。

因此我们当时就决定必须扩品类。其实作为一个商业财经的垂直号，除了卖书，这个扩品类真的没有想象中那么容易。我们尝试过卖故宫口红，销量惨淡，一条视频只卖了几十根。当时摆在我们面前的一道屏障是，这个账号除了卖书还挺来劲的，卖别的玩不转啊。

疫情期间，团队日子不太好过，我们还在这期间把公司的几百万现金放到了一个第三方理财公司账户里，结果疫情一来，那公司合伙人跑路了，害得我一度钱取不出来了。这件事直接导致我们这家有点内容洁癖的内容公司被"逼上梁山"了。

就这么着，我们开始尝试带各种产品。带货带的产品很乱、很杂，没有任何逻辑可言，销量却都还不错。因为和其他那些做矩阵视频带货的账号相比，我们的视频带货更具有观赏性，同时内容上也更有煽动性，还让很多人不禁在留言区感叹："看到最后才发现居然是个广告，但是我已下单。"

为什么"蛋解创业"一个商业垂类号，视频转化率那么高，其实核心就在于挖掘产品卖点。

卖货的本质在于对用户的了解以及对产品卖点的梳理。短视频带货文案的核心不在于文采，而是角度。

当我们突破"枷锁"什么产品都卖的时候，我们又发现了一个严重的问题，那就是每条带货单量都很多，但就是不怎么赚钱。为什么呢？拿我们卖的筋膜枪、汽水还有洗衣粉来举例：洗衣粉我们售出了3000多盒，但每一盒的分佣不到6元；筋膜枪一条视频售出了10000个，但是每一单的分佣不到10元；汽水售出了2000箱，但是每箱的分佣不到15元。

那个月售出1万多单，让我们都非常兴奋，但是等月底一结算发现，收入少得可怜，还不如我们做抖音课赚钱。毕竟我们自己的抖音课，虽然只卖599，但是刨去运营成本都是利润。

所以我们在5月底的总结会上就提出，必须要做高客单价的产品，只有这样才能拿到更高的分佣。

二、客单价提高到底会带来什么？

从6月开始，我们不断尝试把带货产品的客单价拉高，从最开始几十元的产品，直接跨越到了千元。现在我们卖的最贵的产品是一个马桶圈，客单价 1200 元，一条视频的销量是 300 个。对于这个客单价的商品，一条视频销量能够到 300 个，团队和品牌方都还是比较认可的。

客单价的提高会带来哪些好处呢？立竿见影的效果是，我们在单量只有上个月 2/3 的情况下，到手收入是上个月的 1.5 倍；另外最为关键的是，我们"洗"出了一波高净值用户。

以前我们带货的时候经常被粉丝吐槽，评论区动不动就出现"终于带货了，终于要收割了，你变了，又恰饭了"。

说实话，评论这种话的人，要么就是小孩儿，要么就是现实生活中混得不怎么样的杀马特。但凡是一个接触商业、心智成熟的人都知道，一个账号要是没有合理的商业模式，不可能持续生产高质量内容。

那为什么一开始不管卖啥都有人怼呢，因为在你没卖货的时候，你的粉丝群体中有这样的中二青年混迹其中，他们以免费获取内容为荣，消费为耻。可后来随着你卖的东西越来越贵，这帮人有的脱粉了，有的则继续吐槽你，随着时间的推移，吐槽你的人终于有人收拾他们了。

谁会是怼他们的人呢，当然是那些信任你且买了你产品的人。那为什么会有越来越多的人帮你呢，因为这些买了东西的人在收到产品后发现大部分产品是超预期的，那么下次他就会坚定地支持你，并形成复购。

所以我们 6 月底的总结会上总结的核心点就是，低客单价产品只会吸引一帮想买便宜货和薅羊毛的群体，这个群体在发现消费不起的时候就会反过来攻击你；而客单价越高，相应的产品质量也会更好，"翻车"的概率也会更低，吸引来的用户也会更成熟。

所以再次呼吁大家，如果你塑造的是一个卖货的 IP，远离"9块 9 包邮"吧，这样你身边的"薅羊毛"用户就会越来越少。

经过两个月的摸索，我们发现在抖音视频卖货，客单价也并非越高越好，高客单价也意味着单量下降，所以我们自己用数据分析完"蛋解创业"这个账号之后发现，我们的账号销量和客单价的平衡点在于100—300元这个区间的产品。在这个区间里，一般的单量都会很高，而分佣也不会只有几块钱。

三、我们的选品策略是什么？

其实特别简单：一切以产品有无独特卖点为先。

可能你会觉得这句话比较抽象或比较鸡汤，但真实情况就是这样的。举个例子，泡泡面膜为什么能在2019年大卖？因为和其他面膜比起来，能出泡这件事就是卖点。有人可能说，美白、补水不算卖点吗？真不算，因为你说了也没人信！但是起泡这件事甭管有用没用，能让主播发散内容。

因此我们卖货的选品逻辑其实就是几个标准：

1.产品必须要有核心卖点（当然"星图"用户可以忽略本条）；

2.产品必须是高品质产品；

3.产品的分佣比例20%以上并且到手收入在20以上（"星图"用户依然可以忽略本条）；

4.品牌商有投放豆荚的能力和意愿（建立在品牌商ROI为正的基础上）。

以上就是蛋解这几个月自己蹚出的一条"弯路"，希望对你有所启发。

江湖评说

以上都是站在一个渠道方的角度谈论视频带货，也给品牌方一些建议吧。

首先，品牌商不必眼睛只盯着直播带货的主播，因为和直播带货相比，视频带货的账号没那么不可控。另外视频带货是有长尾流量的，只要视频发了，没有下架，就一直可以卖货。相当于在一个账号里建立了一个卖货渠道。

第二个建议，品牌方和视频带货主播合作，一定要有投放思维，毕竟和直播相比，视频带货的 ROI 太好算了，在这个领域你该把控的核心指标是视频的带货转化率。毕竟你和主播都不能确定这条视频发出去之后会带来多少的播放量，但即使发出来只有 5 万播放量，但是 5 万播放量要是转化率在 1‰ 以上，那么相信你即使小学毕业也能算出来，这个转化率要是加到 50 播放量甚至是 500 万播放量会卖多少单，那么你该做的就是在这条视频自然流量跑完之后，帮这条视频把播放量投上去。因此短视频团队最爱合作的品牌就是那种直言"只要转化率在多少以上，我们无限投豆荚"的优质品牌方。这样的操盘手属于玩明白了。

第三个建议，什么产品最合适找视频带货的主播呢？

产品有独特卖点或者核心卖点的；产品毛利不低于 60% 的（毕竟无限豆荚的玩法建立在你打得正 ROI 的基础上）；还有就是融资型的消费品品牌，因为视频带货的账号不仅可以帮你"冲"核心数据，还能帮你的品牌做品宣。

第五节

内容型公司
如何在抖音直播获客

前情提要

内容型公司面临实实在在的流量焦虑。

获客明显越来越贵，竞价越来越高，流量不够用了。

很多内容型公司，从 2019 年开始，在外部渠道上的营收，几乎可以说是断崖式下降。

环境一直在变，问题层出不穷，所有人都需要在起伏的浪潮里找到自己的位置、玩法和解决方案，不断进化。

内容型公司能否入局抖音直播，获客 ROI 能否跑通？

如何用自己的长板，去设计、落地内容业务的抖音直播脚本？

没有投放预算，如何在抖音有效获客？

如何打造一个极致的产品、社群，实现高留存高转化高复购？

流量英雄

姓名：金金

职务：女性成长平台 Momself 联合创始人，COO

Momself 目前全平台有近 400 万女性用户，主要沉淀在微信生态和短视频领域。

据说公众号的大部分粉丝，是靠他们自己一篇篇文章写出来的；现在私域的核心的用户也是靠付费课程一个个带回来的。

过去 4 年里 Momself 一直埋头生产优质内容，曾经一门爆款课（单价 99 元）全网卖到近 30 万份，也就是一个 SKU 做到近两千万总转化。

江湖过招

本回合主题：内容型公司抖音直播获客，高私域率直播脚本、0 元获客模型、私域高转化关键动作

自强者万强

一家靠内容起家的公司，怎么做增长？

靠一个爆款音视频课程，在大流量池里做转化的时代早就过去了（当然这个"时代"也就存在了两年不到，就结束了光辉灿烂的一生）。

2019 年开始，课程形式的内容在外部渠道上整体的营收，几乎可以说是断崖式下跌。环境一直在变，问题层出不穷，我们都需要在这里面找到自己的位置、玩法和解决方案，不断进化。

要在不确定、不可控的环境里，找到自己的确定性。

要基于公司的基因去设计增长路径

关于增长的所有方法论、最新的玩法，到最后落地时，都得因公司而异。

每家公司的基因不同、核心优势不同，我们不能通过模仿别人做到很好的增长。一定要基于自己公司的基因，去设计自己的增长路径。

以 Momself 举例：在增长上，我们过去尝试过做裂变，也出过一些成绩，曾经一周时间裂变过近 600 个妈妈社群，也一度一天裂变出近 10 万粉丝。但是由于种种原因，这些事儿都没办法持续下来；这些社群、粉丝在 3 个月后基本上也不活跃了。我们试过各种投放，找各种机构代投，也不是我们擅长的，都没做大。

我们听过很多野蛮增长的方式，不断地去取经，去学习，去研究。这些令人十分羡慕的野蛮增长方式，我们也不是完全不能做，但是我们的基因决定了我们在这些平台和渠道上都做不大，那是他们的基因和核心能力。由此，回过头来思考：我们自己的核心能力是什么？是生产优质内容。这是我们安身立命的根本。于是我们掉头翻身，重新思考：我们要怎么用自己的核心能力去找到我们的用户？

所以有了下面即将展开的故事：我们通过打磨一个优质的引流产品，通过像打磨一个产品一样打磨一场直播，找到了我们自己的路。

我想邀请读者朋友也思考一下：

你们自己的核心优势和基因，到底是什么，你清楚吗？

如何用自己的长板，去设计、落地你的增长路径？

路径一：公域直播获客、私域直播转化、社群服务复购

1. 公域直播获客

通过一个 9.9 元的优势评测产品找到精准目标用户。

6 月初我们在一个只有 3000 个粉丝的抖音号上开播，2 周转化 3000 单，并且这个直播不依赖 IP，开播的是公司员工，关键是，几

乎没有花预算。这一尝试的结果，也为后面培养和招募优势代言人打下基础。

2. 私域直播转化

所有抖音下单 9.9 元评测的用户，会导回到私域加班主任的企业微信，班主任会引导用户到腾讯看直播，由这个课的讲师，也就是 Momself 的 CEO 崔璀直接转化 1499 元的正式训练营。

经过几次测试，直播间转化率稳定在 15% 以上，平均 20%，最高一次摸到了 51%。这在行业是相对比较高的转化率了。

3. 社群服务复购

所有上过正式训练营的用户，我们后续设计了深化学习的产品体系，即基于他自身的优势，提供技能、专项优势变现的训练营。

比如学习力强的人可以上《分享变现》，行动力强的人会上《精益创业》，沟通表达好的可以上《影响力训练营》等。

通过整体产品体系的设计、完善的社群服务，实现用户复购，提升用户 ARPU（每用户平均收入）值，也帮团队跑正 RIO，支撑我们继续做增长。

路径二：打磨一个优质的引流品：刚需、超值、有伏笔

Momself 的增长，一切还是要从产品说起。

这三年里 Momself 的产品上从音频课、视频课到训练营；训练营从 399 元到 1499 元；从搭配实物教具到全部在线化。直到 2020 年，基于过去一火车的经验，推出了一个个人优势挖掘的训练营和产品体系，一上线跑数据，你心里就会有感觉，这个产品应该对了。

打磨一个优质的引流品，包含 3 节优势音频课 + 1 个专业个人评测 + 1 场导师优势解读直播。这个引流产品在抖音直播间获客的平均转化率是 6%。这个引流产品有 3 个特点：足够刚需、足够超值、有转

化伏笔。

1. 刚需

我们在抖音做直播互动的时候，经常提问 3 个问题：你觉得自己有优势吗？你是不是能在 5 秒内清楚地说出自己的优势是什么？你把你的优势发挥充分了吗？

答案往往是否定的。

这是个普遍性的痛点，可以打中各个层级的用户。在抖音这样的用户分布广泛的平台，有个这样普适刚需的产品，让进直播间的人在 1 分钟内觉得这个产品和自己相关，这点非常重要。

上面的任何一个否定答案，都会指引用户本能地往下思考：我的优势是什么？怎么才能把优势发挥充分？然后听你讲下去。

2. 超值

3 节小课：在这个 9.9 元引流品上，Momself 团队投入极大。仅仅这 3 节音频课，从立项到推出花了差不多 3 个月的时间。一节十几分钟的课程，需要制作团队一起查找国内外参考文献、资料十几万字，还要和课程讲师充分论证。

在定稿前，还要招募用户一起来体验课程，提建议，调整方法和每个表述，以确保所有方法论对用户有用、有效，让用户在听这个课的时候，不断有"wow！"的时刻。

记住，一定要让你的引流品足够极致。

一套评测：除了研发预算上的投入，评测时间上前前后后也花了小半年迭代和验证、校准，到现在还在每周不断优化、提升用户体验。

每个用户做完评测都会得到一份丰富的个人评测报告，里面除了定位你的 4 大优势，还有针对个人的具体行动建议、风险提示。

一场直播：直播是 CEO 开，一场直播基本上两个半小时，给大家做优势报告解读，这个也是用户最关心的点。

现在市面上一个专业评测的价格，基本上都要 99—399 元之间。

Momself 不仅仅有评测，还配了课程和直播。整套下来，定价 99 元，而在直播间 9.9 元就可以买，无论是从决定下单还是到购后体验，用户都觉得：超值。

好的引流品一定要有"超值感"，这样用户的决策成本会变得很低，大大降低你的获客成本。

3. 有伏笔

教育领域内市场上引流产品其实非常多，打开抖音、朋友圈，9.9 元、49 元的引流品比比皆是。但这些基本上都是拆一部分课程或直播，打包起来，做成一套引流课程。Momself 设计的这个引流品里有一个关键点：评测。测评是这个引流产品的点睛之笔。人人都有了解自己的需求，所以对教育类产品来说，评测是个好东西。

在社群里，大家拿到自己的专业评测报告，都会觉得对自己的认知更清晰了一些。看完详细报告，用户一般有两个反应：

第一种，对自己优势有了进一步理解，想知道怎么样扬长避短，那就顺势导流进优势解读直播间；第二种是对自身优势还有一些疑问，希望有人帮自己进一步分析，也照样可以导流进优势解读直播间。

前面介绍过，最终的转化是通过一场在微信里的直播进行的，这场直播就是对优势评测的解读来做转化。直播要做到高转化率，细节点很多，这个会在最后一部分介绍。

路径三：像打磨产品一样打磨一场直播：物料展示、创造需求、案例故事、循环节奏

很多人做增长，是先从玩法开始的，而 Momself 的增长，最大精力花在了打磨内容产品上，花了差不多一年时间。最后直播获客、转化的时候，落地非常快。

6 月初我们自己在抖音上先连续播了 3 场，刚开始的策略非常直白，就是告诉你这个产品好在哪里，为什么你一定要买。

因为是在一个小号上播，没什么原始粉丝，同时在线平均只有二十来个人，一两个小时就卖了快 80 单，直觉上这事儿可行，继续测。3 场之后转化率基本跑稳了，接下来把就这个直播像做产品一样去打磨、标准化、复制。

1. 让用户留下——30 秒抓住用户

抖音直播间的流量特点就是人不断进进出出，总量可能 2000 人看过，但是同时在线往往只有三四十个人。用户进来看一眼，二三十秒内你没抓住他的注意力，他就走掉了，就流失了，而停留时长短、没有互动等会进一步让算法认为你这个直播间价值不够，从而更难拿到后续流量。

内容产品做直播比实物电商直播更困难。

教育产品没有实物展示，像电商直播可以吃给你看、试给你看，用户一眼就知道你在推荐的是什么。所以做教育产品直播，要在各处触点上下手，让用户在最短的时间知道你在讲什么，并留下。

（1）直播间物料展示，让用户一进来就直观地知道是你是谁、在讲什么

举个例子，看到 KT 板和背景墙上的装修物料，用户一进直播间就能知道是在讲什么。还有实物不够的时候，可以用物料来凑，可以在直播间给主播备上有意思的手卡等等。

（2）准备好一句简洁 slogan 介绍主题和内容，在新用户增量大时不断自然重复

"欢迎新进来的伙伴，我们这里是个人优势挖掘专场，帮你探测你的核心优势是什么，让你过上价值最大化的人生。"设计很多种话术做反复测试，找到留存最好的那一句。

（3）会给用户带来什么

· 知道你最重要的前四大核心优势

· 分析你核心优势的具体特征和表现，并给出行动建议

- 提示你优势可能存在的盲点，扫除发挥优势的障碍
- 通过你的核心优势，知道自己应该重点发力的优势领域

2. 创造需求：问题 + 意外 + 新知 + 对号入座

你可能听过这句话：在福特汽车出现之前，人们只想要一匹更快的马。

用户的很多需求，其实是被启发，或者说创造出来的。要创造需求，就要用好"问题""意外""新知"这 3 个点。

问题：就像前面邀请你思考的"核心优势"问题一样，用 3 个用户普遍都回答不太上来的问题，启动用户在优势上的思考和需求，这个这里就不展开了。

意外：意外是创造需求的不二法宝。

举个例子，美国一所大学曾做了一个为期 3 年的研究：研究人员把 1000 多个人分成两组，一种是一般的读者，一种是有阅读天赋的读者。让他们跟着同样的老师学习快速阅读方法，学完之后，对他们进行阅读速度（包含理解能力）的测试。一般读者表现：加快了近 2 倍。但是你猜有阅读天赋的读者呢？加快了近 10 倍！这个结果使最有经验的研究人员都大吃一惊，因为一开始几乎所有人都认定，水平较差的读者的进步会更大。

新知：教育产品，最直接的就是在直播间高频率、低难度地给用户分享知识和案例，让用户在这里有收获感，让用户直接感受到你的专业和权威，建立信任。务必精选简洁的案例、故事，一个故事和案例最好一分钟内讲完。

可以准备一些一分钟就能讲完的知识点和案例库，每天大家挖到的例子，直播用了效果好的，都会汇总一遍，补充进去，大家即取即用。

最后是让用户对号入座：

如果你是，不知道自己潜藏优势的人，想要挖掘自己隐藏潜能的人，想要成为更优秀的人，希望从全方位探索、了解自己的人，那我推荐你一定要做一下这个评测。

3. 用好两级优惠，凸显价值感

其实你最终要的是用户感受到的"超值感"。

上文提过的引流品原价是 99 元，实际引流售价是 9.9 元。但是直播间不直接挂 9.9 元，而是长期挂 19.9 价格展示和售卖，再让主播送 10 元优惠券，最后领券购买价格还是 9.9 元。虽然链路加了一道，看起来变长了，但是转化效果反而更好。

原因主要有 2 个，一个是两级优惠，尤其是用户亲手领一张券再买，真实感和获得感更强了；另外就是用券的话可以做限量，提醒用户剩余券量，可以有效促动转化。

4. 控制循环节奏

很多人在抖音第一次直播的时候，准备有知识和案例，丰富详尽，有前后逻辑，总觉得要给用户讲新的东西，用户才愿意留下来一直听，其实大概率行不通。

抖音的用户多数不是长时间停留的，所以不能逐步层层递进讲逻辑，而是要不断重复和循环。按照上文整个直播打磨的逻辑，设计好每 3—5 分钟内一个循环。

路径四：私域转化

1. 直播转化探索，突破承接瓶颈

从抖音获取到的流量，回到私域完成转化，回到我们的微信群、我们的个人号，我们的转化路径在这里是最清晰的。

这里有一个特别值得分享的点：

在今年，我们跑通的转化方式是 **7 天社群服务 + 课程打卡 + 班主任销售转化**。这也是现在大部分在线教育公司都在做的获客—转化模型。

当我们最初在极短的时间，在抖音极低的成本获得一批流量并眼看可以复制，兴奋是和焦虑伴随的。我们想到的第一件事是：我

们要走向一个劳动密集型公司了吗?

7 天的社群服务 + 班主任销售转化,一个群一个班主任,加上若干个助教,是这个转化模型里面的标配。10 万流量,每个月就要 500 个班主任。找外包,培养用户是现成的解决方案,大多数公司都在这么做,但这是唯一的路吗?

于是我们在 6 月测试了两个 MVP,分别招募了 200 个用户来完成内部测试:

第一种:7 天体验课 + 讲师直播转化。班主任不承担转化任务,缩短了转化周期,降低转化成本。

第二种:9.9 元测评完成 + 讲师直播。体验课不要了,社群服务也不搞了,直接直播吧。

惊喜时刻出现了:上面两种测试,直播间转化率只相差了 2 个点,于是立刻跟上了第三个测试方案:9.9 测评 +3 节音频课 + 讲师直播。把原本 7 天社群体验课中的课程直接分发给用户。不做强服务,让你在去听直播前要完成评测 + 自学。

这场测试直播间转化率直接到了 41%。我们自己也很意外。

我们马上放量做了一场 2000 人的直播,当晚直播转化金额是 30 万,转化依然稳定。

对于在线教育来说,不需要社群的强服务,没有电销,不需要私聊强转化,只需要一场直播。

2. 直播间精细化打磨

跑通后立马去做的第一件事——复盘,优化直播内容。

几个有价值的结论和读者朋友分享一下:

(1)找到关键转化点

我们在讲师讲解的若干个密集的知识点中,发现成单高峰的在一个知识点:我们在正式训练营中给用户提供的"优势武器"。

所以在后面的直播中就着重放大"优势武器"的讲解,用"优势武器"作为全场直播的内容主线。

讲师给每一个"优势武器"，都打磨了一句结果导向的金句，在直播中重复它，小助手在直播弹幕评论区重复它。例如：具有学习力优势的人，"分享枪"是能帮你实现变现的最短路径。具有共情力优势的人，"提问铲"能让你除了共情别人的情绪，还能共情到别人的需求。接下来连续3场，每一场直播间转化率，都超过了20%，算是彻底跑通了。

（2）直播内容精细化

相比抖音的直播，私域用户对知识、报告解读的需求度更高。所以两个小时的直播中，对知识、案例的密度、节奏、逻辑都有要求，同时控制好促单密度。

信息密度： 讲师讲的内容、案例知识点不能重复循环，它需要的是一个完整的知识产品。这些用户付了费用来听，干货量要保障，不然容易引发抵触，讲师要像讲一个专业课一样来讲这场直播。还有一点需要注意，给讲师设置副播，讲师身份主讲干货，少量辅助转化，副播主要循环介绍产品、优惠。

促单节奏： 根据上述转化点和配合方式，两个小时插入4—5轮一般没问题。前面几轮都是小的促单，在讲完一个优势力和武器后，副播顺势介绍一下训练营的设计，告知直播间才有的专属限时、限量的优惠，提醒大家尽快下单。优惠价格确实也只有直播间才会有，到时间就恢复原价。

正常来说，第一轮促单后（在直播20—30分钟的时候），用户就开始下单了。最后一轮是大促单，会用抽返现、倒计时、下单送书等方式集中刺激大家，最后半小时的转化基本上占整体转化的60%以上。

要用吸引用户的内容、奖品等让大家在直播间一直留到最后。

（3）联报逻辑

这个训练营能做到高转化的一个重要原因还是在于产品设计。大家测试的优势不同，所以训练营是定制化的。根据不同人的优势，进入不同的营学习。通过几个优势维度（这几个维度下面还有几十个细分的维度指标，这部分有专业算法逻辑，就不展示了），从思维、关系、行动3个不同程度设置了3个营。很多用户除了会报自己第一优势的营，也会额外报第二优势或者潜在优势的营。

直播间来自用户两营、三营联报的单量，占比在50%—60%。优势是你的武器，多多益善。定制化和能联报逻辑比只推单课的转化率，提升至少30%。

路径五：社群服务 + 直播复购

在教育领域，一个9.9元的投放，单个获客成本几乎逼近200块，好一点的也要120—150元左右，如果没有后端高转化率、利润率的支撑，投入产出几乎跑不下去。转化率持续优化总会达到一个极限水平的，不可能无限提升。利润率相同的情况下，要保证好的服务水准和用户体验，成本肯定还是要花下去。

那怎么办？充分提升这些花大价钱拿到的流量的利用率。

私域流量常规的做法就是，当下没转化的用户，可以长期通过朋友圈、私戳甚至电销不断再去激活／触达用户。除了电销外，上面其他的方式我们也在做，这样有效果，持续还是有一些长尾转化。第一轮直播没转化到的那80%的用户，再激活＋转化的成本并不低。因此我们要继续从付费的用户中开拓——对有付费能力、学习习惯的人，再次转化他们反而更容易。

在一开始进行产品设计的时候就考虑到这一路径：

从优势评测（9.9元）→优势挖掘训练（1499元）→优势变现（1980元），后续还有客单价300—5000元的进阶营在设计推出中。

我们1499元的优势挖掘训练营开班学习期间就开始做二次转化了。转化要趁早，不必等学习都结束了再进行。原因有两个：

（1）任何一个训练营，最后一天的打卡率一般都不如前面高，所以要在用户学习投入度大、更活跃的时候，尽早转化。

（2）越早转化，留出的转化时间越久，可以多做几轮促单；相比较最后一两天促单然后结营，提前转化肯定效果更好一些。

我们训练营一共3周，从第二周开始，就开始做下一个课程的转化了。一些人可能会担心：课还在上着就去卖新课，会不会太营销了？我们的经验是，用户体验在这个时候，感觉到的是被营销，还是有收获，完全取决于你的设计。

进入转化期，我们不会第一天直接就开始做促销，会先铺设一些内容关键动作：

（1）第一天开放100个提问的名额给训练营的用户，然后请要转化的下一个营的主讲老师进群回答。大家可以问任何和优势相关的问题，老师会把问题归类，一个小时回答完。

（2）第二天给大家个小任务，比如转化"分享变现"的任务是写1个子弹文案：自己写一句话，要5秒内吸引别人愿意听你讲，会评比，老师会给指导建议，参与度非常高。

这两个步骤能够建立用户对新课老师的专业、权威性的认知，并且促进了活跃度。

（3）第三天讲师出现做视频直播，直接卖1980元的变现训练营，直播间会发限时限量券，目前测试下来，直播间转化率在22%—30%。

这些仅仅是把训练营里的关键转化动作摘取出来分享给大家，除此之外，训练营里日常的学习、实战任务还有很多。还有一整个专业的教练团队、班主任在带着大家练习，我们会根据不同人的优势，分大小班学习。日常的服务质量、训练营本身的用户体验，对用户的信任和上述转化是有决定作用的。没有好的产品和服务，是不会有复购的。

江湖评说

坊间关于私域流量其实是有一个接受度比较高的定义：品牌自

有的、能够任意触达的且免费触达的流量，就是私域流量。其实这是个相对的概念，是相对要花钱买流量的淘宝、抖音、百度、搜狗等公域平台来说的。真正的私域流量最突出的就是"免费"这个特点，因为免费就意味着更低成本的营销和转化。

这里想提醒一下江湖兄弟的是，事实上可能根本不存在什么免费流量，如果你的流量获取免费了，那你一定是用其他成本代替了金钱成本，比如你的信用成本、你的品牌势能、你的用户体验等。总而言之，我们做业务肯定是有成本的，这个成本如果不是金钱成本，那就是一定是其他成本代替了，所以基本不太会有什么真正"免费的流量"来让你用，即便是私域流量也不是真的完全免费的。

最后，如果流量只能用一次，不能循环，才是最贵的获客成本。

第六节

关于信息流投放的
思与辩

前情提要：

2020 年，是消费品品效合一的高潮，是信息流投放的元年，是消费品机构化自操盘的元年。

目前在抖音呈现的趋势是，品牌机构化，机构品牌化。对于消费品而言，不仅需要入局机构直播，品牌的自播成为越来越多消费品 CEO 的选择。

消费品自操盘抖音，囊括营销行为，无非是：

第一，短视频投放达人种草，短视频内容自营种草；

第二，投放诸多直播机构，缴纳坑位费，对接成交、退货，衡量 ROI；

第三，开辟专场，与顶流和中腰部深度合作，投放信息流 + 顶流转化，冲销量；

第四，做自播，投放，塑造常规销售渠道。

自操盘是消费品（无论是卖货的，还是做所谓国货的）要闭环实现自控增长，保证安全边界的必然趋势。而工业化信息流投放是构成闭环的最后一块拼图。

因此，2020 年，不仅是自操盘元年，也是消费品信息流投放的元年。

流量英雄

姓名： Evan

职务： 信息流操盘手、极创美奥 CEO

作为一线信息流操盘手，Evan 给很多头部品牌和头部的达人做整体实操操盘。同时，他始终在梳理自己对投放带量与自身品牌业务的逻辑关系，对于"投放能解决什么问题""投放不能解决什么问题"，不断进行思考和迭代。

江湖过招

本回合主题：抖音信息流投放的底层逻辑

2020 年对很多品牌主而言，既充满机遇，也充满挑战。

因为在这几年看到了非常明显的现象，互联网巨头的聚合效应日益明显，随之而来的是流量红利的需求枯竭，如果以日活数作为标准，除却巨大的头部，流量基本上找不到洼地。

抖音目前的 TOP 效应已经形成了，少数账号占了绝大多数的曝光量。如果品牌想做抖音内容，从内因起量的话，没有专业团队以及足够多的资源砸入的话是非常困难的。

作为品牌方而言，总体布局短视频的方式是多元化的，比如通过达人的采买完成短视频生态铺设，包括从去年到今年上半年特别火的淘金团的带货，可以变现。

到现在热度最大的两个话题，一个是工业化的信息流投放。另一个是抖音的直播带货。

一、抖音信息流投放的底层逻辑

底层逻辑规则和算法的结构图，是一个金字塔型的：底层逻辑在最底下，如果想了解平台方的底层逻辑，需要站在系统开发者的角度思考；底层逻辑之上是规则，规则是围绕着底层逻辑设计的；在规则之上是算法，算法是经常变的，是服务于规则的，而所有的规则和算法其实都由人写出来的或者人制定的。

底层逻辑非常重要，只要把底层逻辑掌握好，后续无论规则如何迭代，算法如何迭代都可以迅速地找到迭代之后的结果。这样可以有效地保证营销脉络。

针对抖音而言主要有以下几个投放系统的"公理"。

第一，竞价采买流量规则保证相对的公平性。也就是说在同一个竞价体系中，抖音不会基于某一个投资人或资方给后门特权，比如人为给某一条广告计划极便宜的流量。

第二，用户是流量之源，用户体验是用户是否能长久留存的核心。

第三，平台希望在保证用户体验的前提下，最大化平台长期收益，这是长期收益而不是短期收益。

如果代入性地看， 2002 年之前谷歌和雅虎用的是广义第一高价的竞价规则：谁出的价格高，东西给谁。有点像拍卖行，广告主出价 50 块钱，结算价格和出价一样是 50 块钱。

这样的竞价规则有一个问题，虽然能保证公理的公平性，但是不能保证平台的长期收益。原因是，如果每个品牌以自己最高的心理预期出价作为结算价格，激烈的竞争环境会导致剧烈的熵增。

比如两个品牌做竞争，品牌 A 和品牌 B ，整体流量有限，品牌 A 出价 20 块钱，品牌 B 出价 30 块钱。品牌 A 发现拿不到流量于是提价，媒体会把流量倾向给品牌 A，这时候品牌 A 拿到流量了，原本能够拿流量的品牌 B 拿不到流量，品牌 B 怎么办？也会提价。长期下来进入非常恶性的循环，到最后只有出价最高以及预算最高的广告主才能在平台生存下来。

这为什么会减少整个媒体的长期收益呢？假设一个广告生态中，

最终把 99% 的玩家全部都淘汰掉了，只留下 1% 的"金主爸爸"，整个媒体收益会变得非常不稳定。

假设品牌 B 是一个美妆品牌，是季节性产品，处在刚拿完融资急剧扩张用户的阶段。不计投产比，把所有竞争对手打完之后，大家都不投了，品牌 B 会降低出价，拿到一个更便宜的流量。

所以从该角度来讲，如果一个生态到最后只有少部分玩家玩，这些少部分的玩家也有能力绑定媒体的收益。

信息流投放规则改良后有两个特点：

第一，普惠性的流量分配规则。媒体在放流量的时候，如果整个竞争环境变得复杂起来了，媒体不会只给第一名或者前几名流量。流量分配的规则，举例来说，出价前 150 名或者 200 名都能拿到相应份额的流量，具体拿到的份额根据广告主的出价和媒体平均收益决定。

这样的步骤，是媒体为了防止出价特别凶打价格战的情况发生，让更多广告主活下来的举措。

第二是广义的第二高价结算机制。第 N 名的广告主按照 N+1 名的竞价加收 0.01 元作为结算价格。比如在 CPM 的结算过程中，假设品牌 A 出价 20 块钱，品牌 B 出价 30 块钱，品牌 A 最后成功竞得流量的价格是 15.01 元，在广义第二高价的规则底下，包括流量普惠性组合拳的体系下，整个竞价生态将更加平衡。

这里聊一下**"纳什均衡点"**。百度对纳什均衡点的定义是，每个广告主的出价为了达到期望收益最大值的出价。为什么现在很多行业整体的投产比小于 1，在整个广告投放中，如果所有广告主考核的是当天的即时的投产比，纳什均衡点会在当天投产对应的出价之下。

如果所有广告主考核的是长期复购下的投产比，广告主可能会去算整个复购率、复购周期，为了长期的收益而放弃一些短期的资金回收。在这种情况下，竞争会变得更加激烈，因为每个人都会出价。

这也是为什么抖音一类电商整体的大盘的 ROI 值没有二类电商

好；一类电商广告主的诉求非常多元化。有些广告主希望每一天的投放都回本；有些广告主把账算得更加明白，这些广告主可以在短期内忍受更低的投产比，扩大企业的规模；第三种广告主投竞价广告时完全不看效果，只是为了做曝光，而这样的广告主会把整个竞争拉得更加激烈一些。鲁班电商不一样之处在于，也是鲁班很多品类当天投产比可以做到 1.5 以上的原因是鲁班电商没有复购。

这意味着每一个广告主去投放鲁班电商的期待值都是回本，所以市场的竞争环境没有一类电商激烈。

二、投放选品怎么选

我做了很多投放案例发现，能投起来的产品起码具备以下四个条件中的三条，最好是四条。

第一，要么足够的广，要么具备圈层效应；

第二，产品本身是高毛利产品；

第三，产品的复购率很高，用户不仅只买一次，之后会不断地进行复购；

第四，产品的内容化属性足够强。

圈层效应

SEM（搜索引擎营销）和抖音信息流的区别在哪？举个例子，一个渔民想要金枪鱼，SEM 的营销就像一条船上看到河里有金枪鱼，然后用网去捕捉，这是精准的点对点的匹配。信息流的投放，就像在渔船上，进行广撒网的活动。投放做得比较粗糙的情况下，就像在全世界的海域去撒网，直到网到金枪鱼。

信息流的精准投放是撒网之前研究了金枪鱼可能在哪一个海域出现，去海域进行捕鱼，捕金枪鱼的概率会变高。哪怕信息流做的人群定向再精准，只是捕获到用户的概率更高了，并不能保证用户和投放的产品是精准匹配。

为什么受众广或者受众圈层大的产品是比较适合投放信息流的？

如果产品受众特别窄是不适合做信息流的，曝光大概率会浪费在很多和目标用户不匹配的用户身上。

这里针对绝大多数的情况都适合，只有少数客单价比较高的情况是例外的，比如奶茶店的加盟很火，是因为客单价非常高，足以弥补低效率的行为。

如果产品受众是很广的，只要是个鱼就行，在全世界的海域随便撒网都可以网到用户。

用户圈层指的是：广告主的诉求是补到名贵的鱼，而他通过了解知道，加勒比海域有 70% 的鱼很名贵，于是去加勒比海域捕鱼。

高毛利

刚才提到广告主之间的纳什均衡点：每个广告主都会为了达到自己期望值收益的最大值去出价。举个例子，如果品牌 A 做美妆，毛利高达 80%，品牌 B 也做美妆但是没有供应链的，整个毛利只有 40%，在投信息流的时候，如果品牌 A 和品牌 B 同时投信息流，整体的质量不错，优化技巧也不错，之后品牌 A 一定会不断地提高出价挤压品牌 B 的生存空间，因为这样品牌 A 的收益会更高。从长期来看，毛利低的品类可能会被挤出整个生存圈层。

所以可以总结出来，供应链的优势可以收获比较高的毛利，而高毛利在整体投信息流的时候很有竞争优势。

同样的结论放在 3C 类做分析，比如，很少见到有手机在投信息流的效果广告，为了成交投信息流更基本上看不到。但能看到的是肩颈仪，主要是手机毛利比较低，肩颈仪的毛利比较高，二者跑的是同一个流量池，竞争环境也一样。

今年除了食品等比较特殊的赛道，在其他大部分行业的投放中一类广告 ROI 的均值小于 1，这是很多淘汰下来做得不错的广告主的水平。

这意味着广告主投入 100 块钱，最终能产出 60 到 80 元的营业额，还要赔一个货品。

高复购率

如果产品不是具有复购效应的产品，复购率本身不高，很难把账算平。目前投二类电商即鲁班电商很有机会，也是比较大的趋势，可以布局。

强内容属性

针对抖音平台，产品的内容化属性要特别强，产品的卖点和短视频内容的结合点一定要非常好。

去年柏莱雅的泡泡面膜是很有内容化属性的产品，还有清风漱口水和短视频结合得也非常好。如果想去抖音投放上下游产品，从视频角度来讲，产品需要具备足够的内容化属性。

三、关于直播投放

Dou+ 有以下五个特征：

第一是整体的跑量速度比较快而且稳定，一个号今天播还是明天播总体不会受大环境的影响，因为 Dou+ 是内容池，而内容是广告池。

第二是 Dou+ 整体放量冷启动的时间比较短，投放时可以选在半小时内投完针对此视频的所有预算。

第三是 Dou+ 的人群定位是基于账户模型的。

第四，从直播间投引流视频，跑量速度明显比在达人主页给一个视频采买流量更快。

第五，短视频的导流效果好，在直播间里圈选短视频，整体成交效果比直接用 Dou+ 做 fed 效果好很多。

这里主要解释第三点和第五点，为什么 Dou+ 的投放会基于账户模型，如果你投 Dou+，通过一段周期的内容涨粉，是垂直类目的粉丝，买 Dou+ 投直播间，哪怕主播能力一样，最后流量差异非常大。

白板账户感受不到流量有任何优势，200 万粉丝以上有长期内容积累的账户整体感受就好很多。原因是，Dou+ 在做推荐的时候，整个维度特别粗糙，和信息流相比，只能选年龄、性别以及兴趣标签大类，做不到精确，整个系统处理流量时也是基于账户的系统推荐，但是信息流不太一样。

关于粉丝属性，粉丝属性又会为两种：第一种是内容粉丝，即通过视频内容涨起来的粉丝，这种粉丝对于直播间的效应其实不是最高的；战斗力最强的是第二种粉丝——直播购物粉。典型代表是朱瓜瓜，从几十万粉丝一路涨到 200 多万粉丝，朱瓜瓜没有太多短视频内容，涨粉是通过一场场直播，以战养战的形式，把热衷粉积累下来。

为什么在 Dou+ 投短视频给直播间导流的效果比推流好？

一、触点的区域会决定很多东西，如果用推流形式做 Dou+ 导流，整个屏幕都能触点。

如果用内容短视频给直播间进行导流的话，用户进入直播间的方式有两种，一种是点击右上角的头像，或者点击主页头像。从这两种方式看，触点区域很小。

二、从内容拥抱的角度来讲，很多看到推流形式的用户，他们进入直播间的原因可能仅仅出于好奇，但仅仅有好奇不够。

如果主播本身承载流量的能力或者主播本身的差异性不是特别强的情况下，用户可能在很短的时间内就退出去了。

如果用一个短视频的内容，内容还可以设计一下，比如直播间预告的信息，或者产品信息来做一个预告，就可以在外部的短视频建立一层滤网，这样进来的用户都是有心智的用户，所以会更加精准。

信息流竞价直播间有什么特征呢？

首先是直播间观看率，这个目标转化率接近 100%，因为从点击率到转化率的步骤，缺失的口径可能有一些秒退的用户是统计不到的，基于此，跑观看率时目标点击率是最重要最核心的指标，能决定两个事情，首先是整体直播间的流量采买成本，点击率高的主播整体的流量采买成本非常便宜。点击率很低成本会很贵。

第二，会决定整体流量的跑量速度。参考达人之前的点击率，如果点击率很低的话预算是花不完的，就算能花出去也会变得非常贵。另外，信息流投放冷启动的时间比 Dou+ 长，大概会有 15 到 60 分钟的冷启动时间。冷启动时间取决于很多变量，尤其是在一些转化目标更深的投放方式里。在这些投放方式里，冷启动时间和主播如何引导用户关注的话术有关，也包括场控团队上品的速度和节奏等，这些都会影响投放。

投放做得好需要和场控人员有比较好的配合，尤其要长期地绑定，一场一场复盘某一个达人可能在这场没有做好的原因和可优化的点。

第三，抖音用竞价广告投人群的精准度远远超过 Dou+，而且投手能力越强，人群更加精准。最近在做二手奢侈品的直播账户，对比了 Dou+ 和信息流的效果，大概差了 4 倍。

第四，整体竞价投放的目的性和节奏更加可控。之前做过非常难做的混场，一个达人的混场，时间是三段式分布，前 1/3 的场次是日化类包括 3C 产品，中间时间段播的是美妆护肤，最后 1/3 是零食。前 2/3 的时间段整体参加画像比较相似。做三组投放策略，前面的时间主要导流对日化和 3C 感兴趣的用户。第一组完成之后开启第二组计划，主要是对美妆感兴趣的客户。到第三个阶段把整体的性别放开了，因为零食和美妆客户不太一样，性别是更加均衡的。

最终直播效果证明通过这样的投放方式转化效果不错，节奏更加可控。但是 Dou+ 可能不行，比如 Dou+ 选 5 万元的投放或者 3 万元的投放，只能把钱放在那里，过程没有办法控制。还有一些小的技巧，比如用直播间的爆品冲 GMV，在爆品上来以前 10 分钟通过其他的方式把场观人数往上拉，这也是一种方案。

综上，如果两者的流量采买成本比较接近，信息流竞价投直播间会比 Dou+ 更好一些，但不绝对。如果单场投放金额特别大，比如投放一百万，竞价的钱花不完，可能需要搭配 Dou+ 灵活操作。

四、关于品牌自播

我们也做过关于品牌自播的研究，得出来的结论也非常有意思，一并分享给各位。

品牌自播的特点

第一个特点是品牌的 SKU 高度固定化，但是每一场播的产品非常相似。

第二，主播的专业程度不及专业带货型的主播，因为是员工，没有那么厉害。

第三，员工自播的承接流量的能力有限。在认知中，100 人同时在线和 1000 人同时在线和 1 万人同时在线和 10 人同时在线，员工的表现与转化率和主播效果差别很大。

如何和观众互动，如何叫卖产品，把利益点抛清楚，所用的方式不一样。

第四，是一个客观的事实，品牌自播的主播整体人物形象的知名度一定会比一些头部达人或者明星低，他们的点击率会变低，流量采买的成本会变贵，同时方案的启动速度会变慢。

品牌自播的逻辑

首先是固定的员工和每一场直播的产品都高度固定。这样可以通过反复地复盘进行提升，哪一场播得不好，然后配专业的人跟播，给主播提各种各样的优化方案。

第二，主播承载的能力有限，可以用特殊的方式精准地采买流量，但是让流量放进来的速度慢一些，当然这种投法本身也不会特别快。

第三，需要高强度的直播时长，通常大于 7 个小时，需要两到三个员工轮班播。这是硬性指标。为什么要播这么久？流量采买的难度比头部达人难很多，通过延长直播方式延长流量采买的时间，通过这种形式去放大。

第四，高频直播。抖音的播放频次越高，整体的效果越好。品牌自播比达人更极端，因为品牌主不需要承担太多内容上的压力，通过每一天播7到12个小时的方式，把增粉的复利价值发挥到极致即可。

长期来看，这些粉丝的复利价值需要通过日播去触达。客单价比较高的产品，客户第一次进入直播间还没有完全产生信任感，尤其你是小主播，没有信任背书，但是进第二次第三次或者第四次的时候会发现用户的成交概率变得更高了。

抖音直播间核心指标

第一组数据指标包含：音浪，观众指数，新增粉丝数，付费人数，评论人数以及直播推荐。

直播推荐比较有意思，这是最近更新的维度，以前是没有的。直播推荐是什么意思？是能杠杆到系统免费流量在总人数中的占比是多少，推荐包含了通过直播前内容杠杆出来的流量，其他则是通过信息流采买进来的流量。

还有第二组指标：直播停留时长，累计的点单数，平均的在线人数，互动率，送礼率，转粉率。所有这些信息都和官方的API（应用程序接口）对接，因此这些数据非常重要。

首先是停留时长，会直接反映直播间的质量高低，也反映主播能不能把流量留住。

第二个比较重要的指标是粉丝新增，在直播间左上角，要先关注主播才能成为主播的粉丝团，是便宜的打赏行为，也能增加转粉率。

第三是点赞数量，直播间点赞数量是非常有用的。

第四是评论人数，代表了互动的比例，一定要引导，可以增加直播间的权重。

第五是交易概率和交易额。目前来讲，抖音只能拿到主播在抖音小店的交易数据，淘宝数据拿不到。

第六个指标非常有意思，是同时在线人数。这是放水和蓄水的问题，进水的水管是诸如通过 Dou+ 买流量，信息流买流量，或者系统杠杆过来的流量。

江湖评说

每一个创业者都应该懂流量，尤其是 to C 创业者。

创业公司的产品、文化都是创业者的意识映射。懂流量，除了能更高效地冷启动，更重要的是，你对于流量的认知会映射到产品细节、供应链和运营上。

执行层面的术也许会变，但宝贵的认知不会变。

PART_03

私域流量：
从小作坊到工业化

第一节

做个茶馆，
不只是 IP

前情提要

　　站在群响创立一年半的短短的历史河流面前，我们在一周年之后一直在思索几个命题：

　　第一，IP 有大力量。

　　第二，做个茶馆小二，而不只是一个 IP。

　　第三，社群必死，标准化是规模增长的最大武器。

　　本文是群响创始人刘思毅围绕这几个命题，对群响的业务的愿景和追溯总结，希望和诸位 CEO 共享。

流量英雄

姓名： 刘思毅

职务： 群响创始人、CEO

江湖过招

一、IP 有大力量

高客单价或精准客户人群的业务，月销 1000 万之前最棒的冷启动方式，一定是通过内容 IP 来做引流、运营和转化。

1. 微商 IP 内答获客

先讲一个案例，我一直在学习的案例，叫龚文祥。这是主流电商圈非常看不上的一个 KOL。

但是作为一个同行，长达 1 年的时间，我一直深入研究龚文祥老师的商业模式。我还是觉得，他值得学习，他的利润还是牛的，他的持久力还是牛的。

简单说一下龚文祥的玩法。

龚文祥是微商的 IP，IP 内容获客这一套在微商圈子里玩儿得最转。

（1）坚持 10 年左右，什么媒介平台火，就在什么媒介平台上去做内容，做微商都听得懂的内容，十几年如一日地宣传：小生意有理，高利润有理，创业有理，私域粉丝才有高价值。

本身就这一套思想，但是说了十几年，把自己同行的竞争对手全部说死了，自己还在说。

（2）确定了一个比较高的基础会员费——2 万元，迄今一共 1000 个不到的会员，猜测年度的续费率应该较低，但是在微商鼎盛的时代，这个内容逻辑可以吸引不少的用户，甘愿进入这个场域，被龚文祥的流量池服务，这个是他业务的基本面。

（3）所有的课程、出版物以及大会都要收费，基础客单价就是 999 元，999 元也是钱，1000 个 999 是 100 万，1 万个就是 1000 万，而且基本上边际成本为 0，这也是一个重要的利润线产品。

（4）所有的流量，全部坚决地用龚文祥这一个私域流量形象，接入自己的个人微信号，然后反复用看起来比较拙劣的内容进行认知加工，屏蔽的就屏蔽（屏蔽的同学根本就不是他们的目标用户），不屏蔽的就持续营销。

（5）自己的大会，准备了两把镰刀，一把是大会合伙人，50—100万的报价，可以有分享名额和发红包的曝光机会，这是微商招代理和吸引用户的很好的机会，行情好的时候 ROI 应该是非常高的，所以他的大会是可以单场很高的。不过 2020 年就卖不动了：原先是 2 万元的会员也是需要缴纳 2000 元的门票，但是现在不需要了，直接免费，因为需要更多的人数。

还有一把镰刀，就是 2 万元的新增和续费，之前做得比较好，会销的氛围，以及微商当年全面利好的氛围，可能会让微商朋友自我沉醉、渴望学习，当然也有更多的镰刀进群，去取经学习镰刀之道；但是今年微商行情不好，比较艰难，正在积极转型。

总结一下，这一套 IP 的玩法如下：持续发内容、持续接私域、999 元至 50 万的镰刀数把，坦诚讲这太值得学习了。人们只吐槽龚文祥老师的 low，但是谁能坚持 10 年如一日地做这个生意？

2. IP 变现

什么是 IP ？

IP 就是用内容持续不断地树立起一个人的影响，让他成为一个 KOL，然后用 KOL 的粉丝私域化、变现、消费、教育、服务皆可。

IP 变现需要什么能力？

第一，持续的引流内容生产能力；

第二，提前在变现端规划好业务线；

第三，通过运营进行不断的认知加工，建立信任，成交逼单。

这是一个典型意义的高毛利、低上限、高客单价、精准流量的小规模团队冷启动模型，十分值得尝试和学习。很多人都没有这么大的耐心，大家都以为流量就像长江之水滚滚而来，但真相是：精准的流量从来都不是批量的，而是一滴滴汇入江海，从来都不是容易的。IP 已经算是其中一种非标但有明确预期和结果的获客与转化方式了。

总结一下，IP 变现的流程是：

内容持续在平台引流 —— 加到个人 IP 的个人微信号 —— 持续真实地运营，持续认知加工 —— 明确客户需求，解决客户问题，建立信任，不断转化转化转化 —— 复购和转介绍。

3. IP 变现注意事项

IP 变现需要注意什么？

（1）靡不有初，鲜克有终，坚持日更 1000 天就是我做 IP 的一个长期执行策略，只有长期更新才会有心智；

（2）爆款不是常态，是运气，要有长期作战，长期保证一个不低，而不是高水平的决心和预期；

（3）IP 私域转化的核心仍然和私域一样，一个是内容持续，一个是精细化运营；

（4）持续的内容本身就可能创造价值，而且内容是建立信任的钩子和起点；

（5）IP 要真实，真实是一切，真实的前提就是这个人本身就是这样的。你可以选择不展现什么，但你千万别伪造什么，用户的眼睛无比雪亮。

二、做个茶馆，而不只是 IP

除了龚文祥之外，我还有一个长期学习和跟进的前辈机构，这个机构在传统电商时代做了很久，差不多有 PC 淘宝的时候就有了它，10 年以来持续做和群响很像的事儿。

1. 电商俱乐部玩法

创始人是一个草根，一开始也做淘宝，但是做得不够好。那个年代，做得不够好就需要去学习，但是不像现在信息爆炸。那个时代大家不懂，都在摸索，互相学习和切磋，所以只要有一个论坛就会聚拢流量。

这位创始人就是一个论坛的版主，并不是真正的创始人，但是经常组织各种活动，成了一个比较有影响力的组局人。这个组局的人其实并不是成功的电商操盘手，只是更憨厚可亲、更朴实、更诚信，被很多当年的电商草根卖家熟悉。

他的名字叫老高。

老高电商俱乐部起源于公益，组织一群 10 年前可能月销刚刚100 万的草根卖家，喝茶聊天学习交朋友。当时的淘宝技术刚刚兴起，平台急需更多的货，而流量时代还没有像今天一样如此存量时代内卷，大家的开放性也更高。

于是大家相逢于微时，一个电商的圈子就起来了。这个圈子是老高电商俱乐部的起点，也是到目前来看，仍然十分重要的基本盘。

我曾经与一位与老高走得非常近的金冠卖家前辈吃饭，前辈告诉我，原先不到 1 万元，到几万元，再到今天的会费，大家已经并不需要老高俱乐部之间的老板们互相传授经验、互相交流，但是，生意上的朋友，就是一直相互见证了，所以说 18 万的会费是情谊。

目前老高金冠俱乐部的会员费是 18 万，付款的基本上是当年的草根卖家，成长到现在，大家几乎都是几个亿起步的玩家，传说中的类目冠军们，垄断了一些类目的不同客单价，几乎不融资的现金牛。

除了电商老板之外，老高电商俱乐部还有一个非常稀缺的资源是，作为一个电商生态圈，天然聚拢了这些卖家、服务商。当时的阿里没有现在这么高冷，当时的小二也没有现在这么有话语权。

基于一种相互需要，拥有了很多小二友谊，时过境迁，仍然是相逢于微时。这些小二有一些离开创业，成为品牌卖家，有些留在了阿里，仕途高升，成为阿里非常重要的老阿里高级、资深员工。

他们有的是业务线 VP（副总裁），有些是重要业务线的负责人。因为 10 年前的友谊，这个圈层的关系还在，因此创始人至今仍然还可以请到非常重量级的嘉宾。

老高电商俱乐部发展到现在，目前拥有的业务线非常多，但是本质上和群响相同，商业逻辑大同小异，包括：

（1）培训业务线。从抖音，从各种平台去吸引流量，然后去转化，更多的客户应该是朴实的电商老板们，小几千元到几万块都有。

（2）不同层级的社群俱乐部。18万的金冠俱乐部是最高的，然后还有基础的、小几万的，要资源、要信息、要服务，和群响私董会类似。要做圈层一定是把价格做成一个基础门槛，大家在小圈子做生意和交朋友。

（3）生态内的投资。老高投资了很多服务商，还有更多创始人朋友，看到是好朋友，有现金，老高就直接投资，聚水潭是最棒的deal，魔筷据说也有参与。

（4）大会媒体。这是势能和会员权益，每次邀请的嘉宾都是重量级的，非常棒。

2. 茶馆拥有最多资源

这位金冠卖家前辈，劝告我说，刘思毅，做IP是可以的，因为有IP才有影响力，有影响力才可以去杠杆更多的势能、更多的资本力量，但是一定要记住：

高处不胜寒。

与其把自己弄成吴晓波、罗振宇这样的老师形象，还不如一边做IP，一边也是在做一个茶馆，而你是茶馆的小二。

端茶送水、迎来送往的小二拥有最多的信息、拥有最多的资源、知道最多的渠道，谁都愿意和你做朋友，然后借船出海也好，或者从茶馆再到会所，再到更高客单价，同时也可以做一个学校，这些都可以。

但是千万不要让自己高高在上，成为一个IP，就是一个说教的IP，这是很累很累的，高处不胜寒。

从一周年续费之后我一边坚持日更，一边想，做一个全知全能的IP，做讲师、做演讲者、做训练者，不如做陪伴者、服务者、见证者，而且我本身就是一个中间人。

我不是操盘手，我只是一个运营操盘手的小二，我是一个卑微的操盘手 MCN。

天下熙熙攘攘，每时每刻中国的流量市场都在变化，每年都会有不同的流量主、品牌主、服务方，开门迎客，做一个茶馆，而且是龙门客栈，装下这个时代最棒、最大、最丰富的电商生态，这就是你的客户，也是你的资产。

原来天下的生意根本就没有变过，变的是时代主题和操盘手，真有趣啊。

三、社群必死，标准化是规模增长的最大武器

先拿出一个基本结论，从长期来看，社群必死。

社群必死的点，在于成年人都很忙，从活跃的角度，没有一个人有动机在一个社群里天天唠嗑、天天混，要么这个人弱，要么这个社群弱。

社群的不断壮大，导致社群一开始的人群质量被弱化，这是一个原因。

社群的不断壮大，导致社群的服务人员不断扩大，原先是创始人运营，变成了运营军团运营，这也是一个原因。

社群的不断壮大，群响等公司在不断尝试更多更标准化、更规模化的业务，这又是一个原因。

社群必死，不是说群响必死，而是说，群响的社群不是群响用户的主要服务方式。

从长期来看，我们一定会用产品化、标准化做这个公司业务。

进一步地讲，以社群为基础的商业模式，是一个非常不稳定的商业模式。社群不能只单纯以 1699 或者就是 2000 元为维度的单一非标产品为一个主要商业化变现方式。

因为它非标，就没有办法通过流量的规模化、标准化投放来获取更多的精准流量。因为群响是 to B 的，它服务的就是中国 10 万个

希望在新电商时代获取更大的进步、更多 GMV、更多资源的操盘手、CEO。

真的，目前群响茶馆已经达到了 1 万个，基于这样的增长节奏，我们 5 年之内可以获得 2 万个客户。

净增 = 总增长 - 脱落

不断有人脱落，也不断有人进来。

社群会沉默，但是服务会继续，我们每一个会员服务官精细化运营的核心资源、核心会员不会流失，相互再见的不是目标用户，而需要群响这样的资源盘的人群会留下，而且履约方式可能是用产品加上私域一对一。

茶馆的组织方式可能不再全部以微信群的活跃为核心，而是用小程序、用 H5、用朋友圈、用小二的人肉精细化运营，持续进行，持续交付价值。

1. 群响的出路

标准化以及做生态，才是群响的出路。

原先我的股东——嘉程资本创始人李黎跟我说要标准化，我不以为然，不信。

原先很多前辈跟我说，社群这个非标业务就是做到尽头这么大的盘子，我是不信的。

直到今天，我们差不多看得到我们的增长上限了，才发现：

第一，标准化是最重要的效率武器，标准化才意味着规模。

第二，社群是非常规模不经济的业务，但确实是群响起盘的最棒起点，1699 元 / 年的会员成为我们的最大的资源盘，未来会是 10000 个电商 CEO 的茶馆，茶水费就是用来维护资源池的资金。

第三，基于这些资源，要做的几个方面分别是：

（1）分层是绝对的未来，也是利润的来源。我们正通过做私董会的方式把用户的分层做出来。一个小二一年只服务 20 个客户，深度地为客户提供高 ROI 的价值，做到 1000 个私董会会员，就是一个超级高利润的产品。

（2）标准化的课程是另外一个山头。做垂直小课，在公域平台上去投放，去履约，做在线教育的模型，然后继续卖在线产品。在这个新时代，群响是掌控最多新流量主题的标准化的。

（3）顺手的深度绑定、操盘手赋能、结果对赌、生态投资。和这个流量时代下最棒的操盘手、品牌方以及服务商产生更深刻的联系。

无论是排他操盘手合作，还是股权绑定，这是我在探索的。

2. 群响的模式

最近一直在思考群响的模式。

我觉得第一步，做到新流量时代最大的电商茶馆，可以支持5000万的利润。

第二步，做到流量时代的标准的在线学校，这个更大，这个我还无法预测。

第三步，做到操盘手、品牌、服务商的深度绑定和深度结果层面的赋能，这个超级大。

我原先觉得生不逢时，我们这一代 90 后创业者错过了移动互联网井喷时代，做一个 App 就可以拿到 100 万日活的时代。

但是现在我觉得，我们遇到了新的机会点，那就是新流量井喷时代，而且很多传统的企业一脸蒙，等待我们去拯救和超越。

不敢保证这个时代是 10 亿美金的消费品牌会井喷的时代，但是一定会有 1 万个赚 1 个亿的品牌，1 万个赚 1 个亿的机构，1 万个赚 1 个亿的流量主。

这也是一个巨大的市场，大有可为的市场。

第二节

我们如何做群响：
群响创业一周年的亲历者说、经验教训

前情提要

群响自 2019 年 5 月 8 号成立以来，就一直收到很多来自会员和好友的善意的担忧。诸如：

群响业务会不会是一个上限很低的买卖？群响社群的持续性会不会是一个问题？做流量社群，分享流量洼地，真的有人来分享吗？社群会不会越大越泛化，质量变得更差？

也有很多好奇的提问：

群响是怎么获客的？群响是怎么持续策划这么多还不错的活动的？群响的服务号＋H5＋社群的运营体系究竟是如何运转的？群响的团队架构是怎么样的？……

伴随着这些问题，群响一路走来，已经拥有超过 7000 位的流量主、品牌方、供应链、服务商、平台方，成为各路操盘手云集的庞大资源库，能够快速获得行业内前沿、有质量的信息，值得讨论的落地案例，以及有效的深度链接。

为了解答诸君的疑惑，群响创始人刘思毅在 2020 年 5 月（群响创立一周年），把群响的社群策略、产品策略、商业模式、经验教训全部公开，为在线教育操盘手、知识类的社群创业者以及所有关注群响的朋友，贡献本场分享。

流量英雄

姓名： 刘思毅

职务： 群响创始人、CEO

江湖过招

今天分享的主题，是"我们如何做群响"，这是我自己做群响一年来的一个总结，希望我在创立群响的战略上、运营上、流量上、公司管理上的思考、教训和经验能够对大家有帮助。

一、为什么要做群响

这一部分对应的是，决定做群响但尚未开始启动的时候，我对群响需求的理解以及战略定位；我开始做群响之后 3 个月，或者说刚开始，我们自己的一些思考和调整；以及现在我是如何看待群响的。

1. 初步思考与战略定位

我的经历是运营驱动的职业生涯。我一直在做运营，一直在创业公司做运营，这让我和我的群响会员用户走得很近：无论是 5 年前，还是 1 年前我开始做投资，我自己就一直和他们是一类人。

2018 年到 2019 年 5 月，我在嘉程资本当了一年半的投资人。我当时比较勤奋，每天基本上都要开 7 个会，没想到这一部分可以成为我创业的业务资源的重要来源。今天的群响会员，有相当一部分都是从我聊的项目中转化的。

做群响的重要催化剂，是我的前东家、嘉程资本的老板，李黎姐，让我自己操盘了一个做嘉程资本流水席的项目。说白了就是确定一个主题，邀请 8 个嘉宾，然后用嘉宾的主题吸引人。

我当时就积累了 100 个对应的行业群，见人就说麻烦你帮我拉进什么互联网、电商的行业群，然后我就疯狂甩红包，每次大活动都能有 300 人来。

流水席的操盘让我看到一个很明确的需求——这个市场上，缺乏一个纯粹让大家讨论业务的地方。当时我没有只做流量，我什么都做，流量、to B、AI、技术，还有单纯创业者的下午茶的主题。做了很多场之后，我认为一定要聚焦这个业务。

群响初创时，就抓住和明白了两个需求：互联网流量市场需要商业合作，需要优质信息。这样的两个需求用什么能最好满足？线下活动！

于是我们的准备非常朴素——非常疯狂地搞线下活动。

2. 开始招募会员之后，到 3 个月的群响定位和思考

刚开始招募会员的时候，999 元招募会员在 5 月 8 号开始传播，等到我们招募到第一批 750 位会员之后，我们的思考和想法如下：

核心就是一点，我们发现群响来的人，不仅是创业者，而是真正的"业务操盘手"。（我之前写文案的时候，莫名其妙觉得操盘手这个词儿很牛，于是有了我们一个 Slogan，叫作"业务操盘手的搏击俱乐部"。）

但是当时的定位其实还是落在了被各路 VC 投资的创业者身上。我原先以为，我的用户是 CEO，CEO 需要更多更泛的东西，尽管关注流量，但我的视角仍然是和现在不同的。

但是直到招募到 750 位第一拨会员后，我发现除了 CEO 群体（这是必然，因为初始资源在这里），其他都是非常务实的、真正的操盘手，他们在抖音、快手、淘宝、小红书、微信上卖东西，或者做流量，他们是我从没有见过的另外一个 TMT（科技、媒体和通信产业）群体：现金流驱动、实操派群体。

后来，我们就有了持续的大会，然后有了持续的闭门会，感受

就越来越深刻，不再浮于表面说我们要做的是创业 CEO 在流量上的服务商。我在 3 个月之后想清楚的事儿是：

群响这个社群，服务的是以流量操盘为核心业务抓手的消费品、零售、教育和流量行业的操盘手们，这里包括 VC 投资的 CEO，但是更多的是生意人。

这是群响社群的第一次"明确"。

这个时候我还是觉得，自己只是一个社群、是一个小生意罢了，努力去做，努力收会员，之后可能有一些生态业务，有些创造现金的业务，但是怎么个然后，其实是没有想清楚的。

3. 目前对群响业务的理解和战略定位

从一开始到现在，我就一直在思考，群响到底要走向何方，因为是会员业务，我们要认清楚本质，这是一个很难规模化的业务。

我很慎重地使用规模化这个词，因为这个词听起来实在是太浮夸。我"翻译"一下，就是，会员业务是一个很难怼出很大现金流的业务，这个业务也是一个需要持续注入心血去运营的业务。

今天我们看到很多很多微信社群、知识星球，几乎有 1 万个 100 万以上流水的社群。但是到了第二年，他们的续费率、他们的新增率如何呢？是非常悲观的，这是一个关张率非常非常高的业务。今天大多数社群的续费率都是很低的，35% 大概就是非常上等的了。

这里请各位希望用社群来做用户交付和黏结的朋友注意，可以一起讨论，为什么会员业务不能持续呢？

（1）本身流量就没有跑通。

持续洗的是 KOL 的流量，KOL 的流量逻辑可能是自营内容，在各种平台中去吸粉，然后成为 KOL，再持续洗出去做会员，这种模式一般会有两种结局：

一种是 KOL 没有持续增长的流量，或者说增长的流量赶不上社群持续运营需要的增量；另一种就是 KOL 本身就是把社群作为一个流量池，社群门槛比较低，就是用来洗忠诚粉丝，然后进一步卖课的。

（2）群服务的持续性问题：社群服务到底是什么？

一般就是信息服务、撮合服务，后者没有持续是因为没啥新的资源进来，那对接着对接着就烦了；前者不可持续，是因为其实要非常非常用力地去运营，你要策划活动，你要谈嘉宾，你要改内容，你要不断磨合和符合你社群原先的标准的内容，这是一个抵抗"熵增"的过程，是很难的。

社群这个产品属性本身就很特殊：社群不是一个标准产品，它是一个非标品。非标品意味着其实是很难做流量社群，基本上人们来使用这个社群是基于不同的需求的，所以说其实很难在公共的流量去和其他的标准品竞争流量，然后让更多的用户完成转化。

社群的边界，就是人群的边界：如果说对于一个社群来讲，高质量的人群本身就是社群的一个核心资产的话，其实对群响这样一个社群而言，上限可能就是1万个人；如果超出1万个人的话，哪怕我们分层分得再好，也会遇到一个最大化的稀释社群价值的问题，并最终导致社群崩盘的系统性风险。

因此，社群这个业务，最多支撑1万人的话，未来怎么做？我想说，社群是我们自己公司的第一步，为什么它会是一个第一步呢？社群是流量池基础、供应链基础、势能基础。

它要作为我们自己下一步业务的一个流量池，然后还要做我们的内容、教研能力供应链的基础。社群还有另外第3个作用：它持续给予社群的用户池持续进行的、频次比较高的线下和线上活动，这也是我们群响这个品牌势能积攒的基础。

二、我们如何做群响的社群运营

1. 持续不断地做活动，保证新、干、全

群响迄今为止做了差不多50场线下的闭门会沙龙，这种闭门会沙龙会有50人到场，这是每一次的规模。我们还会全国巡回，这是我们的第1种活动。

第2种活动，我们基本上每周做两次线上操盘手分享，会条分

缕析，结构化地针对特定主题进行分享。

对于比较精英的群体来说，语音分享和直播分享都是非常非常低效的，所以说我们强行探索了一种逐字稿加 PPT 的形式来进行服务。

目前我觉得进展非常顺利，大家也非常非常习惯，印证了我们自己的一个判断：做那些对信息要求比较高的人的社群，最好的方式就用我们采用的逐字稿，还能在最低成本范畴内解决这个问题。

在此分享一个运营价值观：一定要避免运营者高频次私下联络，这是用户觉得复杂，运营者觉得简单的东西。

2. 内容上 PGC 驱动

社群的核心难点在于持续输出有价值的内容，这对服务的供应链要求很高，要是不能满足这一点，所有的社群本质都是割韭菜。

我们每周基本都有三场活动，针对这三场活动，我们需要提前一个月去排期。目前没有特别条理化地"锁死"每期活动的主题，核心原因在于：

如果锁死，我们就无法回应各种流量热点的即时性分享；第二是我们也没有这么多、这么深、这么广、这么条分缕析的主题让我们在日常活动中去消耗。

我们是这样保证用户分享的质量的：

首先会提前三周邀请嘉宾去准备我们的主持稿：第 1 步是提请嘉宾准备框架给我们确认，我们会和嘉宾磨合好框架，然后让嘉宾做好疯狂输出的准备，因为我们的逐字稿都是 7000 到 10000 字的容量。

其次，我们自己也会在两周之后收到嘉宾逐字稿后邀请其他嘉宾联合判定，这个分享是不是够资格、高质量，能否拿到我们社群中去分享。

第三就是我们自己在分享完毕之后，会收集一个东西叫作 NPS（净推荐值）指标，这是每场都会收集的。因此至今 30 场分享下来，我们自己的 NPS 指标可以有一个平均值，以供不断磨合，去产生一个"群响标准线"。

3. 依靠人民群众、蚂蚁雄兵

从群众中来，到群众中去，站在巨人的肩膀上。

群响这时候还没有任何的内容和原创生产能力。这个行业的原创内容一定要来自真正的一线操盘手，而群响本身不操盘，所以说只能是一个邀约嘉宾以及观察输出的角色。

所以说我们的一切内容，包括我们在行业社群中的一些分享转发，我们自己的活动策划，我们自己的活动文案……都是通过我们自己对专家的访谈，对专家的问询，以及对专家的一些邀请来获取和编辑的。

所以说这个杠杆是一个非常大的杠杆，也是群响内容能够持续生产的最基础的核心。

4. 锁粉机制 + 亲友票

让人民群众带来人民群众；这个产品有一个机制，就是每一次高频的线上分享活动，我们都会让每个会员可以有三张免费的、市场价值是 399 元的门票，可以免费赠予潜在的会员群体，也就是他的同事、合伙人和亲友。

我们自己规定亲友票只能赠予给尚未参加过活动的人。只要你参加过一次，你就不能享受亲友票。

再加上一个产品上的设置，我们设定：当会员带非会员来参加活动，因为这场活动被转化成为会员的，我们可以给带领会员自动返现，即我们的锁粉机制。这个给了我们在运营上非常非常多腾挪空间。举个例子，比如说某一场活动与某个 KOC（关键意见消费者）的流量特别匹配，我们就会特定邀请这个 KOC 来，让他的流量全部进入这个活动的流量池，也就是我们销售的私域流量池。

再举一个运营场景：我们自己的大会，如果说是线上的话，其实目前应该可以动员 1 万个人来参加。只要内容足够好，每一个会员不想浪费他的亲友票，每一个会员应该都可以邀约来三个，因此我们自己的 1 万人是一个非常保底的数据。

再举一个例子，如果说举办线下大会，那我们线下大会可能会规定来报名的会员可以免费邀约一位来参会，那也是可以轻轻松松超过 1000 人的。

这个创新让我们既可以持续地让会员帮我们拉新，又不会让会员感到特别反感，还会让我们自己的活动势能更大，可谓一举三得。

5. 炒群机制：积极、插科打诨、真实、真诚

我自己会带领运营团队，每天都在所有会员群中转发其中的某个群的会员，针对某一个大家都比较关心的热门话题发表的一些观点信息和争论，我们认为这是很有意义的。

原因是，我们需要让社群被这样的有质量的，有阅读价值的信息充斥，哪怕某个群没有任何的回复。但事实上很多会员都私信我，虽然他们没有在群里回复，其实他们都在默默无闻地看着我们，我觉得我们发这些信息，就是有价值的。我们认为，真正的社区运营其实和我们自己在个人微信号上卖东西是一样的，核心的要求是真实真诚，有信息量，这也是我们自己运营社群的一个原则。

6. CPS 朋友圈促发机制：不要浪费每一个成交机会

我们自己在运营社群的时候，除了自己在群内 @ 所有人，直接在群里发很多群发消息，我们还会经常用到的一个工具就是"人肉"私信。

微信的私信其实是一个非常低效的东西，为什么我愿意做呢？因为我们觉得一千多的客单价是足以让我们非常疲惫，但是非常非常真诚地用私信的方式去沟通用户的。我们希望通过私信去一对一给会员对接很多资源，我们也希望通过一对一得到会员对每一场活动的反馈。

如果说有好评，如果说真正地帮助了会员，那我们会毫不吝惜地厚脸皮的，让会员帮我们发一个对他也有好处的 CPS 海报，因为 CPS 海报是对我们群响的一次安利和曝光，如果说有成交，他也可以获得一些利益，也就是我们的返利。

这是我们自己的一个运营原则：不浪费任何成交机会。

7. 全方位触达用户：用好朋友圈、用好私信、用好社群、用好 PDF、用好实体书

我们自己在运营会员的时候，其实有好几个触达会员的渠道，我们自己几乎每天都会用好这几个渠道：

第 1 个是朋友圈。 朋友圈可能每个会员服务官会发 15 条左右，只要你的朋友圈发的是对他们有用的内容，那就不叫刷屏，不叫打扰。只要有价值，用户是可以忍受的，并且他们会将这些信息看作一个订阅栏目。

第 2 个是私信。 我们会私信活动，我们会私信活动的反馈，我们也会私信对这位会员有用的，或是对某一类会员有用的资源。

第 3 个是社群。 社群其实是一个最容易沉默的渠道，我们会疯狂地发红包、"@ 所有人"，几乎每天都用一次，我们也会用看起来比较"傻"的微信群待办事件。

第 4 个是 PDF。 我们每周一次用 PDF 文件来触达用户，这也就是我们每周会更新一次的群响内参。

第 5 个是实体书。 这里要着重说一下我们为什么会花将近 50 万一年，每个季度都印刷寄送黄宝书呢？

我们认为，黄宝书是一次对会员的一个集中有质量的交付。有很多沉默会员，甚至是有很多很忙的 CEO，他是没有时间频繁地参加群活动的，但是当他拿到书的时候，心里会暖暖的，那我觉得我们这样一个成本就是值得的。

要全方位地通过线下线上各种介质来触达我们珍贵的会员，核心就是如果你触达了，让他暖暖的，那么你的续约率是不差的。

当一个社群产品没有太大增长，但是他的续约率是不差的时候，其实它仍然可以作为公司非常重要的现金流业务！

8. 团队成员的考核标准要正本清源

我们考核 3 个指标。活动参与率、服务好评率、活动好评率，

只看这三个指标，不要追求社群活跃、追求活动参与和内容消费，社群的沉默是一种必然。

三、我们如何做群响的流量

1. 群响是如何冷启动的？

第一，不纠结规模增长，纠结如何实现最小起盘的程度。设定这个程度，然后去盘点自己需要的资源，不要在一开始的时候纠结不必要的问题。我们群响在一开始确定的目标就是收 1000 位会员，当时第一个月就达到了目的，第一个月的前后两拨 999 元的会员就是 1000 人。

冷启动一定是资源驱动的。发现需求是决定要不要创业的前提，但是决定创业之后，要去做到、要去达到这个目标，一定要动用你的全部资源，全部资源！

冷启动之后会发现，其实 750 位会员对群响刚开始招募写的那些 SKU 详情页是没有太多观感的，大家都是冲着刘思毅和我们初创团队的人脉，来支持我们。

第二，朋友圈提前部署。

我们那个时候的朋友圈，大概有差不多 2500 人帮我们转发，然后呢，差不多有 1000 人是我们从清明节开始到当天一直邀约部署的。

邀约部署的方式很简单，就是告诉他我自己要创业了，所以说我需要你们的支持，你们愿不愿意支持我。愿意的话，你可以买一个 999 块钱的会员，然后帮我转发朋友圈，一般情况下都会愿意，因为这是你第 1 次去消耗你的人脉。

第三，需要站台的人做杠杆。第 1 次创业是非常非常需要一些人来给你提升信任度的，尤其我们做的是这样一个服务性的品牌，所以说我提前了半个月沟通了差不多 200 个人，其中 100 个人是我之前在各个公司和我之前做投资人的时候师傅级别的人，然后还有 100 个人是和我同龄的，我们觉得他们是圈内的 KOL 级别的人。

然后我们统一把这 200 个人放进了我们招募会员的展示页面。这个很重要，因为你一个人其实只能辐射你的朋友圈，而他们被你锁定到图文消息里之后，首先你赢得了 200 个非常重磅的转发，然后你自己可以辐射到他们这样的一个圈层，总之就是要想方设法地做好人群的杠杆。

第四，SKU 详情页很重要。SKU 详情页是非常非常重要的第一道转化的门槛，原因在于，其实你只有这一个东西，展示给潜在的付费用户，这是你唯一的一个转化武器。

我认为当时群响做到了以下几个方面：

第 1 个，图文消息本身这样一个商品，能把"群响"说得非常清楚明白，注意这个清楚明白是针对你的消费人群。

第 2 个，你需要让它变得好看。

我们当时得到了 3.5 万人次的阅读量，一共 2500 人的转发，其实有一个核心的点就在于很多人认为我们这个介绍页是卖社群中最清楚的，什么叫清楚？ 30% 是文案，70% 是我们的设计。

第 3 个，这样一个商品详情页，需要有卖社群的必备的几个部分。

第一，是这个社群的权益组成；第二，是为这个社群站台的人是谁；第三，是如何加入这个社群，这点一定不要遗漏。

2. 目前的流量和增长策略

我对裂变流量比较悲观，因为流量转化率较低。

第 1 点，我还是会一直保持对裂变的保留态度。裂变来的流量其实羊毛党流量居多，羊毛党流量在一开始的时候因为免费而来，那再想让他付费，是很有难度的。

第 2 点，微信的裂变。现在还能吃这样一个套路的用户，你想一想是得多么没有信息辨别能力？微信裂变还会带来一群套路洁癖用户，那这批用户会是我们的会员潜在用户池吗？其实是很难是的吧。

但是话说回来，我觉得微信生态对于像我们这类生意来说，仍然值得投放，因为有这三类流量：

第一类是和群响非常高重合度的 KOC 流量池。

这些流量只是一些乙方的关键人物和 CEO，或者说是甲方的操盘手，他认识很多操盘手，这是一类人。这一类人的朋友圈应该狂投，最近我们在做这样的事情。

第二类是拥有群响目标流量的社群和公众号。

公众号和社群这一拨，其实比 KOC 的流量质量应该要次一些，但是仍然是可以拿到很多私域流量好友的。

第三类，是除了前面说的那些垂直的小的公众号之外的，较大的，腰部的一些泛流量的公众号。

这些流量可能并不会像前两类那么精准，但是它胜在可以给予群响很多很大的私域流量潜在用户池。

这很重要，如果群响要上规模，其实无非就是算账，算一个什么账呢，就是私域流量乘以转化率的账。我们的转化率算出来，其实可以达到 2% 左右，那我们就需要在私域上寻找到更适合被转化成会员的流量。

抖音快手更适合普适性 to C 的标品，群响这样的社群，在现阶段不适合；我在群响只卖会员的阶段，对于我们能否进军快手、抖音、头条、百度这样的流量池，特别是能否进军快手抖音，保持着非常谨慎的克制。

原因在于，我认为短视频的超大流量池，大多数的消费目的还是以娱乐为目的。其实信息流的投放还是需要更有普适性，且更有标准化的产品的，我不确定目前的群响会员这个产品，有没有这样的特质，我觉得我是悲观的。

然后再说自营内容，我在尝试 1000 天的原创内容每日输出。虽然我认为这不是我要把群响做到 1000 万 / 月的增长的重点，但 SKU 多样才能让转化压力变小。

这可以说是在逆天而行，当你的 SKU 不够多，你的转化率就不会有所上升，所以说我们自己在衡量商业收入的时候一定要进入一个公式，这个公式非常简单：

商业收入 = 潜在客户 × 转化率

转化率在只有一条业务线的时候，不会太高。

自家的资源才是实打实的资源，传播部署要到位，要身体力行。会员产品比较大的优势，就在于我们可以非常疯狂地用会员的自来水转发、自来水参与作为非常大的流量杠杆。

但是对于这个方式的运用一定要克制，你一个月4次，甚至一个月用2次都会枯竭。这个就好像真的是一个成长的利润池一样，但当你要把这样一个自营会员流量池盘活的时候，一定要克制且持续创造价值！

3. 私域是真香，真实的 IP 成交是真香

这里要重点说一说，我们在新冠疫情发生之后，特别开辟的一个业务线叫私域销售业务线。

私域销售是一个非常重要的、全民全行业都应该去关注的一个运营方式。为什么？它可以让你自己真真正正跟踪到业绩数据，对于会员而言更是如此。

之前我们的会员增长是不可控的，我们通过不停地做活动，这样的活动只给会员开放，所以才会带来转化，这些转化其实是由活动驱动的随机转化。当我们部署了私域销售的时候，有几个好处显现：

第 1 个好处是我们的转化率，乘以我们的私域流量池，就等于我们的会员的销售业绩；

第 2 个好处是我们自己的流量池变多了。除了我们自己可以动员会员之外，还可以动员非会员帮我们转发，帮我们去参加各种各样的活动，都是可以的。

因此，我们自己的团队划分就非常清晰：上游是投放，无论是KOC 投放还是公众号投放，它的核心目标就是为我们的销售赚取足够多的流量；销售组就是流量组的下游，它的核心目标就是提高转化率，无论如何必须达到每个月的业绩目标；中间的基础组就是会员组，会员组的核心就是为我们自己所有的会员提供基础的服务，持续的活动运营，以及通过会员的转介绍来完成属于会员组这边的业绩要求。

4. 分享一个我学习的公司—— 轻课（现在叫星辰教育）

轻课，是我学习的榜样，也是我做群响商业化的时候参考的商业逻辑中最重要的一环。这里分享我从他们那边学到的几点。（他们简直是中国在线教育的字节跳动！）

从小公司开始就学习字节跳动，轻课就是一个从微信群分享起家的公司，不断地打通了一个一个项目闭环。

（1）教育零售化：标准化才能规模化，SKU 要宽阔。

（2）团队赛马。

（3）中后台打通。

（4）分润规则明确。

轻课当年是做微信群分享起家的，当时他们的业务模型非常简单，就是当你想要听某个微信群主题的讲座，必须帮忙转发，加轻课小助手，然后发送截图就可以被邀请进群，用这种方法他们积累了差不多几万个微信群。

当时他们想要做的是什么呢？是基于微信群以上的一个移动端的微信生态学校，当然这个理所应当地失败了，原因是微信生态里每一个品类的流量要求都非常不一样。

当时他们仍然聚焦泛职场这个领域，所以说他第 2 步是找了一个非常非常轻的路，就是做成人英语这样一个零售化培训，什么叫作零售化培训？就是客单价非常非常低，以 199 元课程为主打的，这样一个线上化为主、社群为辅的服务模型。

他们一开始就是用自己社群的流量做冷启动，自己社群流量用完了之后，他们开始探索以社群班长驱动的裂变方式：社群班长自己来做运营转化，服务号裂变的流量由班长来承接，轻课是第一个把这样一个模型探索清楚的。

当时，他们还遇到一个非常大的红利，就是微信朋友圈打卡红利。通过这一步他们彻底让轻课这样一个成人英语品牌，做到了和上市公司百词斩一个量级的收入水平，然后通过自己这方面的探索，也积累了非常多的人力资源优势。

这个人力资源优势是什么呢？核心由几个部分组成。

第 1 个部分是非常茁壮完善的中后台以及运营和技术团队的基础。当你自己有什么开发需求和自己有什么立项需求的时候，他们有一套完善的标准；

第 2 个是他们自己有一套流量的探索方式和算账的方式。大家有没有注意到，其实这和字节跳动已经非常像了，就是中后台去探索规则和标准，各个业务负责人在探索方向上去新增项目。

总结一下，轻课的成功满足了哪些原则呢？

第 1 个就是比较轻的标准化及规模化。

规模化的前提就是标准化的产品模型，他们是把教育当电商来做的。当然教育的履约模型和电商完全不一样，但是我认为前端的决策和转化模型其实还是非常像的，这也是我们做社群时，为什么要把两个行业合并在一起。

第 2 点就是中后台、代码，以及一个统一的评估标准和业务的价值观标准。这个比较务虚了，但是我认为这个很重要，因为它允许我们自己非常激进地开辟很多业务线，疯狂地去尝试。只要符合业务的价值观，就可以。

最后还有一个核心就是它确定了一个让人非常舒服且诱人的分润规则。当你确定了这样一个分润规则的时候，其实利益机制会驱动大家一起前进。无论是 CEO、创始团队，还是中层的业务负责人，都会朝着业绩结果前进。

这是我看到的非常厉害的，今天中国在线教育行业中可以去学习的一个公司，分享给大家。

江湖评说

其实群响本质上是茶水生意，但现在看起来这个茶水生意做得还不错，希望能给大家提供可以借鉴的经验。

第三节

社群里的
变现实操

前情提要

未来所有的传统生意，都值得利用社群再做一遍。

社群业务的品类简单总结如下：

第一，付费内容学习型社群：先通过免费福利或者低价产品诱导进群，再把低客单价转化为高客单价。

第二，卖货成交导向社群：用内容凝聚客户，以高品质产品和服务增加客户黏性。

社群本身没有门槛和壁垒，门槛就是精细化运营，以及精细化之下产生的信任，才能创造真实价值。

关于社群运营，没有完全可以照搬的方法论，社群的底层运营逻辑，其实是包含了创始人的认知、三观、经验、技能甚至是同理心以及底线。

之所以一开始就把创始人的价值观放在了首要位置，因为它决定了你关注什么，你重视什么，你把精力放在了哪里，社群本质上来说就是创始人最想给予会员什么价值。

流量英雄

姓名：西门吹花

职务：闺友主编，闺友躺瘦营创始人

　　西门吹花，电视媒体人，首个创业项目被阿里亿元收购。近年来专注于社群运营，2019 年 7 月推出闺友躺瘦营和线上 21 天科普减脂营，付费会员 20000+，是复购率超高、黏度极强的高净值女性社群。

　　我们希望他来复盘自己走过的路和分享社群盈利模式探索经验。

江湖过招

　　本回合主题：付费社群如何从 0 到 1、从 1 到 N？

　　从一开始，我们就把躺瘦营减脂训练营要做得和市面上所有的都不一样。这个不一样在于：

　　1. 把减肥做成一件简单快乐的事。所有减脂营都说，你不能吃，这个绝对不能碰，你需要毅力去坚持运动。我想做的是不脱离于生活常规，越接近日常生活越好。日常生活中你会点外卖、聚会、吃食堂，所以要把减肥融入所有生活场景中。

　　2. 把减肥做成一件温暖的事。大部分需要减脂的人都备受打击和挫折，所以训练营要做的是持续的陪伴和鼓励，让学员感受到世界的善意。

　　3. 把减肥做成生活健康管理。不仅自己减脂瘦身，也要帮助家人管理好身材和培养健康饮食习惯。我的目标把每一个参加躺瘦营的学员都培养成健康管理师。

　　这里不是要推荐产品，如果你理解我这三个出发点，就知道我

后面的社群运营规则是如何去设置，我们和会员的关系为什么是非常紧密，以及为什么我们的复训率会远超过同行业。

我从来不相信所谓的搬了就可以用、拿走就复制的理论方法。今天我跟你分享的是自己在这一路社群运营走过来所经历的事和细节的思考，它如果细节上对你会有某个点的启发，分享的价值就达到了。

梳理一下自己做社群运营逐渐成熟的发展过程，一个社群运营模式不是凭空诞生，而是一个动态发展的演变。

一、女性社群的尝试

我之前多年从事电视媒体，新媒体对传统媒体的冲击是巨大的，也就是那时我开始研究新媒体。既然研究，那不如就自己做一个，所以 2014 年我创办了闺友。

虽然创办得早，但是大家所说的微信红利我是没有蹭到的，有两个原因：第一，我从来不喜欢做热点，而且是天然地反热点；第二，我没有流量敏感，花钱去做流量的事我想都没想过。

闺友从一开始就定义为女性读者群体，到现在还是会有很多人有疑惑：一个男人怎么会去做一个女性公众号？我之前做电视节目和这个群体精英打交道比较多。闺友是以女性访谈为主，呈现 1000 多种生活方式。目前访谈了近 500 多位嘉宾，也曾经访谈几十位名人，像洪晃谭卓任素汐等等。大家听名人的名字也知道，我们从来不专访流量明星，当然我们也采访不到，因为我们太小了。

几十万读者的公众号在那么多大号里只不过是芸芸众生中的一员，毫不起眼。用流量的眼光去看，几十万读者价值不大，不尴不尬，加上我对广告很挑剔，所以一个月也就接个两三条顶多了。

不是因为我有情怀所以不希望太商业化，而是因为我认为，流量广告是一门生意，但是做流量广告不是好生意。商业推广产品各异，诉求不一，做得越多，你本身的信任值越会不停地被消解。我认为这是最不划算或者说是最廉价的变现方式。

在运营闺友公众号的这几年，虽然我没有去做商业变现的事，但是我做了两件事，对今后付费社群运营积累了经验。

第一件事是我和合伙人开的电影院，我是 CEO，在 2015 年就开始了加个人微信号及建立社群运营。在很多企业都是用客服 a 客服 b 的时候，我的影院用的就是我的个人微信。大家想一下，加一个影城工作人员和加一个影城老板的微信，在用户心中认知必然是有区别的。

当然这个微信我们有好几个小伙伴在负责 copy 我的朋友圈内容。同时我们建了很多社群，按照电影喜好、未婚男女的交友、宠物群、学生群和 VIP 群来分类。那时我们在个人号就已有近七万用户，这在一个覆盖周边五公里的电影院来说，用户群体集中且精准，我们所在的商业体很多商家都是付费来跟我们合作发券。最后这个影院以接近一亿元出售，当年也算是院线里的一件大事。

第二件事，我的闺友公众号，一直做陪伴女性成长这件事，专访女性嘉宾也是去复盘她的成功之路，给读者提供经验。虽然我一直没有做商业动作，但是社群运营是很早就开始了。我们有定期的线下和线上分享会，越来越多的读者群体跟我产生了链接以及信任，所以从 2014 年开始，对闺友而言，我只做了一件事，就是不停地创造更多机会和读者产生链接产生信任，这是一种持续性的行为日积月累。

虽然有了一批多年陪伴的读者，但是公众号和内容的输出都是免费的，从免费到付费，这里是有一道鸿沟。从 2018 年年底到 2019 年年初，我全身心投入到闺友社区创业的时候，依然不是水到渠成，我至少尝试了三种社群变现商业模式，都没有成功。当然我没有成功的不一定别人做不成功，只不过大家可以从我去年的尝试中找到一些失败的教训。

二、社群三种变现模式失败探索

社群变现三种商业探索：知识付费课程、读书社群、女性成长社区。这三种商业模式的探索对最后我推出主打付费社群的模式提供了基础模型。

第一种：知识付费课程

闺友因为采访了几百位女性嘉宾，每一位嘉宾都是有技能特长或者行业成功经验的，所以如果说要打造知识付费课程，从导师人选上是不缺的，并且可以源源不断地开发新课程，除了在自己社区销售也可以在各大平台上架销售。这是我打算进行闺友平台创业的第一个模式。

很快，我们打磨出了四个课程方向：开店如何赚钱系列、情感心理系列、女性副业系列、健身减肥系列。没有集中一个方向是因为我们的嘉宾虽然都有影响力，但是终究不是大 V，影响力有限。我们也想测试哪类课程最受用户欢迎。

这四类课程我们在几个主要平台，荔枝、微课、千聊、喜马拉雅等第三方上线，前期也进行了商务对接，也尽力去争取流量的扶持，当然也在我们自己公号上推广销售。这条路在测试两个月后就被我终止了。

在实操过程中，如果单凭我自己的公号和社群卖 1000 份已经算不错的销量，这还是单价在二三十块的价格；第三方平台也指望不上，因为我的导师不是著名大 V，平台流量倾斜一般都是聚集到头部大 V；另外我们和第三方没有合作基础，也没有特别好的合作渠道。

渠道没有，导师不够大牌，课程要火爆基本上是运气，我不能把宝押在凭借运气上，所以停掉了。当然也有很多草根公司做的课程就是火了，还是那句话，我没有尝试成功的不一定别人去做就会失败，我只是基于我当下的情况所做的判断和决定。

但是这件事给我带来一个信息是，这四类课程，还是用户刚需课程最好卖，健身减肥系列课程是卖得最好的。这给我的思考是，要做就要做用户刚需而不是锦上添花的产品。

还让我产生一个思考是，当知识付费随便哪一个人都可以杀入做出课程的时候，那么什么才是你最大竞争力，什么才是你的壁垒？用户在面对成千上万同类课程的时候，是如何来选择。她们需要的是知识吗？

第二种：读书社群

在做这个课程的同时，我启动了读书社群的裂变，闺友向来有推荐书单的传统，所以读者中喜欢读书的不在少数，也有专门的社群。我们推出了一个节气共读一本书的共读社群，并且找到了网易蜗牛共读。为了在微信上使用，他们还专门帮我们开通了小程序闺友读书专区，他们在共读这个产品上也需要多一些第三方合作帮助跑通。我们在原来闺友读书群的基础上开始裂变，两天时间，建了200多个读书群，基本上每个群在60—80个用户之间，来了一万多用户。这是第一波裂变，因为尝试商业运营，就想在这第一拨用户中去测试付费转化。

我们拟推出的产品叫"慢读计划"，每一本书会由我们指定说书人来给大家解读这本书，一个节气解读一本，这次我们并没有直接推付费读书产品，而是在30个群进行了说明和沟通，拟付费产品是199元年费。在2000多人中，加入高阶、有付费意愿的是40余人，也就是说理论上这批用户进来有300人愿意付费，转化率在2%。

如果我做到1万用户，那必须要有200万的泛用户群。这些都只是我粗略估算的数据，我认为这不是很好的商业模式。当然如果真有了200万泛用户，还有其他模式可以延伸，只不过我觉得要做到很难，更主要原因是我对于去做流量动力不足。

单价收费较低的产品，以量取胜的产品，不适合小流量社群。另外最重要的一点，通过免费服务吸引的用户转为付费用户是一条漫长的路。

第三种：女性成长社区

我们几年间访谈了数百位女性嘉宾，她们多数是个体创业者，那个体创业或者小团队创业一定会有短板，如何弥补短板和资源共享是她们很需要的。而我在数年的访谈期间，认识超过一千多位各种创业的女性，所以我就想成立一个女性成长社区。

在社区里，每周一堂创业课程，每周一位会员专题分享，闺友公号资源免费开放，同期推出专访。

在我的微信公众号，头条广告价格是 15000，那么加入女性成长社区的会员只需付费 1999 元，就可以有机会享受免费专访，这个费用加上每周一课，包括嘉宾分享。这个项目的推出在商业上是成功的，一周就有数百位用户参加，并且持续地有付费用户要求加入。

只要保持这个速度，我一年招收 2000 位付费用户是没有问题的。对于小团队来说，一年近 400 万的营收，应该是不错的收入。但是在两个月后我就停止招募，只服务现有的成长社区会员。

这是因为通过这两个月的课程服务，我发现，当一个社群，用户加入的目的需求各异的时候，比如创业类课程涵盖各个方面，有些人的需求是社群运营，有的人的需求是文案，有的人的需求是公众号运营，有的需要短视频运营，如果个体需求和公共价值输出不匹配，社群内容输出就会变成鸡肋。

长交付周期的知识付费型社群是缺乏生命力的，除了资源对接型社群。尤其是以年为交付周期，势必会进入用户需求疲态，对于她们来说交了一次费用以后，获得感是逐步降低的。当一个产品从最初惊喜到后面变成鸡肋的时候，是很尴尬的。

所以，两个月后我就停止了招募新会员，确保老会员权益，按照承诺进行课程输出和分享，直到服务到期。

这次付费社群项目让我思考的是：要做垂直细分的社群，要做短期超值交付的产品。当然资源型社群例外，资源型只需要用户对资源抱有期待就有强烈付费意愿。

三、高客单价付费社群运营产品逻辑

在经过上面三种付费社群的尝试和运营，我最终给自己确定了方向。高黏度高客单价的付费社群必须满足这样的几个条件：

1. 用户刚需
每天需要用到，每月面临的压力，一项必可不少的技能，变美变瘦变有钱变强大等等。

2. 超预期满足
必须让用户深度参与进来，教学相长，在实践中学习。半强制性的监督和他律会让人变得更好的同时，会产生极大的成就感；仪式感是把学习中某些无法量化的获得变成了一种超值交付；另外你的产品在交付中有没有一刻是让人"哇哦"的时刻也是衡量超预期满足的重要指标。

3. 短期交付
在短时间内持续惊喜交付，在极大的满足感获得时戛然而止，把社群在最美好的时刻解散了，让用户对这次体验感到不舍，下一次消费充满期待。

4. 结果显现化
不能显现量化的付费社群不能说不合格，但至少在用户获得感或转介绍时难以有很好的素材。必须提炼出能够显现化的结果和指标，交付一个可见的结果。

我发现的一个现象是，同样的课程，有些人减得好，有些人没怎么变化。我们做的是科学饮食减脂瘦身，实际上是三餐做好营养搭配。这里插一句题外话，这里应该也有一些朋友是做减脂类产品的，我们是反对用任何减肥产品的，就自然健康地减脂，也不靠运动，就是三餐蔬菜肉类蛋白加上主食，吃饱躺瘦。

那么同样的课程，反馈的结果却不一样，问题就出在执行上。所以我就思考前面提出的问题：用户真的是需要知识吗？不是，用户需要的是做到：你掌握了科学营养搭配，但是你没做，自然不会瘦。

接下来我就把课程理论细化成简单可执行的方法，减肥是特别刚需的产品，无论男女，但是因为闺友是做女性用户，所以我们针对女性用户减脂。减肥对于女孩子来说个个经验丰富，屡败屡战，屡战屡败，很多女生都有一部长长的减肥血泪史。当然也是因为这个产品完全能够满足于我所说的四个条件：用户刚需、超预期满足、短期交付、结果显现化。

我们在产品工具上主要就两个：微信班级群 + 微信小程序。班级群指导一日三餐。小程序记录体重，上课，上传运动视频。

四、高客单价社群运营的超预期交付怎么做

在我看来，人人都适合做付费社群。那么高客单价的付费社群怎么样去打造超预期交付，也就是说怎样让用户觉得超值，赚大了呢？

1. 痛点专一

在前期介绍时别承诺太多，很多社群推广一开始为了更好地销售，让社群服务详尽地包括了方方面面，老中医式的大全，且不说能不能做到，哪怕累死自己做到了，那也不过是你承诺的分内事。社群必然是为了解决某个痛点存在，所以持续地打一个痛点就够了，能够帮助你解决这个就值得付费。这样其他服务全是惊喜。

2. 参与度

一个社群如果用户没有参与，大家都冷眼旁观，你提供所有有价值的内容他是不会感知到的，转身就会跟人说"这社群太烂了"，

所以哪怕点对点都要提醒用户参与。这一点群响做得非常厉害，每次活动都是私聊提醒。

3. 阶段式的交付

必须分阶段让人有结果呈现提交。在一个服务期限内，把它分成几个阶段去做结果交付。这样哪怕到了总结阶段，也会让学员觉得：嗯，你们已经做得很好，是我自己懒。

4.wow 时刻

产品在某一刻必须有让用户觉得"wow，没想到啊"。想一想，无论如何，需要去设计这么一个环节。

还是以我自己的躺瘦营举例。如果我能帮助你减肥成功，不用吃减肥产品，不用运动，只需要吃家常菜，也不需要节食水煮，这对女生来说太幸福了。这就是超预期交付的产品。我们把付费周期定在了 21 天，因为 21 天足以培养一个人良好的饮食习惯。

为了确保一对一指导，我们实行小班制，每班在 25 人左右，班级里三位班主任和班委，确保一日三餐对每个学员做好一对一指导，我们要求对学员的咨询和问题即时答复。只要学员吃得标准就瘦得好，所以我们有句话是"听话照做瘦得快"。

除了三餐指导，每天有系列减脂小课堂，既瘦了下来，又成了家庭健康管理师；班委每天早上 7 点到晚上 10 点的超长服务时间；我们在每个班级设立了肠胃科主治医生入驻解答；每周一次学员回顾点评，逐一点评学员的餐饮习惯；还有非常暖心的结营典礼和结业证书。训练营最后必须有一个令人印象深刻的 happy ending，从班委点评、学员感言到班主任总结都有。这是我们的"wow 时刻"。

还有一点，不管什么社群形式，创始人是必不可少的存在，所以我每天一定会有一定时间比例会在各个班级里出现，跟学员聊天，这个很重要，社群的核心不能缺位。

五、如何从 0 到 1 做一个付费社群

没有一个产品不需要新用户的快速增长，没有一个社群不需要靠新用户的持续进场来维持公司发展的动力和团队的信心。

我从来不抱有这样的一个幻想：我的社群会迎来爆发式增长。我期待稳步发展积累，我把它作为一个做五年十年的社群这样去看的，但是即使是线性增长，那也必须要增长。如何保证新用户持续增长，或者说如何从 0 到 1 做一个社群。

复盘一下闺友躺瘦营的发展之路。

1. 冷启动

第一批 200 位付费用户来自原来减脂课程付费用户和公众号读者群。虽然公众号有数十万读者，但是并没有在减脂营中起到特别大的助推作用，也没有用它来作为推广的主要渠道。因为不希望由于产品的诞生改变原来的定位。第一批用户给我们提供了源源不断的素材去吸引第二批第三批用户。主要用户来自我的两个微信号，差不多 8000 人左右。

起到决定性作用的是在产品模式和服务固化以后，定向邀请了一批达人免费体验，在 21 天结营并收获很好的瘦身效果后，以 CPS 模式进行合作推广，这个合作目前也是我新用户的主要来源。

2. 老带新

因为减脂是具有人际传播和线下成交的场景，这就帮助我们去解决了新用户流量的问题。在我们躺瘦营出去的用户自发就成为自来水。当一个女生减肥成功，她是希望全世界都知道的。我们设想一下场景，一个学员参加了闺友躺瘦营，结果瘦了 20 斤，朋友看到会问，你怎么瘦了这么多，怎么瘦的？这个学员回答，我参加了躺瘦营，它那里真的减肥很简单，吃吃饭就瘦了，这就有了成交场景。

我虽然在产品一开始就设置了老用户推荐有奖，但是老学员反

馈给我最多的是，不需要给我奖励，这么好的产品当然要推荐给朋友。现在我大部分用户基本来自老用户推荐，已经进入了一个良性循环发展。

但是很多产品会面临一个问题：如何说服新用户？减肥产品是需要强说服的，用户戒备心极强。我们用了三种路径去转化，前提是我们从来不用营销套路，就是真诚地说明：

1.用户一对一直接推荐；

2.每周结营仪式邀请朋友观摩，老学员现身说法；

3.每周三说明会，这是为了通过详细说明，让犹疑不决的用户了解科学原理。

这里有一个特别提醒，很多说明会的群结束后到底应该解散还是怎么再去运营转化，我们目前摸索下来比较有效的方式是，把说明会的群作为朋友圈内容一样去运营，每天发一个案例和互动。

3. 渠道合作

我们目前合作下来优质高效的渠道，就是强 IP 的合作品牌方。这些源于以前我做闺友访谈公号时的积累，逐一和 KOL 谈合作。不过每个 KOL 都有自己的标签和属性，如何让用户把对她的信任传递成对躺瘦营的信任，那就不能用一个标准模板合作，而是对每个渠道进行定制化的合作方案，并且，我们做到合作方不需要投入精力，所有内容和成交转化都由我们一手完成，合作方只需坐着收钱。

这还不够，以我们和服装品牌合作为例，减肥成功后的用户对该品牌服装的需求消费是几倍的暴增。2019 年 11 月合作的一个服装品牌，光用户推荐就已经赚了 40 多万奖励。还有一个小型国产化妆品牌，是 2020 年 1 月份开始的合作，到现在她已经有了 30 多万额外收益。

我们和品牌渠道方的合作不仅仅是帮我们分销，我们从社群运营到社群转化，包括该品牌的优惠券赠送，包括闺友公号对品牌创始人的免费专访一系列的，我们希望是长期的合作，让合作品牌既得名又得利。这是一件三赢的事情，用户自然健康瘦身，品牌方得名得利，我们躺瘦营收获新学员。合作必须考虑到每一方都能得到超预期交付，这项合作就成了。

六、如何解决规模化复制的问题

社群是人和人打交道，那就注定很多工作内容和沟通是靠人与人之间来完成的，既然需要一对一的沟通，那必然就涉及团队的问题。

一个近万人的付费社群到底需要多少人来运营？我想我们应该做到了人员的极简化，目前我们有全职人员 3 个 +100 多名兼职健康管理师营养师。

仍旧以躺瘦营为例，因为我们实行小班制，需要有很多班委，那如何解决规模化运营的问题呢。我们设计了一套管理员晋升流程。

当新学员接触到体脂管理和健康饮食的专业课程以后，随着自身体形越来越好，很多人的求知欲望是被激发的，所以很多学员会进一步选择学习更高阶课程，也就是健康管理师。

我们鼓励躺瘦营老学员去考取健康管理师资格证，考取以后即可在闺友躺瘦营兼职。我们成为卫健委资格证考试的合作机构，所以我们目前就形成了新学员参加瘦身——老学员再学习考取健康管理师——成为班委代班这样的链路。这样我们的师资就又有了生生不息的力量。目前我们已经有一百多位健康管理师，到年底可以达到 300 名以上。

除此之外，我们用云协作模式来解决公司人员扩张问题，所有流程标准化之后就转给优秀班委来负责。可以这么说，一个优秀班委兼职比全职人员的工作量只会多不会少。在人员成本上可控，明年我们收入翻番没有问题，但是人员依旧会保持现在的小团队。

这也比较符合我自己的性格：我不想管人，小伙伴也不需要我来管理。如果有天需要我来管理，那可以走人了。当然这仅限于我们这样的小团队，并没有否定公司管理制度的有效。

七、如何搭建让老用户购买 100 次后的循环体系

付费社群永远要面临一个问题：一个会员交完费之后，他已经为了最大的目的付费了，那如何挖掘老用户的更多价值和需求？那才是公司持续营收增长的关键所在。

我们经常容易犯的一个错误，就是在开始之前要把所有产品和供应链体系都完善，要准备好所有的事情再开始。

拿创业来举例，很多人觉得我要建一个完善的团队，找到合适的伙伴，找到投资的钱，完整的产品体系，以及找到更多合作渠道等等，总觉得要一切就绪再开始。

实际上除了那些高举高打、天生富二代之外，大多数创业的人，都是通过一个简单的产品跑通之后，发现渠道不够了就加 BD，发现客服不够了加客服，然后加人事，加产品研发，加行政财务等等，公司就是这样慢慢大起来的。

产品也是，不是说一开始就需要设置很多产品，在人手不够的情况下专打一个爆款产品，一个针对硬需求的产品，就用这样一个产品去打爆它，去获取更多用户。

当有了第一批老用户之后，你会发现，老用户的需求会在日常运营中逐渐浮现。

我们最开始只有一个产品：21 天线上科普减脂训练营。很多同学问，你们接下去还有更高阶的课程吗？我现在减了，但是遇到了平台期，有没有破平台期的训练营。于是我们有了第二个产品：强化班训练营。

过了一个阶段，同学说我瘦了很多，但是好像皮有点松，再练练紧致一点就好了，你们有这样的班吗？于是我们有了第三个产品：紧致塑形训练营。

当你有了第一个爆款产品，围绕老用户研发新产品就成为第二阶重点。在我的产品设计体系中，999 元的减脂训练营既是付费产品，

又是一个引流产品，帮助我吸引更多用户参加。

以上是我做产品的逻辑，简单来说我是做了这四件事：

1. **完善课程体系**。最开始我们躺瘦营训练营是 21 天减脂营通用版，现在已经有三阶课程。很多没有减脂需求的老学员依然会选择参加新课程，纯属好奇以及到此一游。

2. **会员分层**。当会员参加几期后，已经有不少用户提出包年参加训练营，于是我们在 8 月推出了包年 VIP。

3. **产品延伸**。跟减脂人群相关的食品是我们最先尝试，并且一推即爆的。这源于我们在每推一款产品前，会与学员们做大量互动和试吃，全程告知大家我们在做什么。另外我们单独建立了吃货 500 人大群，所有新品尝鲜都在这个群里进行，群员可以享受特殊福利和尝鲜。随着用户的积累，我们目前相关产品的销售额逐渐从 0 增长到现在占总营收的 30%。到年底，延伸产品有可能会与付费会员收入持平。

4. **用户维系**。我们把结营的学员都引导加入大班级，有一个小设计，现在加入的学员都是一年级 × 班，明年就成为二年级 × 班，这样学员们就有一个共同成长的期许。

所有新产品的研发我们都是针对老学员，分为四个步骤：

第一，全程告知用户，我们现在在干吗，问用户：你们有什么需要？

第二，告知学员我们正在进行的改进和优化。

第三，建立核心用户群用来进行新品体验。

第四，在老学员的反馈后正式上线。

在老学员中推出新产品其实是最简单的：保持你的真诚。她们会包容你的一切，这一点我可以自豪地说，我们有全世界最好的用户。

江湖评说

社群运营真的是一个无比精细的活儿，它需要你深刻地懂得并实践：

1. 帮助用户达成目的比输出知识更有价值。

2. 陪伴成长是一项美好的商业模式。

3. 社群从短期付费开始再免费服务是商业模式持续变现的路径。

4. 社群产品有没有一个值得让用户推荐的理由。

5. 商业模式可以从 1000 个深度陪伴用户开始。

6. 专注一个领域远比全面开花来得更有力量。

7. 商业需要克制，营销需要克制，克制能让你走得更远。

8. 创始人和团队最重要的品质就是真诚。

9. 细节，细节，细节，在每一个流程的细节上去抠到每一个字。

第四节

人货匹配的反复运营，
公域私域的混合联动

前情提要

本质上私域不是一个新词，更多是早期 CRM（客户关系管理）或者是用户运营、用户管理涉及的概念。私域的核心逻辑是如何通过最高效最低成本触达、留存用户，以及更高效地做转化。这些其实是相对简单的目标。

核心是，基于当下如此快速变化的场景下，私域所承载的内容越来越多，未来的可延展性也变得更大。例如当谈及抖音和很多内容生态，包括投放的时候，我们会发现都离不开和私域的衔接。

私域，究竟扮演什么样的角色？

流量英雄

姓名： 钱晟轶

职务： 知定堂合伙人

资深私域流量全案运营服务商，擅长美妆、个护等多个快消品类流量操盘运营。操盘几十万社群裂变的社群操盘手。

江湖过招

本回合主题：人货匹配的反复运营，公域私域的混合联动

一、私域的动力和现状

对品牌方来说，今天的整个大环境和十几年前相比有了很大的变化，面临的要求和难度呈指数性增长，既要懂运营，懂货，懂场景，还要懂流量，非常不容易。

平台的挤压效应推动私域成长

私域为什么会变得这么火？因为流量越来越贵。

中国卖货的渠道和美国有非常大的差异，核心是四大平台——天猫、京东、苏宁以及拼多多。截至 2019 年，中国网站数量为 1000 万，电商渗透率是 36.6%（这个数字摘录自官方数据，不一定完全准但可以做参考），销售渠道集中化程度非常高，很多新兴品牌从 0 到 1，一开始一定需要依托于某一个渠道或者某一波流量红利，无论是来自微信公众号、微博、还是直播，每一波流量趋势的迭代随之都会涌现出新锐的品牌。

对比美国，截至 2019 年，美国的网站数量为 1 亿，电商渗透率仅 10.7%，这是因为美国线下业态高度发达，品牌销售渠道自主性强。

再来看市场集中度：美国前十位电商市场份额加起来占 70%，市场集中度相对低；中国仅前两名的天猫和京东就占了 74%，市场集中度非常高，致使平台营销成本与日俱增，中小品牌被头部挤压严重。是否有足够多的利润和足够多的毛利空间支持获客，对于平台、品牌两者都是难题。尤其是对于中小品牌，0 到 1 的过程是黄金期，也是困难期。如果没有在 0 到 1 的过程中跨出很坚实的一步，找到恰好的市场空白，或者切入很强的时间窗口或节点，这个过程也很难跨越。

在流量被各个巨头垄断的情况下，如何适应各个平台本身的玩法、规则，利用平台固有的特征最高效地获取流量，为我所用，都对品牌提出了更高的要求，平台之间的板块区隔明显导致用户的使用心智不同，比如在天猫、京东，这些电商性的平台需要懂公域的算法；想要更高效地获取流量，就要做内容营销，做社交，等等。其实总结来说，就是需要更了解用户。

而对于某一个品牌来说，私域的形态决定了需要具备多种能力，兼顾客户关心的内容，用他们感兴趣的话和他们交流。

微信是最好的做私域的底层工具

今天微信还是最高效的触达用户的渠道，是最好的做私域的底层的工具，但是往后看两三年，未来私域的概念和逻辑会比今天变得更广义，不仅只是在基于微信主赛道和用户交流。

就像讲淘宝生态的时候会提到，淘系内的私域基于粉丝团也在不停地成长，所有在自有平台里做流量闭环的平台，都希望能让用户从浏览到最终的转化全部过程都在自己的平台实现闭环交流。对品牌主来说，就需要兼顾到各个平台各自的优势，提前为未来布局。

在中国分格局的市场环境中，私域品牌变得越来越刚需，甚至传统的大咖品牌，他们已经不满足于本身非常庞大的地面资源、经销商，在往线上化、私域化的方向赋能。而另一些新兴的品牌，比如在不同阶段的流量红利中成长起来的品牌，也会越来越注重所谓底层存量用户的运营。

无论是头部的品牌，还是新锐的品牌，当整个市场增长越来越乏力的时候，存量的维护，以及存量的经营就变成了核心的第一步。因为有存量才会产生增量。

公私域联动，才是私域未来要走的方向

这里我还想提到一个观点：私域和公域相比，还是很小的池子，公域不可或缺，只有公私域联动，才是私域未来要走的方向。

两年前，尽管我们手上有几千个母婴社群，但大家还没有私域

的概念，直到 2019 年以后，特别是这次新冠疫情的影响下，陆陆续续有很多品牌开始强化私域入口，考虑如何能够把用户接触到的所有入口都与私域相关联。私域的概念，这时才真正深入人心。

未来一两年，私域毋庸置疑会变成运营的一个标配。

现在有一些品牌已经开始做私域了，他们是怎么做的呢？很单一，直接从电商环节引导到私域，或从线下门店引导到私域，往往用的还是市场部或者其他品牌做的内容。这内容用户感兴趣吗？不一定。

很多品牌做这件事时，直接把大量的内容（淘系内容居多），不做任何二次加工，不做任何人格化的分析，不带有温度地传递给私域内用户，然后发现所有投进去的链接也好，商品、文案也罢，用户基本上是屏蔽的。

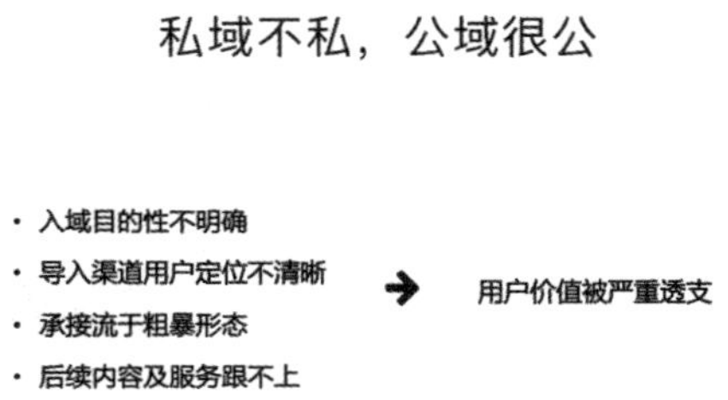

私域不私，公域很公

- 入域目的性不明确
- 导入渠道用户定位不清晰　　➡　用户价值被严重透支
- 承接流于粗暴形态
- 后续内容及服务跟不上

图 2　私域不私的问题

所以现实是，很多品牌做私域了，但带出了私域不私的问题，完全达不到私域固有的标准——私域真的不在于数量的多少，而在于深度多少。私域一定得做精，否则就是笔不划算的生意，投入产出比无法达到预期。

从该维度来看，如何做到进入私域用户本身，在未来池子里带来更高的转化，更高效果的留存？

第一点是入域的目的性要明确。这些用户是来自哪一个渠道？这些用户进入　到私域的那一刻，钩子的设计以及给到他心智的理解到底是什么？如果目标感不清楚，用非常标准统一的方式运营的话，大概率这部分后续的流量转化率不会很高。

第二，这一部分用户导到私域里，目的到底是什么？

不是说所有的私域一定要卖货，也不是说所有的私域都得进入到群里（有时候一对一转化反而效率更高），对品牌的价值不一定在短期的卖货的 ROI 上。例如很多头部的大咖品牌目的非常清晰，就是过滤、筛选核心用户，深度地服务，并不指望在所谓的私域中立马产生短期的营收。

第三，整个承接是否会流于粗暴的形式？粗暴地留存用户，用户会很快地流失，群也会死掉，一对一的好友关系会被拉黑。

第四，后续有没有内容和服务做承接？你可能说我没想过啊，我就单纯是为了卖货。那很简单，就往卖货的方向走，所有的SKU、价格和所有的点都和李佳琦直播间一样，看私域能不能卖。但这样粗暴型的打法会对品牌有很大的伤害。

二、私域体系的构建

关于私域操盘，从认知的角度来，它仅仅只是一个战术，是设计用户从进入到留住到转化的链路；从实操过程中来讲，它不是简单的群发、丢链接。私域操盘是对整个用户生命周期全流程精细化运营的系统工程。

最早做私域而且做得最好的行业是在线教育。从9.9元课程拉群，进入到池子体验免费课，然后卖199元的课、299元的课等等，这种对"三高"非标品的单次收割的逻辑跑得非常顺。

但是从2019年下半年开始，消费品市场面临流量枯竭，在整体流量获客越来越难的时候，大家开始关注到存量部分的运营，尤其是像美容、保健、护肤、母婴这样的标品。

标准品和"三高"非标品，天然地结构不一样，也就意味着私域打法不能像在线教育一样做一次性简单的收割，而是需要对人和货反复运作。消费品无论是高频还是低频，都需要将这部分用户留存下来之后能够实时地交流，这是关键，一定不是一次性的收割逻辑。

手工式私域：

单次收割

行业适配性局限
能力聚焦：引流

→

工业化私域：

深度精细化运营，多次复购

非三高产品
多SKU能力聚焦：组货
单SKU能力聚焦：服务深度

图 3　私域的目标转变逻辑

对于一个高客单价三高类型的产品，用"手工私域"（在群响学到的词，群响是全部用人工＋手机一个个人肉的方式做转化）是合适的，但消费品的平均客单价低到一两百、一年的复购只有一两次的时候，用这种模式就没有办法规模化地复制。

解决方案是什么？

第一条路，完全深度地精耕细作存量，不需要把所有的能触达到的用户都引到私域，因为没有那么多的服务成本，没有那么多的人力成本和技术成本。只把符合私域运营要求的用户引入到私域，做深度的服务。

第二条路，所谓公和私的联动，对大量的公域引过来的用户进行快速识别，识别完了之后快速流转。

当然这两个打法不是所有的品牌都通用，需要结合每个品牌各自的现状以及行业地位、预算、综合成本等。对于非三高类的消费品来讲，如果要走这两种的任何一种道路，核心的能力有两个：首先当一个品牌无论是经销商也好，渠道商也好，如果是多 SKU 制，核心能力在于组货，含义很多，可以是基于现有电商平台中的商品能做二次改造去符合私域的封闭的销售场景，可以是在定价以及所谓的营销和福利资源上给到私域自有用户，如果 SKU 足够长那就还可以在货上思考；很多品牌可能就一个明星单品，只有单 SKU 的时候怎么办？那只有在服务的深度上下功夫了。

这两种打法怎么用取决于品牌各自的现状，将打法做排列组合，看哪一种打法更适合品牌自己，这需要精细化地分析每个案例，然后确定适合品牌私域的打法。无论走哪一条路，在落地转化侧，都要注意做到私域前台的个性化，让用户感知层感受到服务的个体都是有温度的真人。如果你全部用复制的批量化的话术，原封未动地转发，就不具有很强的可持续性。所以在前台个性化上，要结合服务对象的特征，设计针对性的话术，调整话术的口语语汇、聊天频次和风格。

你可能会疑惑，如果考虑个性化，是不是就没有办法规模化了呢？

并不是。如何去实现规模化和结构化的程度完全取决于后台标准化的程度，以及后台标准运营的颗粒度到底有多细。私域后台体系需要很强的标准化，这里包含引流、路径以及用户的标签，包含转化效率以及内容运营。后台给到前线子弹，给到物料，然后前台发挥每个人的个性，当然这取决于每个人的能力。

还有些品牌是通过私聊了解用户的特征，对用户的喜好做出精准的预测，同时能从私聊中找到用户关心的点来完善商品的生产和采买，再配合小程序自动化的千人千面的营销，效果很好。只要内容做得足够深，前台足够个性化，用户服务足够精确、数量庞大，这几个要素合在一起，存量的用户有可能给你带来很大的惊喜。

三、私域的展望

第一，所有的用户都将被私域化，电商用户的私域化将是一个标配。

第二，当前正在发生的是线下个体服务者的私域化，无论是导购，还是来自销售等线下的个体服务者的用户也在逐渐私域化。

第三，优质内容生产者粉丝私域化。无论是写文章也好，拍视频也好，还是做直播也好，只要有足够强的内容能抓到粉丝，未来粉丝也会逐渐被私域化。

第四，公私域联动会变成主流，当投放的效率没有办法达到一比一的时候，大家会考虑如何能通过私域化的方法提升投放的ROI，也就意味着投放和私域以及直播三者之间将形成联动的关系。无论是中间两个要素还是三个要素联动都可以在不同的行业匹配。

第五，私域运营的目标开始分化，有些是直接带货，有些只是品宣（在其他地方做转化）。

依托于72%的主流平台之外，品牌自己的掌控力在哪里？短视频内容的促活加上自有转化平台的承接，这些合在一起之后可能会形成品牌自销售体系。理想化的状态是，公和私形成强联动，有价值的用户在私域进行沉淀，做好复购和留存、带新增，并通过官方自有的销售平台进行转化。这个链路有可能在未来一段时间里出现。

江湖评说

私域虽然很火，但私域不能被神化。

私域可能会和现有所有的营销或者主流的运营方法形成互补作用。只是，在不同的节点、不同的品牌、不同的阶段中，私域所能起到的作用，还得仔细地一一去看。

PART_04

品牌的新成长路径

第一节

阿里巴巴的流量公式：
让内容在渠道中流动

前情提要

> 流量的渠道和玩法永远在变，不变的是平台和内容创造者的博弈，大家仰视平台的心态，以及各种流量玩法的底层模式。

流量英雄

姓名： 张国平

职务： 流量专家，光年实验室创始人

2010 年之前主要在阿里巴巴国际站负责免费流量增长，把海外 B2B 免费流量的日 UV 做到几百万。后来成立了一家乙方公司"光年实验室"，是携程、阿里云等 40 多家主流的大型互联网公司的流量顾问。这些年也探索过其他项目，其中做过电商（外贸独立 B2C 网站）、电商系统（类似有赞）、移动端 App（社交方向）。

做流量 16 年，国平老师是流量祖师级操盘手，洼地派、技术流、运营流都很擅长。

江湖过招

本回合主题：让内容在渠道中流动

流量是什么呢？你理解的流量是什么？人，钱，注意力，时间？还有毕盛说的，流量是人心——这个也蛮好的。

我们原来在阿里的时候，认为流量的背后是大家对信息的需求。做流量，就要去研究信息的传播模式。信息的传播基本载体只有两个，一个是关键词，一个是关系链。

举个例子，远古时期的一个部落，那个时候不一定有文字，但是有语言，一个部落发现一只野兽，他们怎么传播这个信息呢？

肯定是有关系链的，不然不会叫部落，但是他们讲的语言，你也可以认为是关键词。在最原始的时代就是这样传播信息的，即便是到了 20 多年前没有互联网的时代，大概也是这样传播信息的。

关键词和关系链是信息传播的基本载体。流量也只有这两种载体。我们基于这套方法论，研究出了大量做流量的方法。

我们总结了大概有 44 种做流量的方法，后来反反复复才发现，这些背后其实是同一个模式，或者说只有两种基本的载体，就是让内容在渠道中流动。

一、如何让内容在渠道中流动

根据什么样的方式来传播流量呢？我们是流量操盘手，目标就是要获取流量。让内容在渠道中间流动，一个字都不能少。让，就是表示我们会非常主动；渠道，现在大家也都知道了，线上的流量巨大；还需要掌握流动的技巧。

案例一：马总也做流量

我刚进阿里的时候，我以前的老大（就是阿里在 2002 年组建流量增长团队的那个人，他在十几年前，比各位先一步意识到这个东西的重要性，并且系统科学地做了这个事情），他第一句话就打击到我，他说我们这一帮做流量的所有人，都比不上马总一个人带流量的水平。

我当时还年轻，我说马总也是做流量的吗？他说当然是做流量的。马云当初是怎么做流量的？

老大跟我们讲了一个案例。2006 年正值创业风潮兴起，央视顺应社会的需求，策划了一档叫作《赢在中国》的节目，请了那个时候的流量明星。哪些人呢？史玉柱、牛根生、柳传志，他们都比马云有名。

马云和史玉柱私下关系一直挺好，就找了史玉柱要和他连麦（相当于现在快手里面的大 V 连麦，这个操作你应该很熟悉）。当时央视的标王一秒钟一万块钱，这个连麦视频里马云总共讲了 30 多分钟，还是在央视 CCTV 2 的黄金时段。CCTV 2 首播，后来又在无数的电视台播过，十几年以后的今天，还能在机场里看到这个视频。

老大说这个案例起码为阿里省了几个亿的广告费，后来想一想，哪是几个亿，几百亿还差不多。

我们来复盘一下这个案例，结合上文说的公式：这个渠道就是CCTV，像如今的抖音快手微信一样的渠道；选到最好的渠道，内容也很简单，其实那一次是给马云安排了一个专场，但他在 30 多分钟里进行了无数次软广植入，比如他老是说我们阿里巴巴是一家做外贸的公司，我们帮助无数中小企业成功，作为嘉宾的马云在点评创业者的时候也做了广告；流动呢，这个节目有电视台联播，又有机场的视频。这三个要素，哪个都不是凭空出现的。

这就是流量操盘手的基本素质的体现。内容在渠道中间流动，就是这个意思。阿里早期就是这样做流量的。

案例二："占领"出版界

《阿里巴巴执行力》《阿里铁军》《阿里局》，这些书很眼熟吧？这又是一个阿里的案例。

我当时用了一个词叫"占领"出版界，因为我发现又有一个渠道，这个渠道大家会争先恐后的花钱买内容看，那就是书。这么好的渠道，我怎么会错过呢？所以我们每年出书是有KPI的，一年出版150多本书。曾经阿里做第一个滨江园区的时候，有一个图书馆，我数了一下，大概有四五百本书了。我们也聘用了很多编外写手，你以为这些书是自己的员工写的吗？必须得专业的人来写。

我们再来复盘一下这个案例，"占领"整个出版界，内容是我们的创业史、我们的方法论、我们的八卦。这里我请读者朋友回忆一下，你熟悉多少阿里的八卦，这些都是你原本主动想知道的吗？是不是提到阿里，自然就想到了光脚文化、花名呀等等八卦？

还有一些技术层面的方法，特别有意思，如果你是做技术的应该知道，阿里特别热衷于搞开源，但是开源又搞不好，搞一段就成"烂尾楼"了，因为这是HR压给他们的KPI。为什么有这个KPI呢，因为在开源这个领域里面，阿里也可以输出自己的内容（开源引擎），标识上阿里，大家都可以拿去用。最后没有人维护了，也是情有可原的，因为这些KPI项目过期了嘛。

在各种各样的链条里，因为出版界有好的内容的发行和传播，已经几十年了，所以有大量的优势资源可以给到，是可以争取的。其实跟今天你在快手抖音微信里做的事情有什么差别呢？

案例三：百城巡演

再来看第三个案例。我在2011年的时候担任阿里云的顾问，阿里云策划了一个市场活动"百城巡演"，就是到一百个城市巡演一遍。这里也是有方法论的。

如果一家公司市场部说我要搞个百城巡演的话，CEO肯定马上吓死了，百城巡演这个成本大概是好几千万。但结果特别有意思，阿里云还赚了几百万。它在每个城市都巡演一遍，请的都是当地的意见领袖，那个时候大家都对云计算云里雾里的，所以他们必须给意见领袖KOL灌输理念，KOL才能传播到下一级。不放过一切资源。

我当时是他们的顾问，他们把我拉到现场去做嘉宾，我亲眼见证了他们是怎么做流量的。当时只有 500 个名额预约，但是现场来了一千多人，场地爆满。这其中赚钱的秘诀，就是在会场周围开放了 30 个展位，每个展位 3000 块钱，肯定很多人愿意买的，就这样把 8000 块钱一天的会场成本覆盖了；而现场的工作人员都是志愿者，阿里云真正出面的人只需要三个人。我下飞机找酒店，都不知道找谁。

百城巡演这个案例多么成功呢？

它的遗产，就是云栖大会。你想啊，百城巡演影响力这么大，那为什么不在杭州开个场子让大家来呢？有了号召力以后，云栖大会就是百城巡演的升级版，于是又诞生了一个新的操作方法——自己造一个渠道。

内容是什么呢？比如请我去分享，聊如何做流量、怎么盈利、阿里云有多好，把本地的意见领袖、创始人们都吸引来了。这种方式是先影响 KOL，再由 KOL 向下传递。你想想，一百个城市巡演下来，每场有一千人的话，影响力也不小，现场也请了很多记者，又会做二次传播。

案例四：阿里公关 KPI

其他案例就更有意思了，像阿里公关，公关界流传过一句话：和阿里巴巴公关生活在同一个时代，是一种悲哀。

阿里巴巴有一个特别强大的部门就是公关部。早期在阿里没有任何总部的时候，我在七楼，马总办公室在六楼，我经常下去看，我非常清楚地知道，他的办公室隔壁就是王帅的办公室。王帅是整个集团的公关总裁，他们两个的办公室永远是在一起的。

我现在问阿里公关的 KPI 是什么？他们都不告诉我，我只好说那我来帮你假想一个 KPI 吧，你们三天不搞出一个事情来，KPI 就不合格。公关的 KPI 就是大量地搞事情，因为大家需要八卦，需要谈资，反正阿里公关想尽一切办法，让自己不被遗忘。

案例五：G20 峰会

对于 2016 年杭州 G20 峰会，大家都不陌生，这个会让杭州房价涨了很多。G20 峰会之前还有一个 APEC（亚太经合组织）会议，APEC 会议我作为志愿者参加了，原先不了解，去了现场做了很多事情后，我知道它的本质是什么了，本质就是一个推广会。

很多人到现在都不知道，当时在场的很多人已经知道了，但是有的平台不明白这个道理：做电商，千万千万不要从流量这个角度切入，那是一定会失败的，一定要从做售后角度切入。

十多年前，微店和友站刚出来的时候，我问过老大，阿里会不会担心他们抢占市场？他说不担心。怎么说？他给我解释了一下，他们的广告语怎么写的？——一部手机就可以创业。一部手机就可以创业的话，你绝对不敢在上面买东西的。早期的微商和现在的微商不是一个概念，微信觉得微商里的流量池可以孵化一个淘宝，但阿里不觉得是问题，因为微信的人不懂电商。电商的核心问题是在于货。

再回到 G20 峰会，如果你去复盘一下整个流程，马云见很多国家的首脑时，会说两国互惠合作等很多议题，但是最后都有一句话：你可以让你们国家好的品牌到天猫上来开店。

掌握优质的供应链，就掌握了所有。至今没有人打败阿里的原因，就是供应链牢牢掌控在阿里手里，你从流量这一侧进攻它是没用的，因为大家奔着货来的，就这么简单。

所以 G20 的时候，阿里是想把一个什么东西传递给各国首脑呢？中国是个很大的市场，我们的"光棍节"数据表现得多么出色，阿里是了不起的公司，我们帮你销售，一定为你们的品牌创造出无数的 GMV。

再想想淘宝大学签约很多讲师，实际上它的出发点是：讲师都是行业的小 KOL，我希望借助你们的渠道，传授淘宝开店的方法和技巧，最重要的是让大家一定要到淘宝开店；你们将这个理念传递给所有人，我会奖励一个特聘讲师的名头。

二、如何定义内容？

一切可以被消费的东西，都可以被称为内容。它可以是 H5、小游戏、小程序、视频、图文、事件、演讲，比如我现在也是带着内容在群响这个渠道里流动的。

它可以是集会，也可以是公司的历史，也可以是出版物和创始人的怪僻，阿里无数的内容被消费，还有马云，他也可以被你们消费，为什么不可以呢？都是用来引流的。

要怎么做好内容呢？

这句话是刘希跟我说的，非常惊艳："内容要有供应链，内容也有 LTV（终身价值）。"

内容要有供应链的。做电商的都非常清楚货的重要性，内容也是一样。很多时候经常是这样的局面，你的内容供应者，是几个创始人，或者少数几个 KOL 的积累，过了一年以后，供应链跟不上了；就好像卖货，卖着卖着，那个货越来越次或者是没有货了，那就是灾难性的，你没有源头了。我们需要建立一个稳定的内容供应链，这是非常重要的事情。

内容也有 LTV 的。随便举几个例子，比如说上文提到的出版物，用这样的操作可以掌握很多流量，服务器断掉流量都在涨。

还有一次是我在鼓浪屿买手绘地图受到的启发。这个手绘地图很受欢迎，我们就找了一个手绘师画了杭州西湖的手绘地图，这里面埋了很多二维码，二维码可以引导下载 App，这就变成了一个宣传物料。我们把这个物料放在当时杭州出租车司机汇集吃饭的六个地方，在那摆个摊。地图 7 毛钱的成本，我们对出租车司机说一块钱你可以拿走，上面建议零售价是 10 元，可以卖 10 块钱给别人。

结果这个物料卖得到处都是，而且引流非常好（我们做了数据跟踪），直到 N 年之后的今天都依然好。

内容是有 LTV 的，有生命周期的。特别搞笑的是，投资人问我们，你们赚钱了吗？你猜我怎么说，我说我们 App 没有赚钱，但我们卖手绘地图赚了几万块钱。

三、如何定义渠道？

渠道就是能吸引所有潜在客户眼球的地方，能最终把内容传递到你潜在客户的地方。

第一，要和渠道双赢。

在任何渠道里面，你都要提供最好的内容，这是对大家都好的。我们是流量操盘手，别把自己当作薅流量的，不要有这个心理和心态。双赢太重要了。就好像有人搭台，有人唱戏，搭台的人搭好台，唱戏的人唱最好的戏。

第二，渠道一定要猛和持久。

四、如何定义流动？

合理合法地利用好一切渠道规则，帮助渠道把对的信息传给对的人。

流量做到一定程度以后，要帮助渠道想事情。比如说腾讯，我跑到那里去说，你们这样的产品，会让用户体验很差，因为这是把垃圾信息排得很靠前，你应该改善哪个规则，这样就能把内容做得更好了。他们改了以后，我们再去上面做更好的内容。

实际上官方是非常喜欢我们的，我跟百度反作弊的人聊天，他当时有一句话说，如果所有人都像你们这样做内容，我们就开心死了。

如何定义流动呢？大家都做得很好，然后裂变成为接力赛。

江湖评说

无处不内容，无处不渠道。

我们今天的操盘手是做了无数前辈做的事情。有很多前人的经验可以去吸收，真正优质的内容是很少很少的，少得可怜。回顾一下你的个人经验，想找个什么东西的时候，搜多少关键词，打开多少网站也找不到满意的结果。你自己就是嗷嗷待哺的用户。

做流量这件事本质是我们用一个价值换一个价值，我做流量操盘手，要的价值是流量，但是我也贡献了价值，我们是把对的信息传给对的人。

如果大家都在抖音和微信把自己的真才实学展示出来的话，社会价值会提升很多倍，但是大部分人不愿意这样做。

第二节

面对流水的货，
我们如何做品牌？

前情提要

电商的三种商业选择：

第一种，做交易端，在新流量平台上做独立的交易端，九死一生。

第二种，充当毛细血管，因为巨头之间的流量是不互通的，他们需要毛细血管。

第三种，做品牌或货，做货，逐浪而居；做爆品，一拨一拨，前赴后继。

而做品牌，投资的是长期价值，似乎是所有选择中最稳健的。

流量英雄

姓名：许培嘉

职务：时尚珠宝品牌创始人

前韩都衣舍 VP，曾操盘多个类目前三品牌，完整地经历了一个流量到产品到品牌的周期。现在做面向全球的时尚珠宝品牌。

江湖过招

本回合主题：铁打的"阿里"，流水的货——我们如何做品牌

一、几个关于流量的结论

第一个结论，新的流量平台，谁先进去利用了流量红利，谁就会先起来。

在微博上，最早进去的是搞笑段子之类的，后来开始商业化以后，出现了网红电商等。

在这个阶段中，包括今天我们知道整个在这个大时代，或者这个内容大时代当中，产生的抖音快手上大量的各种品牌，都利用了抖音快手的流量，迅速得到了爆炸。

这也是这两年整个消费品市场上我们听到最多的事情，谁先进去了流量，谁就会先起来。

第二个结论是，每种流量都有适合这种流量的新品类出现。当有适合新品类出现，并且消费者也有这个需求，当两个点同时发生的时候，即有一波两波三波的红利同时挤一个点的时候，爆发量是最大的。

第三个结论，巨头之间是不互通的。从最早的时候，百度有很多中小站长，阿里最先起来的时候，是买中小站长的流量起来的。后来到微博，在阿里没有投资它的时候，微博也是不让挂淘系链接的。

微信当然就更是了，微信今天长到更大的体量，它和阿里之间完全不互通的，大家通过各种大号淘客倒流，抖音也是这样。

因为巨头之间不互通，这种生意就总有人去做：从一个流量的巨头平台上，把流量薅出来，在自己身上转一圈再卖回给巨头平台。

这件事情，在每个流量时代都会发生，就是所谓的"巨头之间需要毛细血管"，通常搞流量的人在这个时候会出现四种生意选择。

第一种生意选择是，趁着信息差做出一个新的平台，不论是百度、

微博、微信、抖音，一开始做的时候，一定是流量增长最快，但是商业化做得最差的时候。

随着它的商业化越来越稳定，它需要商业化的方式和平台，当然百度和微信曾经尝试自己的电商实际上都失败了（微信现在开始尝试从视频号切入，还没有明显的进展）。

但是整个过程中，在它一开始只是专心做流量，增加 DAU、MAU（月活跃用户数量），没有做出自己可变现平台的时候，有巨大的信息差。这个信息差最大的当然就出现在微信这一端，所以拼多多就把它承载住了。

因为微信天然是一个比微博更大的坛子，所以这个信息差比微博到阿里之前的信息差大得多得多。在微信上利用这个信息差成长起来的平台就是最大的。

但是这件事情本身就是九死一生，是要跟资本强绑定，非常凶狠地去做出自己的端来，毫不犹豫地把流量洗出来，承接到自己的端上，才有可能成功的一件事情。

这就是趁着信息差做出一个信息平台，它是九死一生的。

第二种生意选择是，因为流量平台在变化，或者用户的时间在转移，所以用户的注意力在哪里，用户的时间在哪里，这些毛细血管就会转移到哪里去，是随着流量平台不断迁徙的。

第三种生意选择是卖货的，就是随着流量平台起来，你在里面卖货，流量平台增长得越快，本身的天花板越高，你能跟随着他走向的位置就越高。一旦流量平台枯竭或者是衰落，在这个流量平台上，卖货的货主，就自然也会跟着衰落，这叫潮起潮落。

最后一种选择是做品牌，这是最为稳固和长久的方式，因为品牌是消费者心中的心智，它是能跨平台获取用户和留存用户的方式。

所以不管流量平台怎么去变化，品牌实际上是可以长久存在的。

以上是在整个用户时间的转移（底层叫流量平台变化）的过程中出现的四种生意机会。

第四个结论，最早的流量平台是百度，然而百度跟人是完全没有关系的。

那个时候你上网，它不知道你是谁。微博那个时候也是，包括到今天微博变成有明星和网红热搜和热榜的地方，它还是相对关注头部的人，没有关注中尾部的人。

进一步到今天的巨头微信和抖音，实际上它整个变得越来越个性化、内容化和碎片化，这就导致了今天包括阿里也变成千人千面的算法。

如果你不能从决策伊始就进入消费者选择集里面，你就很难被消费者发现。当今天大家把时间花在不同地方的时候，且他们不能进入到你对应的信息茧房，实际上你就很难被消费者看到，成交转化就更无从谈起了。

流量的第五个结论，这个其实真的是穿越周期看过来的：**先胖不是胖，网红不等于常红。**

为什么一开始在任何地方，流量平台兴起的时候，最先进去的都是货主？很简单，货主本身就是最敏锐的，而品牌主则知道只要当这个流量平台稳定了以后再进去就行，没必要去花前面的尝试成本。

这导致了每个平台兴起的时候，都会塑造一拨网红。不过这个网红是不是能穿越周期，在每个流量时代，他都是一个网红？是的话才叫常红，或者变成消费者用户心中的品牌，才是常红。

消费者开始消费某个品类的产品，到最后变成这个品类的成熟消费者，通常会经历三个阶段。

第一个阶段是，当消费者一开始接触一件东西的时候，有两个选择，买便宜不一定不好，和贵不一定好的东西的时候，它通常会选择买便宜但不一定不好的东西。

第二个阶段是买大家都购买的东西。第三个阶段是购买自己喜欢的东西。

所以这三个阶段对应的产品，或者货品，或者是品牌，实际上是有区别的，第一个当然是便宜的东西，会先进入到消费者的心里，但是最终消费者一定会选择买适合自己或者是认为好的东西。

所以这是流量的第五个结论。

二、关于生意的选择

信息差抹平，或早或晚，做好产品力和品牌力总会赢

表2：2014-2019年双十一化妆品销售额TOP5

排名	2019	2018	2017	2016	2015	2014
1	巴黎欧莱雅	olay 玉兰油	百雀羚	百雀羚	百雀羚	阿芙
2	兰蔻	兰蔻	自然堂	巴黎欧莱雅	韩束	美即
3	雅诗兰黛	巴黎欧莱雅	兰蔻	SK-II	olay 玉兰油	韩束
4	olay 玉兰油	SK-II	雅诗兰黛	一叶子	阿芙	百雀羚
5	SK-II	雅诗兰黛	SK-II	雅诗兰黛	御泥坊	欧莱雅

资料来源：亿邦动力网，天下网商，中信证券研究部

表3：2014-2019年双十一女装品牌热销榜 TOP5

排名	2019	2018	2017	2016	2015	2014
1	优衣库	优衣库	优衣库	优衣库	优衣库	韩都衣舍
2	波司登	ONLY	VERO MODA	ONLY	韩都衣舍	优衣库
3	VERO MODA	VERO MODA	波司登	拉夏贝尔	Artka阿卡
4	伊芙丽	波司登	伊芙丽	韩都衣舍	ONLY	茵曼
5	ONLY	伊芙丽	韩都衣舍	乐町	欧时力	波司登

资料来源：亿邦动力网，天下网商，中信证券研究部；注：淘品牌标红

图 4　2014 年 –2019 年"双 11"的变化

从 2014 年—2019 年"双 11"的变化，我们能看见一件事情，信息差抹平以后，或早或晚，做产品力和品牌力的公司总会赢。

今天最容易被识别出来的信息差，就是流量的获取和利用能力，因为任何的流量红利渠道，最终一定会归为平淡。

它不可能是一个始终持续增长的平台。它一定像是一个抛物线一样，开始的时候急速增长，后来稍微放缓，最后走到顶点，开始慢慢下滑到最后衰落。这是必然的过程。

有产品力和品牌力的公司，总会排在各个类目的前面。而且今天这种表现其实是更加明显的，在美妆很多的二级类目里面，Top 5 的品牌，占了 50% 的销量，剩下的几千上万家公司，在抢剩下的 50% 的流量。想在这个过程中立足，要挑战的是专注做产品和品牌越来越好的公司，真的是相当不容易。

我们能看到，上面这张图没有 2014 年之前的，因为 2014 年之前都是淘品牌的天下。

2014 年之后，优衣库走上服装领域第一位，它再也不下来了，而且它只是蜻蜓点水地做"双 11"，就可以得到这种效果。

我们再看 2019 年的前五排名，优衣库、波司登、VERO
MODA、伊芙丽、ONLY；在化妆品中，依然是大品牌风生水起。
而且大牌也做了绝对的让利。即便他们做了让利，还是会理所当然
地排在行业的 Top 5。

这个时候就出现了一个选择，我们的生意到底架构在什么之上？

从流量到品牌，变动的周期分别是一两年到三五年，到 5 至 10 年，
到稳定不变，这里面有巨大的差异。

也就是说，如果你选择做流量的生意，那你每一两年就要去找
到一个新的洼地，你要不断地变换生意阵地。

像技术、供应链，其实是五年左右才会有一轮迭代，包括冻干
粉、锁鲜技术，还有中国女性的消费升级。我们能非常明显地看到：
最早当然是服装，是大牌，大家首先要满足基本的穿衣的需求，基
本的穿衣需求后来变成个性化穿衣的需求，然后变成了像鞋和箱包
这样的品类，再到这两年，就是美妆和护肤。

因为女生对自我的呵护和自我个性化表达的需求，在越来越个
性化，越来越丰富，越来越立体。

所以整个这个过程经历了 5 到 10 年的周期，会发生变化的。各
领风骚 5 到 10 年，这是用户需求的变化。

基本稳定不变的是品类的特征，或者叫情感共鸣，是共通的，
几乎是不会变的，这就是品牌箱舱底的东西。

也就是说你把你的生意架构在品类特征和情感共鸣上，就可以
持续一直做这件事情：做 30 年、50 年，持续享受它的红利；但是如
果你做流量的生意，每一两年，就要找到一个流量的平台，去追逐
它的红利。

这两者不分好坏，只是你选择了不同的架构方式。你要有转换
赛道的能力，或者变化的方式，来应对这件事情。

1. 第一种选择：品牌所对应的品类特征和情感共鸣

你选择的品类本身覆盖面越广，这个生意的天花板就越高；你
选择的情感共鸣，本身是人普适性、基础性的情感，它自然天花板

也就越高。

我们可以来看一下品类特征。以优衣库为例，优衣库做的品类特征是基本款。每个人出门，不管是内穿的东西还是外穿的东西，都需要做基本搭配，哪怕今天不需要，明天总是需要类似的，所以它天然是最大的市场和最大的品类。它的品类特征就架构在基本款之上。

像 SK-II 的情感共鸣和情感特征，叫突破命运，命运不设限。其实这是在讲一种自信独立的人格，不服就干的精神，这当然是每个人向往的，所以它架构得自然更加稳固，能穿越周期而存在。

你的生意架构在什么之上，决定了你到底用什么样的方式去面对你做的事情。

发生错配就非常讨厌了，你架构在流量上，却慢慢做；你架构在品牌上，却每一两年就要变化一个方向，跟着潮流走。一旦发生错配，效率极低，最后是做不出来成绩的。

2. 第二个选择是，持续增长的杠杆

红利的变迁规律是：流量红利从集中走向分散，消费红利从集中走向分层。

以前的中国是整个国家买一盘货，现在是每个人买自己的货，当然变得更加分散和碎片化。对小品牌而言，相对来说也就在 0 到 1 的阶段容易，做大就变成一件困难的事情。

持续增长的杠杆，品类的红利，是因为它有细分的需求，会对应细分的品类。在产品的红利期就把产品做好，现在供应链的红利、产品的红利、审美的红利才刚刚开始，这是持续增长的新杠杆。

3. 品牌的三级火箭：营销力、产品力、品牌力

品牌在起盘的时候，需要有营销力，快速抓住一个机会；接下来就是一件很苦的事情，即所谓第二增长曲线。

通常在字面意思上理解第二增长曲线的时候，会认为你一定要开辟一个新的赛道，重新获取增长。

其实做品牌，最好的第二增长曲线，就是持续投资你自己，变换引擎。也就是说你在第一个阶段营销力做到一定体量规模的时候，做好你的产品力，撑住你大盘的持续增长，再用品牌力加持，获取更广泛的用户去做增长，这是最优的模型。否则会出现一个问题：如果你再兴起一个赛道，其实就等于重复在做第一阶段的事情，而每个阶段的红利不同。

我上文说到，最害怕的一件事情是错配。对于品牌方来说，有所为有所不为，因为你抓流量的能力，一定不如流量主和货主强。做流量这帮人，本身是最敏锐的，也最能够快速用各种方式方法把握住机会，一切皆可做。

但如果你的第二增长曲线再用新的赛道去起，首先起不起得来是一个问题，即使起来了你也是重复第一个阶段的事情。你成功的概率，一定是比你投资于一个持续的稳固的事情，让它实现持续增长，要小得多。

只要你去做消费品，如果你能以每年 25% 的消费额递增，时间拉得足够长，就会长成一个庞然大物。当架构在一个相对稳定的结构上面，并且又能持续实现增长，比你去开一个新的赛道，去获取一个新的增长曲线，要好得多。

所以这叫品牌的三级火箭，包含营销力、产品力和品牌力。

举个我们都熟悉的例子：波司登。波司登是曾经 2016 年、2017 年已经要在四五线城市去甩卖自己的库存羽绒服，还不好意思挂自己牌子的一家公司。

然后最近，你还记得刚刚那张表吗？它到 2019 年又到了服装类目的第二名，仅次于优衣库。不但如此，它的产品还走向了时装周，让国际明星穿，在巴黎、伦敦这样的城市开设自己的旗舰店，还有登峰系列，造出了没有人能做出的羽绒服的功能：能上到 8000 米之上。

我曾经跟一家资本交流投后的时候，他们告诉我，他们在四五线城市做调研发现，大家都期盼能在春节前攒下钱，买两千到三千元的波司登。

你只要沉得住气，持续往上走，哪怕期间发生波动，但是最终胜出的还是你。

品牌是最稳固的，通俗一点讲，品牌就是把人当人看；而流量的方法，其实更多的是数字化的方式，没有把消费者放在一个人的位置讨论这个事情。

大家都是人，人不是冰冷的数字。大家喜欢听故事，你一定要讲好你的品牌故事。

人喜欢，那么就投机他的偏好，我们叫投其所好，你能识别人群属性需求和行为，你就能做对应的匹配。人是你给他喜好的东西，他就认可你，你给人家送礼却送了一个臭鸡蛋，人家会骂你一年。

这就是留在人心底的印象和传播出去的口碑。你做了好的东西，大家会认可你，而且还会回来再买你的东西，所以一定要做好产品质量。

另外人是社会动物，不是独立存在的，他需要在社会中多互动多来往。当品牌以这样的方式跟他沟通交流，跟他互动的时候，他就会更多地记住这个品牌。

这其实也跟品类有关系，也就是你选择的品类，能跟人产生的互动频次越高，就越有机会做成一个品牌。你选择的品类如果几乎没有机会和用户去做高频次的互动，说实话，你最终也不应该选择去做品牌，因为只有高频次的互动，才有可能被记住。不是最终所有的品类，都适合以品牌的方式做表达。

不管如何，你要做品牌的时候，一定要想想你和周围的人是怎么做交流的，或者你想留住一个人的心，你要做哪些事情？把这些东西转化到品牌之中，去认真和每个用户打交道。

三、阿里的打发

1. 阿里的策略人群模型：AIPL 和 FAST

讲到人了，就顺便讲一下阿里的策略人群模型（阿里也变成了千人千面了），就是 AIPL 和 FAST 模型。

A：广告内容等触及的消费者。

I：发生过品牌搜索、收藏加购的消费者。

P：购买过商品的消费者。

L：有正向评论或复购的消费者。

这就是阿里整个 ALPL 模型的基础。

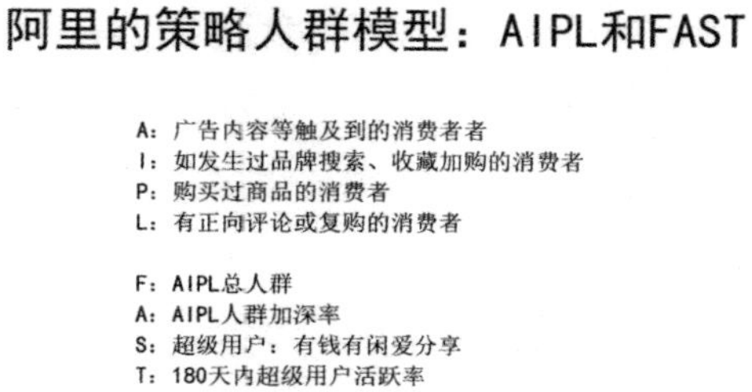

阿里的策略人群模型：AIPL和FAST

A：广告内容等触及到的消费者者
I：如发生过品牌搜索、收藏加购的消费者
P：购买过商品的消费者
L：有正向评论或复购的消费者

F：AIPL总人群
A：AIPL人群加深率
S：超级用户：有钱有闲爱分享
T：180天内超级用户活跃率

图 5　阿里的策略人群模型

阿里也是在流量开始建立以后，开始去推动对消费者运营精细化这件事情，对应的是 FAST。

F 就是 AIPL 总人群。

A：AIPL 人群加深率。从 A 到 I 是加深，I 到 P 也是加深，P 到 L 也是加深，有兴趣的人对你产生购买，有购买的人产生复购，这都是关系的加深。

S：超级用户，即有钱有闲爱分享的粉丝。不管你是在阿里的整个体系里，还是以私域的方式，让他成为你的粉丝，也就是说你发某条内容的时候，你有办法直接触达他，并且和他进行互动的人，就是你的超级用户。

T：180 天内超级用户活跃率，即超级用户在 180 天内发生的各种购买转发分享、评价等等的行为。

这就是阿里整个策略人群模型。

这其实是一整套的消费者运营体系，因为如果只说流量，就只讲触达这件事情——我们怎么样在各个平台，尽量多地拿到触达并且转化。这些在阿里是一整套的体系。

2. 一整套消费者运营体系

现在市面上供给越来越多，品牌货品越来越多，新客很难第一次见到你的时候就下单，只有老客能始终记得你，能进行重复购买。

这个时候如果想把这套运营体系做好，你要问自己的问题其实有很多：品类选好了吗？产品做好了吗？新品是否有持续的推出？适合的流量平台，是否做了充足的曝光和植入？流量来了以后，店铺到底用什么样的思路承接它？你怎么做用户路径在体系内的梳理，包括详情页、关注、收藏、咨询，以及转化是怎么样的？然后是消费者关系的链路，消费者收到产品以后，你的粉丝权益到底怎么设计？是不是让粉丝觉得非常温暖？你的用户分层是不是分好了？你要有策略地去把这些都做好区分，用不同的方式刺激触达，最后你的产品呈现，你的内容创意，你的故事是不是足够好？

这些事情都跟你对货物的 AIPL 整个体系是相关的。

阿里把策略人群分成八大组人群。

一二线城市是 95 后。小镇青年就是 00 后。精致妈妈一般是一边照顾家庭，一边觉得自己很美。

我们能看出来，在这里分策略人群来看的时候，又有区别，也就是完美日记在新锐的势力里面，不管是 Z 时代还是小镇青年都做得很好。

不同策略人群，和你所面向的人群是不同的。

3. 提升 AIPL 的方式

第一个是新品促新客。我们知道，今天大部分的新锐品牌，甚至接近 50%，也就是 40% 左右的增长，其实来自新客户，但新客户怎么来的？

有新品发布的时候，最容易有新客户，所以你有新品发布的时候，是最适合在各种内容平台和承接平台做曝光的。

当然你会有更多的触达，所以新品一定会产生爆款尖货并促成转化。

第二个是爆款尖货促转化。今天阿里完全变成一台数据的机器，在阿里，单纯的投放优势，没有任何的用途了。

因为你通过投放优势拿不到任何的红利，它要看 UV 价值。一个平台兴起的时候，像抖音，你不用考虑 UV 价值，你只要拿到流量的红利，或者你优化得好就行了。

阿里今天这种模式代表着，一个平台一旦进入稳定期，看的就是 UV 价值，UV 价值就是客单价乘以转化率。

我们看到很多类目今年增长超过 100%，大盘的增长远远没到此，很多类目前面的增长也是 100%，甚至 500%，而大盘增长远没到如此，说明集聚效应在进一步发挥。

阿里通过数据的方式，把流量给到所有能产生高 UV 价值的品牌，因为阿里是持续赛马的过程。测出来你是可靠的人，是可靠的产品，它就会把流量进一步给你；如果你还能吃得下，进一步再给你；吃得下说明你有不同的深度，它下一步还会再给你。

刚才讲到，在今天 TOP 5 的品牌占据 50% 的销量，如果你有爆款尖货就能促进转化，在 AIPL 里面就能促进转化。

第三点是建立品牌品类心智。第四点是抓住大促节点。这个是用户集中下单的方式，对于不断新进人群来说，大促还是非常好的转化和沉淀的地方。

第五点是提升内容渠道曝光，还有做好舆情管控，这对心智非常重要。

第六点是在超过 3 个用户触点中出现。当竞争不激烈的时候，或者供给端少的时候，就能让用户转化，但今天完全不是这样的变化方式。

你至少要让用户在多个地方看到你，比如说，朋友圈里面看到某个朋友提起过，推荐过，或者线下他有用过吃过某种东西。

今天我在抖音中又看到了某一个大号在带这样的产品，我今天来到了淘宝的推荐页面，又看到了它。

至少要有三个以上的触点，才更容易形成转化。我们从内部看到的数据是三个触点的数据形成最终的转化占比超过 75%。

第七点是明星、IP、联名、生活场景新玩法，优化消费者动作链路和每个对应节点的转化率。

今天的数据平台不像原来，需要从外面的平台拉向阿里的平台，把每一个数据记录下来，持续不断地进行优化迭代。

第八点是优化迭代。原来的优化迭代相对来说周期比较长，今天你要实时去调整，并且调整完了最终要反映到产品和供应链上，进一步对它有新的赋能，才有可能持续抓住机会的方式。

最后就是通过私域做好用户运营体系。

4. 策略人群是数字化时代竞争的基石

这 8 大人群他们的需求是不同的，他们分为中坚力量，如城市白领，新势力（95 后），小镇青年，蓝领人群（白发人群或者城市的蓝领），他们的需求是完全不同的。

我们要根据他们本身基本的属性，去判断其品类消费的趋势，品牌偏好。

今天我要给谁提供产品，中国发展到现在已经不是一盘货的逻辑可以解决问题了。一旦做出产品，想讨好所有人，最后你所有人都讨好不了。没有特征的话，只能限于价格战的拼杀。

所以要识别鲜明独有的特征，制定对应的产品策略、内容策略、渠道策略。

UV 价值赢不过别人的时候，就不会再给你新的了。

只有人群精准转化率才会高，你带来的泛流量一定会降低你的转化率。

你的转化率不行，所以你在赛马的过程中，实际上是赢不了的。

现阶段我们一定要注重整个用户体系和流量资源的运营。与消费者沟通的能力是一个品牌成功的必要条件。因此，有明确标签的人群，其私域价值巨大，而人群有了标签，品牌才会有针对性地给出相应的沟通话术。所以，无论出于什么考虑，目标人群都非常重要，在做品牌之前，要首先定位你的目标人群。刚才提到的中坚力量，是线上消费主力，这占据社会 30% 的人，几乎占了整个大盘的 60% 的销售额。

新势力增速是很快的，蓝海还处在等待开发的阶段，不同的情况，一定要不同对待。比如你是一个新锐品牌，你首先要抓住的当然是新时代的新人群，这个时候它的增速在快速上升。

你如果这时候的目标是想通过一个新锐品牌去抓一个资深中产或者是新锐白领，想通过渗透增加更多的曝光来获取这个客户是很难的了。

消费力是策略人群最主要的标签。你买得起多少钱的东西，就是你的消费额。这方面中坚力量是最强的，即新锐白领、资深中产和精致妈妈。

这里面有增长的只有新锐白领，增速最快的是小镇青年和 Z 世代，银发和小镇中老年是负增长。

这个是消费分层在发生变化，年轻人在消费升级，年老的人在消费降级，最资深的那拨消费人群我们看不懂，他就横盘在那个地方，不升也不降。对不同的用户，当然要用不同的策略。

销售额 = 消费者人数 × 消费频次 × 客单价

我们来拆解一下：消费频次就是多次转化的能力，我们要把人当人看，放在最前面去识别，而不是把人群当作单纯的流量。

在消费者人数、消费频次、客单价这三个因素中，我们能看到对于新势力人群，比如 Z 世代、小镇青年、95 后的人群等，三个因素都在快速增长。

这个指的是提速的增加渗透，也就是新进来的人，买这些东西的人越来越多。但同时他们复购的频次，和他们的客单价也在提升。客单价提升，意味着他在买更贵的东西，复购频次意味着他愿意重复购买你的东西。

资深中产和精致妈妈，他们在很多品类里面的复购几乎是不增长的，也就是说，你很难让这帮人通过你的某种行为去改变其整个消费生命周期的价值，为什么？因为他们已经形成了自己独特的消费习惯和品牌选择库，这时候你的一个动作，很难影响到他们固有的心智。

大家一定要识别出来，我到底应该怎么样去增加我的 GMV，我到底选择什么样的因子，我的策略人群的出发点到底是谁。最终还是要尊重对应人群的行为习惯，才能让你事半功倍，而不是相反。

不同的策略人群也有不同的基础路径偏好。中坚力量购物自主性强，更青睐通过购物车、店铺和我的订单下单，体现出中坚力量对品牌和 KOL 的认可；新势力人群更容易受到营销推广的影响，在淘宝客、直通车和钻展下单的金额比较高，可以在站外通过 KOL，在站内通过直钻吸引充满活力的人群。

针对不同策略人群，承接转化思路和营销思路都不同。

5. 品牌持续增长策略

分四个步骤：

第一个步骤叫定义品类，先要选择品类，讲好品牌故事，识别你的策略人群到底是谁。原来我们讲货和场，大家更多讲货品从哪里去卖，今天一定要以人为出发点，让每个流量插上心智。

第二点，消费者 = 消费者人数 × 消费频次 × 客单价，要识别你做的类目，到底哪个因子最容易引发 GMV 的增长，然后就聚焦在一个因子上，不要三个因子都做。如果你做的某个人群的消费者人数很难扩张，这个时候你就应该猛打单个用户，在他身上把价值最大化，要整明白那个类目核心的因子到底是什么。这三个事儿，对应的就是渗透率、复购和提升客单价。

第三，找到了你的核心因子，你要选择落地的场景和方式，建立整个从人群、产品、渠道到平台营销组合的体系。内容创意要做闭环，同时提升产品的匹配度，优化你的营销渠道，这是一个过程。最后再不断地持续检测你的运营指标，建立全面消费者资产管理。

定义品类非常重要

这两年大家应该都感受很深，做对品类就增长极快，做错品类，再怎么努力都没用。品类规划和管理，是帮助品牌赢得增长的关键武器。从策略人群出发，做好品类和品牌的规划极为重要。

细分市场和创新场景是品牌增长的主赛道，背后是年轻消费者独特的消费需求和行为习惯。

在三高（时代高速变化、高度碎片化和高负荷）下，年轻人的底色是自我表达、自我取悦、自我呵护、自我犒赏。世界已经变成这样子了，大家都非常焦虑，信息碎片化，流量碎片化，工作强度也高。这个时候年轻人的生活习惯和消费需求一定会发生变化，自我和自主的意识从后走到前台，并凸显出来。

当我们很累，觉得外面很繁杂的时候，就想逃离这个城市，回归自然的需求很大，我在服装和美妆领域都看到了回归自然的趋势，像海藻洗发水，增长 359%；无硫酸盐洗发水，增长 176%。

第二个就是熬夜的心理补偿，一边熬着夜，一边买护肤品，包括像泡脚桶——泡脚桶增长了 155%——这样的东西增速也很快。

到底选择哪个品类切入，这个是时势造英雄，大家要跟着时势去走。

有了品类以后，我们要从中洞察需求。

品类是整个大盘的特征，什么在涨，什么在降，哪些是大家共同的需求，哪些品类在爆发，还要进一步洞察这个品类中的需求，其实就是将货放到人的价值需求中去考量。

消费品对消费者的价值包括：

五感刺激：色、香、味形等视觉、味觉、触觉等感官体验带给消费者的刺激与愉悦。

场景道具：产品在什么场景中能帮消费者完成什么任务，尤其要注意新场景。

功能实现：产品的功能属性能解决什么问题。

情感共鸣：今天的消费者通过消费定义自己、融入圈子，产品起到了社交货币的作用，产品提供的情感文化连接是群体认同、符号彰显和个性品位的体现。

如果你还想赢、持续往上走，原来单点就能突破了，现在要四五个点才可以。

最终，我们还是要反映到数字上，就是 GMV，实际上对应的就是渗透率、复购和提升客单价这三大增长因子。

如果你的因子是渗透率，那么你要考虑怎么通过种草去增加你的目标人群的渗透，或者你要延展你的策略人群。

比如说防衰老的产品，今年他们开始提出来抗初老这种概念，这就延伸你的人群了，让 Z 时代的人，也购买你的东西了。

像复购，通过产品设计延长消费者生命周期。

比如珠宝首饰的产品，大家是单件买，像潘多拉这样的产品，设计一个串珠，通过产品设计方式，去延长你的生命周期。

像防晒，原来是夏天防晒，今天讲，不是阳光出来要防晒，其实是看不见太阳的时候也需要防晒。这个夏天消费的东西，变成春夏秋冬都需要消费的东西，延长了它的生命周期，拓展它的使用场景。

挖掘细分需求，国外有一个品牌也在做。它们的口号是"动起来"，因为它是轻运动的服装，它不是要在运动场景中去穿，动起来是你出去跳一跳，做一个深蹲，出去就要穿的东西。

它极大地增加了商品自己的场景，让消费者在各种场景中，都需要这样一个东西，这个东西能够让他在各种场景中适用，当然要达到这种效果还需要营销手段。

比如说营销采用的手段是体验高点，用户刚下单那一秒，或者用户收到包裹的时候，是用户最兴奋的时候。你怎么通过一种方式触达到用户，使之尽快产生第二单购买？

还有提升客单价，你要用更高的 SKU 去满足客户的需求。包装做得好和包装做得差，价格不一样，还要再加上情感和 IP 的因素。

要提升产品匹配度。白领人群从入门级需求向精细化需求转变，这个时候你要做功能的精细化、卖点的具象化和场景的垂直化。一定要分析出来，我怎么描述才有可能跟他做更好的连接，要分不同的场景，才有可能跟用户产生高效率的连接。

年轻人群，主打情感的诉求，比如说朋克养生，一边熬夜，一边要买面膜眼霜去保养。他们喜欢新鲜的东西，通过联名等玩法，就容易满足他们不断出现的需求。

6. 优化营销组合

这里面分站外营销和站内营销，你怎么凑到 100 万，0 到 100 万怎么做，100 万到 1000 万怎么做，1000 万到一个亿怎么做。要在推广节奏、怎么选品、怎么用口碑发酵、明星带货等等事情中，找到自己的节奏和最有效率的方式，不断反复实时拉动这很重要。平台当然也要选择了，账号也要选，营销方式也要选。

站内营销组合也非常重要，因为消费者的消费心智最终还是在站内，最终还是要回到站内去做承接。

微信私域本身也是承接的方式。有些看似不起眼的东西也很重要，比如领优惠、看评价、看洋淘、问大家、逛店铺、点分享、联系卖家，不被关注的东西是最重要的。

另外用三个触点，而不是一个去触达用户才能形成更好的转化。做私域的时候，你占用用户时间越长，转化率一定越高。要通过多触点和内容的方式，促使用户进店，进店后再做收藏架构的转化，要好一些。链路要根据自己的情况分析清楚，要做好。

淘内有多种营销工具，包括自然搜索、付费搜索。消费者在这里更多发起的是对类目的需求，不是特别明确，你应该给到更多卖点的信息满足他。

到最后转化的阶段，消费者在此完成购买决策，这个时候要给到不同的素材和利益点去支撑下单。

最后产生了第二个选择：在哪个象限做事情？

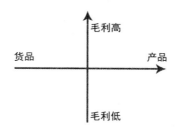

图 6 营销象限图

横轴是表示做货品还是做产品，纵轴是表示做毛利低的事情还是做毛利高的事情。

这四件事情是截然不同的。

货品就是同质化的东西，从工厂里面直接拿的，没有经过任何加工处理，是没有独特的利益点和卖点的东西，是特别容易自嗨的东西。

产品就是针对用户有独特的价值主张，针对用户有独特策略的东西。

毛利高，就是赚得多，或者产品成本在总销售额里相对来说占比少；毛利低则反之。

这四件事情，是完全不同的，对应的能力也是截然不同的。

我们自己一定要清楚，自己要选择在哪个象限去做事情。

江湖评说

做品牌是件很神奇的事情。

世界整体能量是守恒的，你选择全力去做的事，那件事情你最后能做成什么样子，无非是或早或晚，但是总量差不多。

你的能力、能量、运气等都有了，最重要的是找到自己的禀赋和自己的路，放下一些偏见，回到自己的内心。

只有自己觉得舒服，或者再高大上一点，产生热爱，才能持续往前走，否则你会走得很拧巴。

第三节

用户洞察和心智下的
消费品全域营销实操

前情提要

GMV 是暂时的，品牌是永存的。

每一个消费品创始人，经过了冷启动、100 万、1000 万、1 个亿之后，都要面临以下问题：

做生意还是做品牌？

努力卖货赚钱做 GMV，还是躬身去磨看不见的品牌心智？

你的品牌心智是什么？用户如何看到你这个品牌？

撕掉品牌身上的流量、运营、IP、消费升级等一堆不断附加的名词和定义，追本溯源的话，品牌本身就是将你做的东西，以你希望的价格卖给另一个人的古老而直接的生意。

品牌生意：销售者和消费者之间的沟通。

产品：满足人性欲望和需求，产生交易，实现利润。

沟通：留下独特丰富的记忆，沉淀下来的就是品牌。

本次我们邀请阿芙精油的 CMO 小乙来亲自下场聊一聊，每一个品牌人最应该了解和关心的本质问题。

流量英雄

姓名：小乙
职务：阿芙精油 CMO

阿芙精油是精油护肤领域第一品牌，在精油及精油美妆品类的占有率始终遥遥领先；在全国一二线城市设有三百余家形象专柜，线上渠道覆盖各大主流平台；同时，阿芙的创意营销多年来一直在业内有较强影响力。

小乙从 0 到 1 搭建起阿芙新的营销和产品开发体系，负责全域营销、产品开发和品牌管理。

江湖过招

本回合主题：用户洞察和心智下的消费品全域营销实操

一、何为用户洞察与心智培养

用户洞察和心智，这个话题很容易显得形而上，空洞无聊，我曾经也不太喜欢听……因为如果咱聊品牌不如聊找代言人、拍品牌故事、做 IP 跨界合作更有趣；如果聊营销推广，不如聊社媒玩法和直播衍变更能落地；如果聊用户不如聊私域运营、数据中台更有热点。但如果想成为品牌操盘手，除了以上这些非常重要的技能点之外，以用户细分和洞察为牵引，去理解通盘生意，也是必备的，这能支撑我们走更远。

如果我们撕掉品牌身上的流量、运营、IP、消费升级等一堆不断附加的名词和定义，追本溯源的话，品牌作为一门生意就是将你做的东西，以你希望的价格，卖给另一个人的古老而直接的生意。比如小明挑着担子在太阳村走街串巷，遇到了小红，小红以2文钱价格买了一根头绳。

这里面的关键角色有两位——销售者（小明）和消费者（小红），是人对人的。

从销售者（小明）这里会发出两条线索——交易和沟通。第一条线交易对应的是产品（一根头绳），它如果满足了消费者（小红）的需求，即我提供的东西正好是你需要的，一拍即合的这个瞬间，就产生了销售和利润。

所以作为销售者要不断猜测消费者有哪些需求，所以才要不断去了解消费者，去分析他的使用习惯，日常生活，衣食住行，喜怒哀乐。通过整合的信息，你的共情，甚至是你代入的想象等方式，去洞察到他的需求和欲望投射在产品上会是什么样子的。

阿芙精油CEO老杨跟我举过一个特别生动的例子：有一个卖自助洗车机的品牌，产品是高压水枪，在农村卖得特别好，品牌就猜测是不是村里的人有钱了都有自己的车，有洗车的需求，调研后才发现真正的应用场景是洗土豆，高压水枪用来洗农作物特别好用。这时候需要去改变产品形态吗？也没必要，只要在产品用途关键词里加一个洗土豆就行。这就是真实的使用场景，消费者发出的需求的线和品牌发出的触角的线没有匹配上。围绕洗车机去塑造品牌，意义不大，应该塑造的是强力洗。

第二条线是偏务虚的沟通，因为在接触过程中（小明吆喝了几嗓子，小明高矮胖瘦帅不帅，姓什么等等），也许有些什么会被消费者（小红）注意到，甚至记住，让其通过这些记忆（胖子头绳、明计头绳）可以自发地想起或者识别销售者（小明）。这些记忆逐渐沉淀成为品牌。

这里的"品牌"两个字，指的是品牌管理——即管理消费者脑海中对你的记忆。那么记忆为什么需要管理呢？其一是所有接触消费者的过程中，有非常多自觉不自觉、有意识无意识的动作，如果没有统一的梳理和把控，今天看到一身红衣的小明，热烈明亮，明天看到西装革履的小明，严谨规矩，就乱套了。形成记忆代价很高，不能浪费每一个触点，必须重复再重复。其二是你想灌输给消费者的和消费者实际记住你的，往往会有出入。周杰伦想要粉丝记住他爱喝奶茶吗，女明星想要观众记住她发胖吗，不会的。这种偏差的修正，即有意识地再做增加或者减少，都需要日复一日的、专门的努力，这事可真是时间的朋友，也是时间带来的财富。

记忆有两类：

第一类，消费者在什么场景下会想起你？

我们需要挖掘用户使用产品过程中的 magic hour，往往是美好的初体验，往往伴有心理上的愉悦。我们抽取、提炼并不断放大那个场景，和品牌 / 产品不断做关联。

举例，炎热烦闷的时候，喝下第一口可乐的愉悦。

举例，用了一款强效洗洁精，把碗洗得很干净之后，会不自觉地擦拭碗的表现，发出"吱吱"的声音。

第二类，想起品牌 / 产品的时候，会想起什么？

所谓消费者关于你的五感六觉，比如想起阿芙，会想起一句"阿芙就是精油"口号，会想起紫色薰衣草地的小女孩。当然我希望这种记忆越丰富越好，因为单一的印象，不足以让人记住，这个印象本身也很薄弱。如果希望打造有情绪的记忆，可以做一些试验：想象阿芙是个人，长什么样子，穿什么衣服，和消费者个人是什么关系？这些消费者脑海里真实存在的记忆，和我们想要留下的记忆之间的差距，就是品牌努力的方向。当然，改变记忆的成本非常高，你可以选择一鸣惊人，劈开脑海，也可以选择日复一日，水滴石穿，但千万别每次见到你都是与众不同的你。我作为面试官时，爱问应聘者这个问题：你们的年度主题和月度主题都是什么，怎么来的？能回答全年围绕某个心智，甚至某个词去构建是中层的基准线。

生意想做大，销售者与消费者早晚会无法随时面对面（小明自己只能在太阳村售卖，如果想要卖去隔壁月亮村，需要靠他表哥），触达通道就变得非常重要。

一种触达通道偏渠道销售。从十几年前的化妆品店，沃尔玛家乐福等大型商超和7-11等小型商超,到各大电商平台,再到一两年前爆火的社群平台或社群内分销,都是如此。渠道的名称改变了,但核心没变,都是在购买场景内做交易撮合。相对应的分销管理或者大客户管理的对象改变了,但工作本质没变,都是要摸清楚双方手里的牌,逐条进行价值识别,方便做下一步的利益的分配与管理。

另一类触达通道是偏营销推广的。最新兴起的社交媒体KOL和直播主播,与传统沟通的电视、杂志报纸,以及分众的楼宇地铁相同的是,都是要制作以吸引消费者的注意力、提升购买意向为目的的内容,同时高效分发出去。不同的是,当销售和沟通可同时发生,这时候是否打品牌记忆就不是一个必选项了。在电视或者分众投放,广告片必须要有品牌记忆,不然消费者怎么再次识别出你进行购买?我们不分辨好坏,只是单独把社媒KOL和直播主播等推广拿出来,表示有另一种可能性。

在传统的模型里,最上面是沟通线,中间只有渠道销售线,两者泾渭分明,各司其职。几个月前有篇文章《只有无能的市场部,才会热衷于直播带货》是典型的传统模型里的认知,里面只关注直播作为渠道销售的一面,没有承认它作为沟通媒介的一面,比很多传播媒介的假数据的有效触达性高很多,也没有承认它可以承载好内容和好价值观的输出这一面。即使是作为想多卖货的渠道商,也并不能理解直播间内的低价。直播间的低价以及对低价的不同态度,实际代表了渠道方和主播对价值判断与利益权重的不同考量。这篇文章映射出传统的市场和销售条线的相互不理解和吐槽。只是社交媒体和直播兴起后,真的产生了一种新功能,"脚踩两只船",可以承担渠道销售职能,也可以承担部分(注意只是部分)沟通职能。

总而言之,品牌生意的本质是外圈线,属于"道",这是一切的原点。生意的加速器和强心针是内圈这条线,渠道销售和营销推广,属于"术"。术的强大短期内确实能创造价值,也成长出了很多优秀的操盘手,只是,道对术的辐射影响,远比我们想象的大。

二、一些实操案例

Case 1

我们针对购买了阿芙某个爆款单品的用户，提供微信社群训练营，28 天打卡焕活肌肤。结果是每 1 万位购买这个单品的用户里，有 2000 人愿意入群参加。经过群内阳光雨露的灌溉，有 200 人可以使用精油和纯露的复合搭配（效果肉眼可见的棒），随之客单价从最初单品 90 元飙升至 800 元上下，这些同学贡献了群内 90% 的销售额。也就是说，即使在一模一样的沟通情况下，有 10% 的用户是愿意深度使用精油，变为我们忠实用户的，而有 90% 的用户并不真的感兴趣。

从运营角度看，粉丝单月 up 值 3—3.5 元，甚至和很多品牌线下 BA 的数值差不多，LTV 也棒；

从用户角度看，社群内打卡的活动方式本身是不是就"选择"了有充足闲暇时光的，或者愿意跟随"教练"式使用的用户。那么换一种活动方式，有没有可能转化掉群里另外 90% 的用户？我们的用户，最适合哪种类型的活动方式呢？

运营角度和用户角度这两种思考方式，不同在于从运营角度聊用户最好是抽象地把用户行为做分门别类，才好看清楚各个节点的效率；从用户角度聊用户，是认识到她们之间只是在这个订单上暂时有了"共性"，订单背后的一个个鲜活的个人是什么样子的，需要深入和具体的想象和共情。

再提升下视角，从整个乞意链条来看，如果我们可以抽取出来这 200 人的特征，让爆品针对有这些特征的用户投放并不断矫正，使最初的 1 万人全部都具备这 200 人的部分特征，而不是各形各样的人，那么整个链条的效率会提升多少倍？这种链条上的用户、产品和品牌之间的相互认可和连接感，会不会要强很多？

这里涉及的是核心生意人群的选择——说白了就是，你想做谁的生意？你能做他的生意吗？

1. 贡献足够的生意

简单地将购买频次和客单价作为横纵坐标，就可以划分出四象限，

第一象限是最理想的用户，第三象限很容易抛弃，关键是第二象限用户需要深入了解下为什么不愿意再购买你，以及第四象限用户有时候"发声"挺多，沟通密切，但不要被这些同学迷惑了去。同时思考下，哪部分用户是现在我们没有接触但是我们想要拿下的，这部分用户是否可以补充未来的核心用户群？

2. 以需求为基础，并具备竞争力

产品／品牌特点是否可以满足消费者的核心需求，这是驱动型因素，所以必须保证销售者有的和消费者需要的是一致的。同时，满足需求的科技或者专利等能力，是可以被用户认可的。

3. 可行性

对于消费者的触及（渠道或者推广）是跑得通的。

Case 2

阿芙跨界某个知名 IP，合作了一支变色润唇膏和一支手霜。结果是，先进入到这个手霜购买页的用户里，有 17% 愿意连带去买同名润唇膏，而买了同名唇膏的用户里，只有 3% 愿意连带去买一支同名手霜，都不在品类之间正常连带率区间内。这两款产品的消费者完全不一样。

同一个系列，设定了针对同一群人，同一个产品开发团队做，但展现了两个层次的审美力和产品力，从而最后吸引了两种不一样的人群来买。这充分说明如果你只用年龄、地区、收入、婚恋情况、喜欢精油的滋润、喜欢浪漫，来代表用户洞察，是完全不够的。

以上的年龄、收入等差别，决定了用户在需求、消费习惯、使

用习惯和决策上都可能有全方位、立体式的区别，她们可能在审美、爱好、价值观、态度上细分差别更大……

这里涉及一个我自己特别痛的反思，就是我对于真正的人群洞察思考太少了。

一个出身四线城市考入北京上大学，又返回家乡省会城市工作的女孩子，她25岁的生活，她吃的饭馆，看的小说综艺和剧，约会的方式，每天烦恼的问题……和一个从小生长在省会城市，但不喜欢读书，早早出来盘了个档口做小老板娘，24岁和发小结婚，25岁做了新手辣妈的女孩子，是完全不一样的。这导致她们对一款产品的价值感知、使用习惯、心理预期，她们购买过程中的考虑因素，她们喜欢搜集信息和捕捉信息的源头，有共性有差别，而如果我对这些没有洞察和理解，是无法击中用户的。

1. 用户基本心理：包括需求／欲望，对价格和价值的感知，使用习惯和情况，态度和价值观等。

2. 用户使用产品时的体验：他们的期望的体验是什么样子，他们理想的产品是什么样子的，为什么。

3. 用户购买产品时的体验和路径：购买行为的障碍与驱动因素，障碍要素等。

4. 吸收信息过程中的习惯和偏好：喜欢何时、何地、从谁那里接收信息。

足够的沉浸共情——想象你是他。

完全模拟和沉浸进去：有个宝洁前师姐，能跑去用户家，贴身跟着那个姑娘48小时，同吃同睡同玩；有个出行软件的产品老大让产品经理自己开专车7天，做乘客7天，模拟用户路线和时间点，去洞察需求。还听过一个反面例子，一个食品品牌出了几个口味都反馈不好，但前期也都做了口味调研反馈没问题，细问怎么做的，原来是调研同学在公司煮了分给大家，每人用筷子挑着吃几口，或者拿着小杯子划拉几口，没有还原真实的煮一碗还是泡一杯的场景，口味很可能失真。正是因为我们拿不准脱离真实场景之后，到底哪些地方会失真，哪些地方不变，所以最保险的办法是笨办法，沉浸进去，体验，想象，共情。

产品的来源有很多，从前端实验室和工厂的技术创新，从渠道的灵感和反馈，但综合起来的核心轴是需求的满足。

Case 3

我们在用户群，公司内部，对真实投放结果进行比较，想看一下同一条推广视频，同一张朋友圈广告图片，不同人看完的评级会有多大差异。

判断最准的与不准之间差 5—10 倍是轻轻松松的。我们必须要承认，不同人群的语感、审美、认知、共情点都有很大差别！拍 5 条中 1 条和拍 10 条中 1 条是完全不同的金钱成本和时间成本。再叠加上投放里消费者路径的每一环，都是相乘的，即 100 万人看，1% 点击率是 1 万人，其中 70% 人被中转页转化，剩下 3000 人，最终 5% 转化率，150 人成交，最终的比例是 1.5‰，已经不高，这里面如果再有哪一步偏离，血本无归是大概率事件。

因此，快手、抖音、微信等这种 DAU 过亿的平台，都不能视为一个新渠道，而只能算多种渠道。人群已经足够大，安全可以产生细分。红利期"黑"跑之后，有没有办法区分和分割不同人群，针对性地进行内容制作和分发，就是关键。

三、营销的目的

营销的目的无非是——吸引注意力，做出决策，留下记忆，触发情绪（很好地帮助前三种）。那么每一类目里，涉及的动机、场景、可信度等需求也不一样。再叠加审美、语言等表达方式，基本上是三层的叠加。这些差异源于用户每天吸收的信息（小说，电视剧，电影等）不同，源于日常生活沟通中得到的信息、看到的情景不同。

有雄心壮志，想深耕其中的同学可以逐渐搭建这一整套体系——需要将这些要素汇总成为动机、注意力要素、可信度等多种类型，不断积累，不断矫正，从而能理性地体系化地识别各种人群的决策、注意力、情绪要素。还有一种最简单的办法，就是"我手写我心"，本能地输出。去请和你用户相似的做内容的同学，让她们写给自己看，拍给自己看，本能地对自己输出，这个门槛就低了非常多。或者找几位语感、审美、认知和共情贴近核心消费者的人，让她们去参与判断和矫正，也可以。

总结，提升生意整体 ROI 的最大抓手——是围绕用户，让一切沟通和交易要素达成一致。听起来虚，但三个案例都是日常工作中碰到的，不匹配造成的错位或者浪费处处都在。

江湖评说

当"品牌"代指这门生意和代指"品牌管理"这项职能的时候，是完全不同的。

直观来看，有些品牌的生意表现不尽如人意，但品牌管理做得很棒，提起它消费者有清晰的视觉符号、形状、声音乃至情感的记忆（过去十几年黯然退出中国的海外品牌，大多如此）；有些品牌甚至没有品牌管理这项职能，但不妨碍人家一段时间内也能闷声发大财。

最本质的冲突在于两者思考出发点不同，"品牌管理"的存在并不总是助益生意的：

一、好的品牌资产形成都需要收敛，越收敛，越聚焦，指向性越强，就越容易出彩；从品牌管理视角出发经常要对送上门的生意 say No，和品牌主张有冲突的东西，品牌管理肯定要拼死阻挡，"弱水三千，只取一瓢饮"。

二、好的品牌资产需要时间这位朋友，也就是说今年的投入，对今年损益表的影响大概率是模糊归因的（这个说法很客气了），且一定会有大量的工作到若干年后才溢出，需要维持一定的长期视角。但做生意首先要确保公司今年活得好，所以单一的品牌管理职能，真的无法为这种不确定性负责，那么该如何调配渠道、产品等要素形成一套合适的商业打法，来消弭不确定性？目标不同，思考的长短期和广度是大大不同的。

三、品牌生意最重要的还不是第一部分提到的道和术，而是势——即选择并占据空白生态位，这是生意的战略思考，往往可以事半功倍。好的生态位里，容易产生好生意。

基于此，"品牌管理"只是生意的一部分，何时开始，做到什么程度，都是匹配生意的一种选择。把控住生意的方向盘，便可明白何时挂起品牌管理的风帆。

第四节

百度搜索上的
品牌美誉度

前情提要

基于搜索的、真实的美誉度管理，是品牌的基本功。

特别是对于高客单价、高决策类产品，用户在转化之前一定会不遗余力地研究和探讨。用户会带着八卦、吃瓜和有罪推论的眼神，去看待任何一个待付费的品牌。

从实用主义的角度来讲，品牌为什么要做美誉度？因为搜索引擎仍然绕不开，中国人仍然需要凡事搜一搜。

流量英雄

姓名：王凯

职务：百度 SEO 优化专家，心宿二科技 CEO

王凯在百度搜索优化、创建 / 优化百度百科领域有 8 年经验，在这一领域颇有心得。他经手品牌词、百科词、推广词等 9000 多个。和普通意义上网站的 SEO 不同，王凯主要做站外的搜索结果优化。

江湖过招

本回合主题：百度搜索品牌美誉度，优化 ROI、品牌植入、精准流量获取。

一、为什么需要重视百度乃至所有消费决策渠道美誉度

我以前是在企业服务领域创业，现在做百度优化这块，服务对象也是企业。企业的消费决策相较于个人会更加理性，算账也算得比较明白。所以我在面对企业做销售的时候都是"算账"的模式：说清楚我们做的事能带来多少价值，企业主自己决策，算账看看 ROI 是否合适，合适咱就合作，不合适就算了。

我一贯的立场是：我的客户很明智的。我只需要在"价值传递"这块做好服务，让客户明确价值，是否合作就是客户的事。

同样的道理：我理解的家庭、个人消费决策尤其是高客单价的商品、服务也需要预设"客户是明智"的前提。越是决策周期长、服务周期长的销售比如教育、保险、社群服务等都应该是预设并坚持这个立场，否则后期服务的代价过大，甚至会远远超过你的利润。

所以我们在销售时要把"价值传递"环节做到极致，销售落地页、线下传单、销售话术等等由价值传递环节拆分出来的细节已经非常多了，"搜索结果优化"也是"价值传递"的关键一环。

虽然我们目前的业务主要做百度等搜索引擎的优化，但我在此所讲的"搜索结果优化"并不单单指"百度等搜索引擎"，而是泛指所有能提供消费决策参考价值的渠道的搜索结果，比如小红书、知乎等，从这些垂直渠道搜索来获取消费参考信息的行为逐渐增多，最大的当然还是百度。

在搜索你的品牌词的时候，潜在客户已经处于"消费决策期"并且偏向你的商品／服务，对你来说，他们是非常精准的流量。这时候如果你的搜索结果有负面或者没有有效传递价值的内容出现，

是会严重损害销售转化的。

这个其实不难理解，除了"把搜索结果当成销售落地页来优化"外，我再给大家提供一个评价搜索结果是否好的角度：把搜索结果看作对你商品 / 服务的评价。首页有 10 条，前三页有 30 条搜索结果，重要性和价值随着排名往后依次递减，以这个维度看看你品牌词 / 服务的搜索结果是否都是好评。

不仅要把搜索结果当成销售落地页来优化，还应该当成评价体系来优化，可以用群响创始人刘思毅说过的"美誉度"概念当成指标来衡量。

有的老板可能被我说动想让品牌或者市场的老师们试试，先别慌，做之前我们先盘算一下：你的企业是否应该做，什么时间做。

1. 从长远来看，所有的企业都应该做

上面这句结论中有个词"长远"，如果你的业务不打算长远或者可能频繁更换品牌词，你可做可不做，后面我会给出公式，可以自己去算账。

如果你打算长远地做业务、品牌词的话，一定要提前做，越早越好。不管你是做什么服务的、客单价多少、决策周期多长。这时候老板们产生的疑虑是：我前面的品牌知名度又不高，没那么多人搜索，为啥要花这笔找人或者花时间自己做？

这个疑虑是对的，但不够全面：一是搜索结果并不是你觉得需要做的时候马上就能成为比较好的搜索结果的，二是搜索结果优化不是效果广告，是长期收益，你需要考虑的是"投了这笔资源（员工时间或者花钱找第三方做）后收益率如何"，多长时间能收回资源价值并获得回报。

脱离感性，一起用数据算清楚这件事的 ROI：

品牌词搜索优化的价值 = 用户搜索成本 × 日搜索量 ×365（因为有的第三方服务的词是保证最低 1 年不会批量掉排名，所以选择 365 天）

这里面出现了一个新的指标"用户搜索成本"，其定义是：用

户搜索你的品牌／服务时，你需要付出的成本。用户永远不会莫名其妙搜到你的词，一定是你在其他渠道先引起其兴趣后而产生的结果。

"用户搜索成本"有如下几种计算公式：

用户搜索成本 = 用户成交成本（各渠道均值）× 成交转化率（各渠道均值）×（10%—1000% 的区间）

公式说明："用户成交成本 × 成交转化率"是衡量你当前获得"精准客户"的成本，而无论是看了广告、软文，或者因为口碑推荐主动去搜索你的人都是"精准客户"。之所以乘（10%—1000%），因推广策略、销售周期、流量承接等不同，选择的是大概区间。

详解如下：

如果你的推广策略都是效果广告，没有诸如新媒体、内容、微信等营销方式的话，你就要把区间值调小，因为你能聚焦精准人群并完成转化，说明能转化的多数已经转化。如果口碑推荐不是太好的话，说明陌生的新增不是太多，搜索你品牌词的人也都是看过效果广告未转化的客户，你们玩效果广告玩得好就应该多次触达，因此搜索量不大的情况下没必要做。

如果你的客单价高、成交周期长，就一定要在影响决策环节做"美誉度"，因为百度是离消费决策较近的成交流量，搜索证明有兴趣，肯定在你投放人群价值的 10 倍以上（可以把搜索结果看成商品评价列表，如果全部好评会提升销售转化率）。

除了推广策略、销售周期外，衡量要不要做的重要指标是"流量承接"，直白讲如果品牌词搜索结果没有诸如官网、京东商店、承接引导等流量承接措施，又没有毅力／决心做品牌的话，也没必要做搜索结果优化。但有个例外，如果你是线下店、线下销售点比较多，无论是否做品牌，都应该做优化，尤其是高客单价产品。

用户搜索成本 = 假如你投放的 SEM，就等于 SEM × ROI（ROI 的数值是你最热词的点击成本）

公式说明：以群响举例，假如他们投放 SEM，他们最想投的词可能是"如何成为业务操盘手",用百度竞价后台查下这个词的点击成本,这个成本就是你"引导用户搜索成本"。其实应该价值更高,因为是"主动搜索找你是已经把你作为解决方案首选或者备选"和"有明确需求找解决方案,而解决方案是多种选择"这两种情况的区别。

用户搜索成本 = 行业均价 CPM/10 或 CPC(单次点击成本)

公式说明:由于行业、广告渠道的不同,CPM、CPC的价格会有很大差异,我们假设 CPM 是 30 元、CPC 是 3 元,那么"引导用户搜索成本就是 3 元",因此我们可把"搜索结果"看成"广告落地页"。

根据这个公式,我们可由此延伸理解,如果首页有负面内容,你潜在的损失价值是多少:如果负面搜索结果在首页,则损失为:用户搜索成本 × 日搜索量 × 负面停留时长 ×(5%—30%)。用户搜索成本如上所述。负面停留时长是指该负面搜索结果在搜索结果页停留多长时间。(5%—30%)是指:首页看到的概率 × 点击去查看的概率 × 销售转化率下降幅度。大家可根据负面的展现形式和位置具体去衡量负面内容所带来的潜在损失。

2. 什么时候开始运营"美誉度"

搜索结果优化并不是一个需要长期投入精力去做的事,短期内做完(比如某个第三方一般词的服务周期是两个月),后面阶段性维护即可。对老板、品牌负责人来说并不是决策成本很高的事。

如果你认为会长期做该业务,就应该提早来做各渠道的搜索结果优化。为了再次降低你的决策成本,我在此分享我总结的经验:

(1)在你开始大资源推广前三个月做。"大资源推广"并不是个模糊的词,准确含义是指你开始在渠道投钱、大力做内容营销、办线下活动等推广方式时,你就应该提前三个月做搜索结果优化。

(2)如果你是保险、教育等高客单价或服务周期长的业务,不管是否推广都应该越早越好。高客单价、服务周期长的业务显著特征是消费者决策成本高、决策周期长,很难冲动消费。你就应该在各个决策阶段思考用户可能获取信息来佐证消费决策的渠道,提前做好优化。

因为不做的话，相比拥有成熟品牌的竞争对手来讲会非常吃亏。由于获客成本高昂，代表"用户搜索成本"也较高，虽然初期搜索量不大，但对应潜在损失往往比轻决策的商品／服务要大很多。

（3）当你搜索品牌词结果有了电商店铺、官网搜索结果（出京东、天猫店铺、商品链接，提供免费零基础教学）等流量承接后，你就应该做。

3. 品牌词搜索结果构成以及如何做

接下来我们分享品牌词搜索结果出现哪些内容才算"好的搜索结果"以及如何做。

（1）什么是好的搜索结果。

好的搜索结果有几个特征：

①有流量承接——官网、店铺、官方账号等；

②无负面；

③权威信息——百度百科、新闻等；

④UGC内容——根据业务不同所选的内容渠道不同，比如消费品就小红书、知乎、什么值得买、百度知道等，以及这些UGC所需营造的氛围（比如知乎回答数量、点赞量等）；

⑤业务价值传递成本高的最好有视频；

⑥搜索结果稳定，防止负面内容上来。

以上六类内容又可以细化成更细的品类，比如官网优化、百科文案梳理、新闻动态等。官网、新闻等比较常见，重点讲一下大家可能相对陌生的百科。

百度百科在多数国人心目中都是比较权威的信息渠道，我建议不管是否做百度搜索结果优化，都应该做个百度百科。为什么？我们团队曾经在郑州做过调研：给出小红书评测、新闻、百度百科、知乎、公众号等多种信息让大家选择你最信赖哪些渠道。

80%以上的选择中都有"百度百科"。

因为一是百度百科对他们的教育周期非常长；二是他们以为百

度百科是百度官方所给的权威信息。大家也可以随便去找身边人问问百科到底是啥、是谁出的信息、觉得是否可信来验证一下；三是目前百科确实非常难做，规则要求颇多，这样就导致我们不可能从单纯宣传角度来添加百科内容（比如添加"最、唯一"等这些违禁词），这样就确保了百科是相对客观中立的信息源，又会反向把其他要求没那么严格的渠道信息比下去。

再多讲几句：

①百科确实是人人都可编辑的。

②除了特殊百科外，多数百科尤其是你的新词条等都不需要高级账号，高级账号和通过率高低也没多大关系。

③由于目前百科审核非常严格，你的公司或者你个人编辑百科不容易通过，如果你觉得你投入的时间和节省下来的钱适合自己做那就自己做。

④第三方做百科收费，收的是成本和服务费，成本包含代发新闻等，服务费通常是指文案以及人力成本。正规的第三方也和百度授权、合作商等完全没关系。能算明白账再决定是自己做还是给第三方做。

除了百科外，再讲下"搜索结果稳定"：好的搜索结果一定要结构稳定，不然别人在某个高权重渠道说一句负面信息就会上到搜索结果首页。稳定的 PC 搜索结果包含如下几块：

①资讯模块或者新闻占比 1—2 条；

②百科 1 条；

③视频 1—2 条；

④图片 0—1 条；

⑤知乎 0—2 条（含问答、文章）；

⑥百度 UGC（含百度知道、百度经验、贴吧等）1—3 条；

⑦官网 1—3 条；

⑧官方账号 0—2 条（含官方微博等社交媒体、招聘账号等）；

⑨其他 UGC 或网站填补以上所剩余的空白。

稳定的移动端搜索结果和 PC 端重复的不赘述，说下特别的：

①百家号账号 / 动态 0—2 条；

②热议模块 0—1 条（内容来源于微博、百家号说说等）；

③笔记模块 0—1 条（内容来源于小红书）；

④重名或相关的百度小程序 0—1 条。

只要你的搜索结果首页能把上面渠道覆盖，有负面评价的话，就不太容易能上你的搜索结果首页。当然如果是新闻等渠道出的负面就需要具体情况具体分析。

（2）如何做出"好的搜索结果"。

其实可以直接按照上面所说的"稳定搜索结果"形态来做填空题：就是把我上面所说的内容渠道都做一遍，根据每个渠道的定位来拆解内容。比如知乎问答应该拆解的提问角度、回答的角度；百科应该突出的点；假如有视频的话，把这个视频放到搜索结果首页应该讲什么。

我相信大家都能做出来好的搜索结果，只不过大家之前做知乎就只看知乎这个渠道的语境和角度，做 bilibili 就只看这个视频渠道的观众爱看什么。最重要的是给大家提供角度：可以从优化搜索结果的角度来规划各渠道部分内容。这些内容不是为了在各个渠道看的，而是给搜索的潜在客户看的。

接下来又涉及给内容排序的优化细节，我们会通过某种手段来让排名更舒适，比如搜索"群响"就可以看到两条视频"群响是干什么的""群响线下活动的视频"。这些内容都是呈现给不是太了解群响的潜在客户的，让其非常便捷地获取这个信息。

这里不方便拆细了来讲如何快速去做，但如果你想自己做优化的话，把时间线拉长、持续做内容是一定可以优化成我上面所说的稳定的搜索结果的，当然我没法保证是否是好的搜索结果（因为你在同一个渠道一定会发不同的内容，但没有操作经验的话无法预知哪条内容上搜索结果首页）。

二、在百度除了 SEM、官网 SEO 外，还能如何通过百度获取精准流量？

1. 站外 SEO 推广选词策略、选词价值及过程指标；

（1）适合的企业

站外推广和 SEM 是一样的形式：通过在推广词的自然搜索结果中植入品牌信息来达到推广目的。相比 SEM，站外推广的好处是：能够长期收益，SEM 停止续费后就无法获得流量，推广词优化后还可带来长期流量。

不过这种推广方式不适合多数企业：一是无法快速获得流量；二是受限于竞争程度很难大范围铺词。网站 SEO 是可以通过批量铺内容等方式覆盖几十万个词的，但推广词这种方式你很难凭直管的团队铺上千个词。这种推广方式比较适合高客单价产品，比如企业服务、教育、保险等，花大钱去重点铺几十上百个词。

（2）选词策略

种是从用户角度出发的选词策略，根据一级词延伸二级词、三级词（都有选词工具，不用自己想，直接通过 SEM 后台即可查看长尾词）。

选词可以从你的业务出发选词，以"群响"为例：群响的服务对象是"流量操盘手"，那么"流量操盘手"就是一级词，"如何成为流量操盘手"就是二级词。把业务和目标用户作为原点，分类向外面扩散拓词即可。

除了推广词外，还有决策词，比如"群响怎么样""群响创始人"等都是因业务而延伸出的进一步、细化后的消费决策词（因为用户用搜索引擎是带着目的来的，如果带着确切的问题进行搜索，解答问题的过程就是解决信任的过程）。

这些词你也可以作为优化对象，当然可以用我上面所给的价值计算公式进行计算。推广词量只需要覆盖核心词汇，所以就不展开讲海量选词策略了，重点讲讲如何衡量推广词的价值以及执行过程。

（3）词的价值

如果有 SEM 后台，直接用百度"指导价"来计算推广词价值，其价值公式是：推广词价值＝指导价 × 月搜索量 ×6×（10%—100%）。

公式说明：因为一般来说第三方可包最低 6 个月排名效果，所以算 6 个月的价值周期。（10%—100%）由排名位置、渠道来源、前面的内容来决定，无法分析出来就粗暴点按照 50% 来计算。

（4）这种推广方式的优劣势

上文我说了这种推广方式其实不适合多数企业来做，一是起量慢，不适合预算充足且想快速起量的业务；二是不是效果广告，老板们无法准确衡量每个词或这种方式的 ROI；三是除了 UGC 渠道能加链接完成引导外，其他内容渠道只能植入品牌信息，用户搜索推广词后看到软广，然后需要再次搜索品牌词，才能完成销售转化。

虽然有诸多劣势，但确实也有企业采用这种推广获得不错的 ROI，我在企业服务领域创业的时候，前期就是通过做了近两年后达到每天销售线索超 200 条的（当时企业服务销售线索每条 200 元以上，而且我这 200 条还是自己搜索品牌后进入官网注册留下手机号的线索）。

衡量要不要做的逻辑在于：把罗列出来的推广词，用上文的公式计算出来价值后，一个个搜索，用上文所给的"稳定搜索结果"来看推广词，如果批量有优化空间就做，如果没有，竞争又激烈就放弃。当然如果你无法计算价值并且无法判断是否有优化空间可以来找我们，我们全包并且承诺做成后再收费。

2. 额外分享：在百科中植入你的品牌信息，如何使其价值最大化？

如果按照我上面所说把推广词搜一遍，可以看到推广词的百科词条多数都排在前三位。比如你的业务是保险平台，那么我会在重疾险的百科词条中植入你的品牌信息，并且加上超链方便阅读，这样重疾险百科词条的精准客户就能直接跳转到你的百科词条进行阅读，一是可以起到推广作用，二是可以直接截图百科的品牌信息当成宣传使用。

有的企业想宣传、绑定某项技术、某个品类，都自己出钱给某项技术、品类创建个百科，然后在技术词条或者品类词条中加上"技术发明企业"和"品类开创企业"信息。

我后来问了几家企业，他们反馈：做传统企业的人，打交道的供应链、客户等多是上点年纪的人，讲述某项技术时会现场直接百度然后看百科，里面有他们的企业信息的话，对方会特别信服，认为这项技术牛，连带着认为技术所有企业也非常牛。

你把发明专利等这种东西给他们看，他们的确是能相信的，但对方不会觉得你牛。由此联想，现在直播带货过程中，相对小的消费品品牌一是可以做个百科词条，这样主播在带货过程中可以直接拿着手机屏幕让大家看这个牌子多么牛，二是可以在其他百科词条中植入该品牌信息，这样也会产生上面的效果。相信直播 MCN 的老板们应该懂这种价值，也能直接测算出有没有百科、展示不展示百科带来的转化率差异。

三、用数据决策：品牌搜索结果出现负面损失几何

1. 用数据决策：品牌搜索结果出现负面损失几何

上文讲"用户搜索成本"的时候，讲到过搜索结果如果出现"负面"，给你带来的损失：如果负面搜索结果在首页，则损失为：用户搜索成本 × 日搜索量 × 负面停留时长 × （5%—30%）。用户搜索成本如上所述，负面停留时长是指该负面搜索结果在搜索结果页停留多长时间。（5%—30%）是指：首页看到的概率 × 点击去查看的概率 × 销售转化率下降幅度。大家可根据负面的展现形式和位置具体去衡量负面内容所带来的潜在损失。

再展开详细讲讲针对搜索结果可能出现的负面类型，然后你再按照上文所给计算方式计算损失，再结合"构造稳定的搜索结果"来防止负面信息随意上你的搜索结果首页，即可。

上搜索结果首页的负面信息包含如下几类：

（1）知乎、百度知道相关问题中排名前几位的问答出现负面；

（2）知乎文章中出现负面；

（3）简书、豆瓣等 blog 出现用户评价负面；

（4）新浪黑猫、品质万里行等专门供消费者投诉的网站出负面——此类负面不仅会出现在对应网站，还会以新闻形式出现在新浪新闻、品质万里行百家号等平台；

（5）贴吧、小组等论坛中出现用户评价负面；

（6）百科词条中被人植入负面信息。

这是常见的负面类型、对应渠道。先行构造稳定的搜索结果，占据搜索排名可以有效杜绝多数负面信息上到搜索首页。虽然一再强调优先选择"搜索结果优化"的方式自己铺渠道、铺内容、铺排名，但总有人不为潜在风险买单，总要出来负面结果后才想着去消除影响。这里就重点举几个必然会出现负面的行业、业务：

（1）保险、社群、教育培训等高客单价、服务复杂、链条多的业务必然出现负面评价。这和你的业务、服务没有必然关系，这些行业永远无法做到令用户百分百满意，而你不做搜索结果优化令其稳定的话必然出负面信息。

（2）电商平台等具备"假货"风险的商业模式。也和你本身商业模式无关，只要无法百分百杜绝假货，必然出现负面，前段时间的某网购社区品牌出现负面后，我看他们公关就一直批量发新闻、内容来压负面排名，但页面消息还是被挂到他们品牌词的百科词条中了。

（3）相对行业平均水平的高客单价消费品、微商等有风险的商品，一定会出现负面。

江湖评说

初创公司的 CEO 一定要学会持续关注公司美誉度，并且持续做美誉度运营。

美誉度对于品牌来说是至关重要的。

特别是对于高客单价、高决策类产品，用户在转化之前一定会不遗余力地研究和探讨。

消费者会带着八卦、吃瓜和有罪推论的眼神，去看待任何一个待付费的品牌。

当人们想要了解一个具体的信息的时候，一定会搜索。应该如何通过自己认真、努力、持续的美誉度运营，使搜索结果达到一个最佳状态，这就是美誉度运营。

额外讲一句创始人感受，大部分服务品牌、教育品牌的创始人都会一开始搜索就很受伤。

不少平台上都是质疑和有罪推定，比如说知乎。

知乎对很多品牌创始人而言，都是一个伤心地，但是作为成熟的创始人，不需要介怀非目标用户的质疑、诋毁和侮辱。你要做的就是：

持续为潜在的信任客户创造一个可信任的网络下的品牌环境。

分享一下群响创始人关于"如何全域做美誉度运营"的建议，可以直接拍照发给你的运营合伙人按照这个 check list 来做一做，会有效果的。长期来看，美誉度一定是持续监测、持续做的，不能做临阵磨枪的事儿。

核心就一条——

创造所有关于品牌美好的内容因子，并分发到用户可以搜索到的地方。

品牌的美好的内容因子包括：

1. 品牌词百度百科的维护
这个不用说了，能用供应商就用供应商搞定，便宜且不用浪费时间。

2. 创始人百度百科的维护

创始人和公司品牌名，这两个一定是最优先去做的。百度百科一定是 SEO 指数天然最高的，有了百度百科之后，用户感觉一下正规了好多。

3. 公司荣誉的报名、采购与争取

这些荣誉，原来我觉得没什么用，但是后来屈服了。连高冷的 VC 都有排名收费，每一个行业都需要一个标的媒体来做榜单，于是就认了。

4. 创始人荣誉的报名、采购与争取

一切都是表象，然而表象决定一切。作为一个小破公司，就是这些表象让人觉得你还是一个公司，那请问你还要不要申请福布斯 30 Under 30 呢？原先，我想说，别了吧，现在我说，一定要啊。

5. 常规内容的高频次持续更新，全网更新和发布

如何让群响的搜索页面，第一页全部是群响自己做的内容？如何让你的品牌搜索页面的第一页全部是你自己的东西？对于有常规高频内容的品牌来讲，最棒最直接的就是全渠道分发自己的内容。

今天能分发内容，且能被百度收录的主流平台有 10 家，一定要做的是：百度百家、百度知道、百度经验、知乎、简书、四大 PC 网站的原创内容账号。

6. 注意优质资源对本品牌的推广作用——明星代言、大佬站台、投资人背景

这个是不是也很"油腻"呢？没办法，做生意一定要这样，作为一个教育公司，一穷二白，可能只能把股东作为杠杆了。那么，你的官网有没有你的股东的信息和 logo 呢？你的百度百科有没有

呢？你的微信公众号有没有呢？

7. 拥有一个适配一切端的官网，钩子一定要完备

注意，官网要适配一切，包括 PC、移动 H5、微信环境。官网一定要简单明了地展示拳头产品、核心权益、核心团队等信息。这里的"钩子"就是如何联系到你。钩子应该是一个活跃的销售 IP。

8. 准备真实的客户证言、用户反馈，并引导用户发布在合适的渠道

注意，这些必须是真实的，不是真实内容的话非常容易翻车，翻车了之后十分难搞，所以不要怕这点麻烦。特别是类似群响这样的社群，我们 6 月邀约了真实的 30 个会员直接在知乎问题下，留下了自己真实的回答。这些都是需要邀约的，也需要是真实的，知乎用户的眼睛很尖。

9. 随时随地搜索品牌，在百度、在朋友圈、在微信全域

作为公司的创始人和负责运营的同学，既然知道自己的品牌美誉度很重要，就要每天关注和搜索，防患于未然，掐死负面内容因子。

10. 微信服务号、订阅号，坑要占、ID 名字要占、基本菜单栏运营和常规推送要全

如今已经不是一个可以通过纯粹内容做粉丝池的时代了，但是用户在微信搜索的场景却越来越多了，所以说基于微信上的搜索落地承接也要注意。

11. 平时不烧香、临时抱佛脚不可行，长期主义、不造假、要持续

再说一次这个不造假，造假是会翻车的，真的会翻车。

从全网的角度来做，基于搜索的、真实的美誉度管理，这是品牌的基本功，与诸君共勉。

第五节

热浪之后，今天的
新消费品牌如何融资？

前情提要

如果你是投资人，你是否愿意把钱给你自己？你愿意给多少？

流量英雄

姓名：李厚明

职务： 棕榈资本创始人

曾帮助 Yalla、和府捞面、活力 2B、BA、Moody、理然等知名消费和诸多互联网公司完成多轮融资。

江湖过招

本回合主题：今天的新消费品牌如何融资？

一、资本是什么

首先，我们需要熟悉一下资本是什么。

你知道 FA 是什么吗？FA 就是把标的卖给投资机构来赚佣金的人。我们对 VC 和 PE 市场的了解，可能和大家的视角会不太一样，大部分的创始人在和资本市场接触的时候，是非常"业务逻辑"的，但是我们是站在资本的角度，先看投资人想要什么，再倒过来看我们要如何去表达自己的业务。

从我自己和消费品的 CEO 接触下来，我觉得大家对资本有一些误解，比如说有人觉得资本是骗我钱财、抢我股份、干预业务、恶意收购、火上浇油、冷眼旁观。我在这里负责任地告诉大家，大部分投资人真的不配。融资的第一步，其实是消除大家对资本的恐惧感，资本的生意模式非常简单，它就是一个目标——赚钱，一切都是为了赚钱服务。可能大家会听到很多词，比如说 VC、PE，他们的运营流程也非常简单，就是募、投、管、退。找有钱的人拿钱，投到好的标的里去，做一些管理，然后在合适的时间退出。

1. 什么是 VC/PE？

一般大家会接触的机构分成两大类，一类是 VC（风险投资），还有一类是 PE（私募股权投资）。它们的核心区别是，VC 会偏早期，PE 是早后期以及到 IPO 之前。金额的话，VC 比较舒服的金额是 1500 万美金以内，PE 比较舒服的金额是 3000 万美金以上，中间的跨度是大家都可以接受的。它们的风险偏好也不同，VC 吹牛的时候，可能会听到他说某一个项目翻了多少倍；PE 其实看的是赚多少钱，所以一般 PE 的人在吹牛的时候，都是说单个项目赚了多少亿。从他们吹牛的方式可以看出来，这两类机构的 KPI 是不一样的。

另外一个被大家广泛讨论的就是人民币和美元机构，我举一个不恰当的例子，美元机构有点像欧洲的足球联赛。为什么这么说，足球联赛的名字是固定的，只有这么多队去参加，新的球队只能买进来，美元 VC 也是一样的，它是非常小的一个圈子，美元 VC 非常长时间没有出来新的 GP 了。美元机构是一个 club，这就是为什么大家觉得美元机构更好，是因为它更稀缺。另外大家还会听到战略投资、产业资本、上市公司等投资方。其实现在的战略投资、产业基金都比较成熟，不再像以前一样有无理的要求。

2. VC/PE 为什么投消费？

为什么在去年下半年开始，VC、PE 开始投消费赛道了？我觉得整体来说以前线上渠道是比较集中的，线下渠道也比较稳定，从去年开始，抖音、拼多多、快手开始崛起，线上的渠道开始变得多元，线下渠道也开始有些松动；另一个原因就是 TMT 最近没有太多项目，以前的 TMT 标的给美元基金带来了非常高的回报，但是从去年下半年开始明显枯竭，这时候消费品的优势就出来了。第一，它能够有非常好的生存能力，就是说这个项目投进去肯定死不掉。我自己觉得消费也有四驾马车，比如像完美日记、喜茶、泡泡马特、元气森林。这几个跑得最快、估值最高的项目，在今年融资上和业绩上的表现都非常不错，也导致大家看到消费项目在往后高价退出的可能性，所以我们所有人都要真心祝福这四家公司越涨越快，估值越来越高。只要他们活得越好，我们的融资就会更加顺利。

二、资本和项目的关系

1. 今年成功上市的消费项目及背后的投资人

表 1　已上市消费项目及其投资人

项目名称	项目简介	历史投资机构	市值 (as of 10/23)
农夫山泉	包装饮用水及饮料品牌	/	4000 亿港币
金龙鱼	粮油食品品牌	/	2600 亿人民币
百胜中国	全球餐饮集团	春华、蚂蚁集团	1767 亿港币
石头科技	智能电器研发及生产企业	高榕、GIC、启明、顺为、鼎翔	400 亿人民币
名创优品	全球零售连锁品牌	腾讯投资、高瓴	61 亿美元
良品铺子	高端零食品牌	高瓴、今日	250 亿人民币
九毛九	中式餐饮连锁集团	IDG、大雄风	262 亿港币
丽人丽妆	化妆品营销零售服务商	阿里巴巴、汉理、基石、麦顿	206 亿人民币
巴比食品	中式餐饮服务企业	加华	107 亿人民币

拟上市项目：蓝月亮、泡泡玛特、薇诺娜

大概梳理了一下今年成功上市的消费项目以及背后的投资人。大家可以看到，大部分的项目其实都是有投资人的参与的。除了农夫山泉和金龙鱼，其他的这些消费项目，不管你认为它是否传统，背后都有机构的参与。截止到今天，没有几个项目可以说自己完全不靠资本，是靠自己的力量走向资本市场的。第一，这个事情很慢，第二在这个赛道当中，纯靠自己发展的项目确实风险性太高，可能一个疫情或者一段时间的业绩波动，就会对业务造成比较大的影响。这是为什么我会觉得往后这个现象越来越常见，大部分的项目在上市前都会被基金分去一部分利益，这个没有办法。你们大概率会被FA分去一部分利益，因为这也是竞赛：别人会选FA，别人会拿钱，如果你不是这个赛道里跑得最快的，可能最后的赢家就不是你。

2. 今年消费项目的融资情况一览

我们先看食品饮料，这里是部分：

表 2 消费项目（食品饮料）的融资情况

项目名称	项目简介	融资金额	投资机构	投资轮次
江小白	白酒品牌	亿元及以上人民币	华兴、正心谷、坤言、招银国际	C 轮
喜茶	茶饮品牌	亿元及以上人民币	高瓴、Coatue Management	C 轮
奈雪的茶	茶饮品牌	数千万美元	深创投	战略投资
简爱	酸奶品牌	4 亿人民币	经纬、黑蚁、麦星、中信	A 轮
君乐宝乳业	乳制品品牌	12 亿人民币	红杉、高瓴、中泰兴龙	战略投资
汉口二厂	饮料品牌	过亿人民币	顺为、亲亲食品	A+ 轮
三顿半	咖啡品牌	过亿人民币	红杉、峰瑞	B 轮
自嗨锅	自热火锅品牌	亿元级人民币	经纬	B 轮
王饱饱	麦片品牌	数千万人民币	黑蚁、源码、祥峰、德迅	B 轮
a1 零食研究所	零食品牌	2 亿人民币	中金、今日、德屹	B+ 轮
古茗	连锁茶饮品牌	亿元及以上人民币	红杉、龙珠	战略投资
开山白酒	白酒品牌	1 亿人民币	元生、高瓴、源码	B 轮
百家食品	方便食品品牌	千万级人民币	元生、亲亲食品、宽窄	B 轮
ffit8	代餐品牌	千万人民币	复星锐正	天使轮
百草味	零食品牌	7 亿美金	百事	并购
莫小仙	自热火锅品牌	数千万人民币	金鼎	A 轮
Missbery	果酒品牌	数千万人民币	经纬中国	A 轮
星期零	人造肉品牌	千万级美元	云久、愉悦、经纬中国	A 轮
BUFFX	功能性食品品牌	数千万人民币	GGV、红杉、梅花	Pre-A 轮
oatoat	植物蛋白饮品牌	千万级人民币	华创、惟一、IMO	Pre-A 轮

下面是餐饮（部分）：

表 3 消费项目（餐饮）的融资情况

项目名称	项目简介	融资金额	投资机构	投资轮次
文和友	餐饮品牌	近亿人民币	加华	战略投资
乡村基	中式快餐连锁品牌	数亿人民币	红杉	战略投资
很久以前	烧烤餐饮品牌	数千万人民币	黑蚁	B 轮
巴奴毛肚火锅	火锅连锁品牌	数千万人民币	番茄	A 轮
汤先生	养生汤品餐饮品牌	千万级人民币	IDG、真格、光速	A++ 轮

下面是我们整理的今年消费项目的融资情况。我们看到在每个领域都有非常多的项目拿到了比较可观的金额，这也是消费赛道特别好的一个原因。你知道大部分的 TMT 是赢家通吃，这意味着一个赛道只有一家，最多到第三名能拿到钱。在消费赛道，任何一个领域都可以出现十家以上的项目是有机会将来冲刺 IPO 的。

表 4 消费项目（个护）的融资情况

项目名称	项目简介	融资金额	投资机构	投资轮次
完美日记	彩妆品牌	1 亿美金	老虎基金、南岳、博裕	C 轮
moody	美瞳品牌	6000 万人民币	经纬、高瓴、源码	A 轮
理然	男士综合个护品牌	近亿元人民币	虎扑、SIG、红点	A 轮
活力 28	家清日化品牌	数千万人民币	红杉	Pre-A 轮
溪木源	天然护肤品牌	数千万人民币	弘毅、真格	Pre-A 轮
Polyvoly	个人护理品牌	数千万人民币	嘉御、华映、青松	B 轮
牌技	彩妆品牌	2000 万人民币	梅花	Pre-A 轮
BOP	口腔护理品牌	千万人民币	BAI、嘉程	Pre-A 轮
Scentooze	香水品牌	千万级人民币	源码	Pre-A 轮
Menxlab	男性健康服务平台	数千万人民币	SIG、高榕	Pre-A 轮

表5 消费项目（日化）的融资情况

项目名称	项目简介	融资金额	投资机构	投资轮次
KK 集团	新零售生态企业	10 亿人民币	CMC、洪泰、黑蚁、漠策、经纬	E 轮
Harmay	美妆新零售品牌	亿元及以上人民币	钟鼎、高瓴、五岳	A 轮
泡泡玛特	潮玩全产业链综合运营平台	亿元级美元	华兴、正心谷	战略投资
妍丽	化妆品零售连锁品牌	n.a.	华平、华兴、腾讯、星纳赫	战略投资
NOISY Beauty	美妆产品零售品牌	1000 万人民币	真格、复星锐正	Pre-A 轮
每日优鲜	生鲜配送平台	4.95 亿美元	中金、工银国际、腾讯等	E 轮
T11	商超零售品牌商	数千万美元	和玉	A 轮
小兔买菜	社区生鲜便利店	千万美元	碧桂园、众为	A 轮
三两白	白酒新零售	数千万人民币	新天、每日优鲜、梅花	Pre-A 轮

下面是新零售（部分）：

表6 消费项目（新零食）的融资情况

项目名称	项目简介	融资金额	投资机构	投资轮次
Shein	跨境快时尚品牌	数亿美元	红杉、老虎基金	D+ 轮
内外	女性内衣品牌	亿元级人民币	天壹、蜂巧	C+ 轮
Ubras	女性内衣品牌	亿元级人民币	红杉、今日	B 轮
香蜜闺秀	综合美体衣物家居服品牌	近亿人民币	险峰旗云	A 轮
Bosie	中性快时尚服装品牌	千万级人民币	钟鼎	B 轮
Fiture	家庭科技健身服务商	6500 万美元	腾讯、C 资本、凯辉、黑蚁等	A 轮

项目名称	项目简介	融资金额	投资机构	投资轮次
素士	个护家电品牌	1.75 亿人民币	远翼、弘晖、浙商等	Pre-IPO
Fiil	耳机品牌	过亿人民币	高新泽信、心客投资	A+ 轮
YIN	高端珠宝品牌	千万人民币	蜂巧	天使轮

其中包括像 Ubras、内外，今年估值都是非常可观的。消费项目为什么融资这么贵呢？因为消费项目上车的机会非常少，一旦给了它足够多的钱，这个公司是可以在现金流上跑得非常漂亮的。这意味着它再也不需要资本的钱了，这就是为什么投资人挤破脑袋也要投到头部的消费项目。

我想和读者朋友讨论一下，不知道你是否有过融资、你们当时为什么要融资？我自己的一个观点：融资无非就是加速放量，放大规模效应，占据市场有利位置，让自己的风险承受能力变得更强。我今年有一个观察：头部的消费项目在估值和业务上的议价比我想的要大得多，所以消费项目是有头部效应的。很多人都说消费是一个没有赢家通吃的市场，不能完全这么说，比如说在彩妆之后，除了完美日记和花西子，很少有人能跑出来这样一个规模，就是你可以小而美的方式做这个生意，赚一些钱。但挣到花西子和完美日记这么多的钱，我觉得就只有头部的项目才能实现这个目标。完美日记是完完全全靠资本的助力发展起来的，现在他们有一个非常强大的中台，以至于其他人是很难超过它的。你凭什么呢？流量没有别人强，产品供应链也没有别人好，品牌也没有钱给你砸，所以没有什么弯道超车的机会，头部就是头部。

3. 消费品项目为什么要融资？

我自己的观点，就是所有 CEO 都应该想一个事，如果有一天你一定要卖股份，什么时候卖？一定是牛市的时候卖。牛市的时候，你能够拿到最高的溢价。估值非常简单，就是几个参数：一是业务数据，二是市场情绪，市场情绪的参数可能对估值会造成3—4倍的影响，所以在牛市的时候一定要积极主动地卖股份，去融资。当市场不好的时候，我觉得大家就沉下心来做业务，如果有人给到合适的价格就做，如果没有人给到合适的价格就等，这是消费项目最大的好处：没有生死存亡的时间点，所以在时间点的选择上非常从容。

三、资本对项目的评价

机构的项目推进流程

资本到底如何评价一个项目？首先，给大家介绍一下一个基金的推进流程。在你和它接触之前，首先你需要了解这个基金到底有没有打算下注这个方向，越是大机构，在方向上会做越多的前置性研究，尤其是PE。如果对PE来说，这个方向不是他的赛道，他不做研究，你和他见了以后，他的动作会非常慢。早期就很好，早期人是比较重要的决定因素。其次是路演，投资人来了解公司的基本信息，了解行业的一些情况，他会写一份材料做成IC汇报。IC是什么呢？你可以把它理解为一个投委会，四五个人，大家一人一票来决定这个项目要不要出TS，通常你见的人不会是IC上的所有人，这就意味着你在向投资人表达的过程当中，你是非常系统化的，要让这个信息在一手传到二手、三手的时候，都是你想表达的原来的意思。在IC之后，会决定是不是要TS，到底是一个什么样的交易方案，这一切都定下来以后，就进入到投决，在这之前还会做CDD、TDD、LDD（商业尽调、法律尽调、财务尽调）。最终大家确定了赛道，做完整个研究，大家决策的事情是到底要不要赌这个项目和这个团队。

投资机构的上会材料是怎样的？

这里简单介绍一下一个机构的思维逻辑，我们看了非常多机构的上会报告，简单做了几个分类。他们的材料就是从宏观一直讲到微观，宏观就是先了解这个行业的概况：天花板、历史的趋势、品类有什么特点，以及为什么要在现在投这个行业；再去了解一下竞争格局：现在对手怎么样，老玩家怎么样，新玩家怎么样，为什么有人活得好，为什么另一些人活得不好；第三部分就是对公司进行一个阐述，比如说团队背景、商业模式、经营现状、核心壁垒、未来规划；最后就是一个投资的分析，它要去测算一下我投这个项目到底能够挣多少钱，是一个从上从下的过程。其实我们在和资本接触的时候，无非就是把这个过程变成一次路演去展示给投资人。

如何梳理项目亮点？

抓自己的亮点，无非是几个方面：在趋势上，你到底有什么地方发生了变化？这个市场规模增速到底怎么样？竞争到底是什么情况？团队是什么样子？商业模式是什么样子？用户是什么样？把这些问题回答清楚。最后就是在经营上的一些指标，比如说产品、供应链、运营和财务，这些内容应该是 CEO 随时随地都知道的，这其实不容易。我聊过很多的项目，很多人对自己的一些核心指标是不够清楚的，因为消费品项目真的能够做到精细化运营的公司不多，太赚钱了。

如何梳理市场机会？

我们怎么去讲自己的市场机会，有几个方法：讲市场规模的时候，你可以自上而下，自下而上，中外对比。比如咖啡，你和大家讲的时候，就应该说美国咖啡是多大的市场，中国是多大，我们的渗透率差多少倍，所以我们有多少空间将来可以超越美国市场。讲历史和趋势，比如说以低度酒为例，我们可以说啤酒是一个过去的事情，年轻人不喝啤酒了，因为它的卡路里太高了，以后低度酒会成为未来。讲市场格局，以方便食品为例，你可以说康师傅和统一这几年的业绩没有涨，产品也没有太大的迭代，所以现在新一代的服务年轻人的方便食品可能会有更大的机会。讲现在产业链的情况，可以讲比如说燕麦奶，很多人不了解它的研发和供应链是有一定壁垒的，这时候如果你去教育投资者，这是项目比较大的一个亮点。可以讲可触达的人群，这个主要就是要讲自己的品牌定位，比如说冻干咖啡，你就要把你的人群讲清楚，大概是一二线城市办公室的人群，总共的人群基数有多大，他们的消费能力有多强，每年消费几次。最后一个其实是很多人没有去主动提的，就是你要关注到政策风险，这其实是投资人上会材料里会经常出现的一类内容，但是大家都没有关注到。投资人必须去跟踪这个项目可能出现的问题，以电子烟为例，当时很多投电子烟的人也面临一些政策的挑战。

业务情况

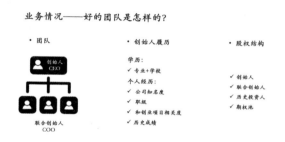

图 7　好团队的样子

好的团队是怎样的？以投资人的视角会看三点：第一，组织架构是什么样的；第二，创始人以及核心高管的履历；第三是股权结构。

为什么要看组织架构？一个公司往前发展，要靠设计自己的组织架构，让大家去相信当你的业务是现在的 10 倍、20 倍的时候，这个团队还能很好地控制这个盘子。有非常多不错的消费品在扩张过程中出问题，就是因为团队。举个例子，最近有一个曾经拿过知名机构投资，跑到了日销100万的一家公司在卖自己，卖的价格特别便宜，几乎等于送，就一个要求，就是把我的债务全接了。后来投资人复盘的时候，觉得核心问题是 CEO 在组盘子的时候组得不够好，导致这个赛道有其他人做起来了。这个事情大家要引起重视，一定要去想自己的组织架构到底能不能满足自己 10 倍、20 倍业务时的发展。

在创始人和高管履历这方面，大家关注的点除了学校、公司知名度、职级、历史层级、相关度以外，还要看这个 CEO 招聘的能力，你到底能不能吸引优秀的人才家属到你的公司？如果优秀的人才愿意选你，优秀的机构也会觉得你的吸引力强，有这么多优秀的人前往公司发展，也是对投资人信心的一种增强。

股权结构这个方面是这样的：很多初创公司在早期去设计股权结构的时候，稍微有一点随意，但是投资人其实看的是你利益分配的体系，股权结构能够反映你到底想不想把这个生意做大。我觉得这件事情也是大家在融资、接受资本前要想的：你可能会被质疑，如果这个公司放大 10 倍、100 倍，这个股权结构是否合理。

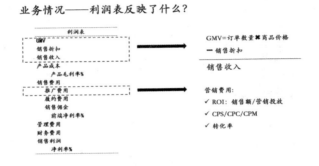

图 8 规模的重要性远远大于利润

如果投资人看数据，他们要看哪些。首先是销售收入，就是 GMV，它的定义就是订单数量 × 商品价格，然后减掉销售折扣，就是销售收入。其次就是成本和费用的部分。利润表是投资人对我们这个项目打的第一个分。这里我先下一个结论——规模的重要性远远大于利润。当我们在规模不够大的时候，比如说我们月销一千万或者说两千万，这个规模是非常多的消费品公司都能够达到的，这时候大家更关心的事情是你的规模能不能进一步放大，规模的放大是远远难于挤出来利润的。还有就是达到这个规模的速度，比如说你是花了两年的时间做到月销两千万，还是三个月的时间做到月销三千万，对投资人来说，可能这个项目的估值会相差 10 倍。

投资人也会对收入的来源做一个分析，比如说收入大家会分渠道来看，最好的消费项目是渠道不要过于集中。举一些例子，比如说你所有的量是在一个微商渠道跑出来的，那么你就很难拿到3倍或2倍PS这样的比较高的议价。如果你的渠道较为分散，有线上、线下，线下还有商超渠道、高超渠道，大家就会认为你是一个健康的，抗风险能力很强的品牌。大家会按品类来看，就是说你大部分的收入是什么品类贡献的，这个品类和你吹的牛、你卖的故事是否一样。投资人也会非常关注过去的变化以及背后的原因，他也会去想你收入增长的动力到底是什么，和行业比你有没有跑赢大盘，和竞争对手比，你有没有跑赢竞争对手，和你自己的公司比，你做的新品类的增速有没有超过你的预期。

分享两个公式，是投资人比较底层的思维逻辑，他们用两个方法看收入：第一，UE×订单数＝收入。第二，购买用户数×LTV＝收入。如果我们自己公司能够拿下面这个公式来套用到我们的公司中，你的公司将非常的值钱。

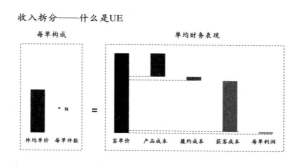

图9　UE拆解图

什么是UE？就是说每一个订单的件均单价×件数。客单价、成本、履约、获客和利润等指标，无非就是分析成本怎么变，履约怎么变，获客怎么变，最后通过算出来的利润看看将来怎么放大。为什么大家会特别看UE呢？这是规模扩张的前提，因为其实将来你的收入有多大，就是UE的放大。这里给大家分享一下，就是我自己认为大家应该更关注UE的好坏，在UE不够好的时候，放大要稍微谨慎一些。回到这个公式，就是说如果投资人对我们的估值逻辑的测算是 UE × 订单数，那么我们来看这个数字，UE 是他已经看到的确定性的数字，订单数是他不知道将来会有多大的，就是说订单数是取决于你的市场天花板，有很多的变量。这意味着在这一块我们有非常多的文章可以做。还是以冻干咖啡来说，它的 UE 非常好，但是大家对它可触达的人群是有争议的，乐观的、喜欢这个项目的投资人，可以把订单数的天花板算得非常高，这是为什么你的 UE 好是非常重要的。将来我们在向投资人营销远期公司有多好的时候，无非就是告诉大家我们能降本增效，优化好我们的结构，UE 能够进一步改善，甚至不改善，证明我们在一个好的 UE 下，我们能够维持。

再看看订单数，刚刚提到过，订单数其实就是购买用户数 × 消费频次。购买用户数无非就是问几个问题，你的用户是谁、在哪儿、怎么获得，这些都是非常适合去讨论的环节。

消费频次，在这里复购其实是一个非常关键的指标，但是在互联网项目的复购，大家是有统一标准的，用 UID 来算 M0 的用户在M1、M2、M3 的行为，但是消费品的复购有非常多的口径。所以在市场上，我们听到的王饱饱等这些项目的复购，可能不太具有参考价值，因为你不知道是什么口径。在融资当中，我们首先会和我们的客户去讨论你怎么定义你的复购，只要我们能够证明我们复购的算法是符合公司业务的，那么就能用，这也是一个有空间去提升公司价值的地方。

再是消费的件数，这是和连带相关的，如果用户的消费件数越多，连带的越高，就证明其实你的投放是能够带来一些品牌的。就是消费者不仅认你投放的这件商品，也能够连带去买一些平台里的其他商品，这在投资人看来也是一个很好的指标。

再介绍一个 LTV 的概念。这在互联网项目里用得非常多，就是在全生命周期里用户能够给多少钱，包括两点：第一，这个用户的生命周期有多长，这很简单，就是看复购；第二就是 ARPU 值，在它的生命周期里，每个人贡献多少钱。如果是一些高复购的品类，像冻干咖啡就可以拿这个指标和大家讲，我的目标用户可能是 2000

万，他们每一年的消费是 300—500 元，这样一算就是一个非常大、成长性极好、年薪极高、一次获客、躺着赚钱的生意，特别牛。在这里面，大家还会关注人均的获客成本，当你的 LTV 足够大的时候，大家对获客成本的容忍度是非常高的。你甚至可以一单亏很多钱，只要你能够证明这个钱我能够挣回来。

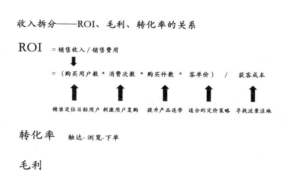

图 10 脱离毛利谈 ROI/ 转换率意义不大

这几个是大家在讨论的时候可能经常提到的一些指标，如 ROI、转化率、毛利等。ROI 的提升，无非就是看用户能不能更精准，消费次数能不能更多，购买件数能不能更高，客单价能不能更高，获客成本能不能进一步优化。转化率无非就是看你获得用户之后，从触达到浏览到下单有多少人。我重点想和大家讲讲毛利这件事情，我知道很多消费品的 CEO 都会大谈特谈 ROI，但实际上我觉得脱离了毛利的 ROI 和转化率是没有什么意义的。如果一个项目的 ROI 非常高不一定是好事，这意味着这个公司太保守。如果有 70% 的毛利，ROI 就应该做到一比一点几，这样才能最大限度地让公司规模化。如果毛利是 30%，就必须做到 1:3，如果做不到 1:3 就亏得太多了，所以在讨论 ROI 的时候一定要主动引入毛利的概念，否则单纯谈 ROI 的意义并不大，这是一个虚假的繁荣。

怎么找一些自己的运营亮点呢？刚才已经提到了用户行为、产品流转之类的一些东西，核心就是大家会更喜欢数据化、系统化、SOP 化的公司，因为这样能给投资人安全感。我投进来的资产，有非常好的运营能力，它能够承接更大的流量，能够承接更大的销售额。完美日记、元气森林都在疯狂卖自己的中台能力，如果公司要做大，真正做到百亿的销售额，单纯靠过去的经营模式，我觉得是较为困难的，现在行业也发生了一些变化。如果有可能的话，可以想想我的选品逻辑到底有什么可以吹牛的地方，数据化的中台怎么能讲得更好一点。

如何做出可靠的财务预测？

投资人和创始人的理解偏差最大的一部分，就是财务预测。大部分我见到的消费品公司的 CEO，是凭一个很粗的业务直觉来预测明年的财务状况，但是投资人在做预测的时候，是非常追求准确的。举个例子：他首先会拍一个市场规模，刚刚说到了市场规模的算法，就是一个终端的规模加一个渗透率，然后还会看看这个用户基数 × 客单价 × 频次大概会到一个什么水平。他在看财务预测的时候会注意看收入增长的动力到底是什么，你的成本费用到底会有什么样的变化，你现在的 UE 到底能否维持，它其实是一个挑战逻辑。大部分的创始人在拍自己业务的时候是一个发展逻辑，出发点不太一样。同时，他们还会去看一个业务的边界，比如说这个市场的天花板到底有多高，举一个可能不太恰当的例子，比如说婴儿辅食，这是一个毛利特别高、增速特别快的市场，但是投资人的第一疑问就是这块市场到底有多少将来会在线上？你能服务的人群有多大，到底有多少人在这里面关注品牌。投资人做很多线下店项目的时候，就会看你到底能够开多少店——投资人会非常在意边界，即你的边界能到哪儿？

退出分析

投资人会算"到底我在退出的时候能挣多少钱？"挣钱就看几个指标，一是可比公司的估值——就是和你类似的公司在二级市场被给了一个什么倍数，他再乘以你的发展，再给自己留点空间，就是他能给你的最高价钱。一个比较典型的 IRR 的计算方式就是，我投了多少钱，我占多少股份，假设我几年以后退出，退出的时候大概是什么样子。假设后面会有一些稀释，最后算出来一个 IRR，那么这个 IRR 就是每一个 GP 背在身上的评分表，之前所有数字都是为了服务这个 IRR。

四、我们应该怎么融资？

为什么要融资？刚才提到了应该如何融资，这里给大家分享一些融资的理由。我听到过非常多不是特别好的理由，其中最常见的一个理由就是"我缺钱"。投资人确实是不太会雪中送炭的，就是如果你的融资理由是缺钱，那么你就已经输在了起跑线上，哪怕你是一个不错的标的。你以"缺钱"这个理由作为融资的起点，大家一定会在价格上狠狠地占你的便宜。包括像追风口、想估值高一点的虚荣心等等，这些在融资当中都比较容易暴露出问题，不是一个比较好的融资理由。正确的理由是什么呢？这是一个很好的基金杠杆，我要拿这笔钱成为行业第一，或者说我整个的规划都已经完备了，差一笔钱就能够把业务放大。最好的就是第三个理由，我不缺钱，你估值给得足够高我就拿，或者说你的品牌名字足够好，我就拿。在这三种情况下，大概率你会拿到一个超出你自己想象的价格。

如何让融资服务我的长期目标？

融资一定要有目的，公司肯定是有一个五年、十年规划的：在五年、十年的规划当中，到底钱在里面能够起到什么样的作用？在什么时间点进来、拿多少？这个钱拿进来之后，我到底应该如何使用？花完钱能够达到什么样的结果？尤其是这个结果，就是我这笔三五千万的钱进来以后，到底能够达到一个什么样的业绩，这是每个投资人都非常关注的问题。

融资之前要想清楚的点，就是你的优劣势是什么，公司的优劣势是什么。以我自己陪项目路演的经验，我是非常反对我的项目去讲一些大家都知道的事情的，比如说在去年有一段时间，所有人讲到融资都是两微一抖小红书，讲我要在这里投放，讲我的 ROI 都是人云亦云。如果你是投资人，一天听了五六个项目，大家讲的是完全相似的故事，你的数字比别人好 20%，投资人是完全不兴奋的，他就是过了很无聊的一天，最后不得不把这些项目给老板汇报，老板在这些里面挑一个好的再见一见，这变成了非常随机的一件事。

在融资当中，一定要去找亮点，这个亮点一定是"人无我有"的东西。举个例子，第一，你的学历就是很高，在你这个赛道没有人有你这么高的学历，这是一个亮点。第二，你有非常丰富的行业经验，但是你要把这个行业经验量化成一个个有趣的小故事来佐证你确实是有这样的经验。包括行业资源丰富，你要储备很多行业里的牛人来帮你。包括公司的优势，可能是你团队里有一个特别牛的人，或者说过去几个月有非常亮眼的一个数据，或者说这个赛道很快会迎来爆发期，你卡在了非常好的位置。就是说，在路演当中，一定要花所有的时间让大家记住你一两个亮点，同时你要明白自己的劣势是什么。有可能你就是运营能力不够强，你就是缺电商的人，或者你的公司现在团队就是不够齐备。不要害怕，你把一个缺点当着投资人的面说出来，他还愿意推进，就意味着他在以后推进的过程中就不能拿这个理由来淘汰你，所以不如提前告诉他缺点是什么。第二个好处，当你把这个缺点说出来之后，他会有这个预期，你意识到这个缺点，你会改或者你会尽量避免这个缺点带来负面的作用，比硬杠要好。在融资当中千万不要有对抗心态，因为没有意义，大部分的问题没有答案，投资人说你运营能力不强，你非说你的运营能力强，你怎么证明呢？你可能和他吵了一架，你们俩很不愉快地都走了，各自有不愉快的一天，没有必要。你说我就是不强，要不你给我介绍人，我马上改，或者说这个事情我意识到了，但是我现在人力不够，解决不了，这样显得你很清醒和真诚。

我的人设与公司的人设如何相得益彰？

在融资当中也一定要有自己的人设。以雷军为例，他一直的人设就是工程师，真诚、接地气，和小米的极致性价比人设就显得相得益彰。如果你是一个特别洋气的人，你是一个做香芬的人，你就可以把你自己定义成全中国最懂香芬的人，公司的人设就是美好生活，这个人设一定要显得人事匹配，一定要去想。融资是什么？尤其是路演，我觉得这不是随便聊聊，你随时随地都可以找朋友随便聊聊，融资是有目的的。刚刚说到 MM 基金，它其实就是 20 多个有意义的机构，也就是说，你只有 20 多次去拿到最好名次的机会，把每次的融资当作是一个小剧场，要尽情去表演，把自己和公司最好的一面表演出来。最好的情况就是在这场路演结束的时候，他记住了你的人设，记住了公司的人设。

到底什么时机去融资？这其实是我和我自己的项目讨论最多的一件事。先说错误的时机，我觉得公司快死了是挺难融到钱的，当然，这时你不得不融资。如果我的客户说我快死了，你帮帮我，我也会帮他，但是我们都心知肚明，其实公司快死的时候绝对是最差的融资时间。第二个比较差的时间就是模型特别难看的时候。在模型难看的时候，基本上你就只能卖人，人是一个特别难以量化的亮点，什么样的人是好的呢？大家都有不一样的看法。第三个错误的时机，数据不够好，但竞争对手融到钱了。这是很多人有争议的点，但我自己坚定地认为这个时间点是不应该融资的，因为你的数据不够好，你的竞争对手数据好，你出来融资，不就是告诉别人你的竞争对手牛吗？你何必帮别人融资呢？所以在这个时候，我的建议就是不管你的数据怎么样，不见任何投资人，告诉大家我数据很牛，你不让人家尽调，你说什么就是什么。如果你让大家翻开了盘，大家会非常容易在 N 选 1 中做决策。

再说一下什么是正确的时机：第一，你什么都牛，只是缺钱，这是最好的。第二，增长曲线已经出现。第三，投资人对赛道有一定的认知。如果你发现最近有非常多投资人找你，大概率是你的行业里某一个跑得不错的人在融资，这个时候其实他已经帮你完成了对整个投资行业的教育，这是一个很好的融资时间点，你可以用更低的教育成本，更好的运营数据，更快地拿到钱。

接下来讲讲一个典型的融资要准备哪些材料。我觉得其实材料这个部分工作量还是挺大的，包括商业计划书、Datapack、财务预测、行业研究，这些最好是按照投资人的逻辑来讲。为什么？如果你见完他，他需要从头到尾地准备这一份材料，我觉得至少是三周的工作量，如果你在见他之前，这些材料全部都做好，你可以逼他在1—2周的时间里去进行决策。当这个决策时间压缩的时候，公司的亮点会被放大，公司的缺点会被选择性地忽略，因为他的时间不够充足。所以在融资前，这些材料大家最好都准备好，尤其是 Datapack，要把自己的数据做一次非常深的挖掘，最好挖出来一些行业里没有其他人在用，只有你自己在用的指标，这样显得我们的管理方法更先进。

　　路演是融资的常规环节，如何路演？这是我自己总结出来的一个框架，最终所有投资人问的问题不会超过下面这个范围，大家就是想了解供应链、产品、渠道、品牌、用户、运营和数据，在过去、现在和未来是什么样的情况。以完美日记为例，比如说过去的渠道，集中在线下，线上比较分散，它用一个创新的流量打法，很快地在渠道上异军突起，将来它是一个渠道品牌。你只要在这个里面找到一些亮点，投资人是一定会投的，是超出不了这个范围的。大家要去思考，我所在的行业过去的痛点在哪里？现在我到底做了什么事情让它发生了变化？将来我到底把壁垒挖在哪里？这里面也不用全部都讲，因为不可能所有的机会都在，你只要挑两三个点，讲出来几个好的变化，我认为就很容易去拿到投资或者是以更快的效率去转化投资人。

如何融资——我该如何路演？

	供应链	产品	渠道	品牌	用户	运营	数据
过去							
现在							
未来							

图 11　如何路演

　　该如何选择投资机构呢？首先在机构的选择上，我个人还是建议大家优先选择确定性最高的。投资意愿是最关键的，就是说他到底是否愿意在你的项目上放足够多的钱，任何事情拖一拖都有比较大的风险，因为没有任何项目是必须要投的，可以赚钱的机会也很多。如果一个项目没有在融资期以最快的速度拿到钱，会引起很多猜想，为什么你没有融到而别人融到了？哪怕你的公司特别好，这样被耽误了，解释的成本也非常高。其次我觉得可以再挑挑有声誉的机构。消费品的项目，说实话，大家都挺积极的，最好的机构也在这方面投入了很多资金。在大家都去放资金的情况下，如果你没有拿到最好的机构，那是不是说这些机构对你有些怀疑呢？第三，要重点关注估值和融资金额。消费品的融资窗口并不会那么多，所以在有限的窗口里应该尽可能拿到高的估值。第四，要关注条款。比如说在通常的 VC 阶段是不会出现对赌的，哪怕是回购也仅仅是和重大违约以及上市相关的回购。第五是了解一下交割条件。从这几个机构里面去选一个最友好的。最后，如果再加一个，就是你和投资人之间有没有好的关系，如果你们是朋友，你愿意他在你的董事会里，这就是一个加分项。

在融资节奏上，要关注自己的业务数据、团队、赛道热度、竞争对手融资情况，把这些都综合考虑进来，这也是融资到底能融得多好的一个参数。

我挺建议大家找 FA 的，创始人还是应该把时间花在更重要的事情上。融资这些事情，尤其是商业策划书、梳理数据，其实公司从业务的视角很难做得特别好。

江湖评说

一个灵魂拷问，如果你是投资人，你是否愿意把钱给你自己？你愿意给多少？

最好的 CEO 一定是把所有的投资都投在自己的身上，如果这个问题你都没有确定性的答案，那你其实不在一个最好的融资时间点，甚至不在一个最好的、把公司做大做强的时间点。

PART_05

新锐流量
平台的崛起

第一节

"看不太懂"的
B 站内容营销

前情提要

多元化内容的聚集和沉淀，为 B 站留下了一群庞大的且高黏性的年轻用户群体。Z 世代相对优渥的物质条件和较高文化教育程度决定了这一群体的强大购买力和高度忠诚性，奠定了 B 站流量的高质量性。

再加上 B 站单一用户时长停留 100 分钟以上，种草深度内容的影响力不容小觑。

2019 年开始，越来越多的美妆护肤、食品饮料等快消品以及科技公司入局 B 站，B 站也开始重视并规范站内商业化，上线了大家熟知的 B 站商业化平台：花火平台、悬赏计划、起飞计划。

但要论江湖各大流量平台，属 B 站是最神秘的一位。一方面这是一个足够深度的小众圈层阵地，非常诱人；另一方面，很多品牌在尝试投放 B 站几番后，却还是表示连怎么投都看不太懂。

这个"看不太懂"，真的看不太懂啊。

流量英雄

姓名： 许胜

职务： 波罗蜜集团联合创始人

波罗蜜集团成立于 2015 年，除提供跨境进口 B2C 与 B2B 服务之外，更致力于在品牌和 KOL 之间打造高效的品宣服务。波罗蜜的品宣服务横跨微博、微信、淘宝、小红书、抖音、B 站等多个平台，已为 500 + 头部 KOL 提供独家电商服务，覆盖超过 2 亿女性消费人群，获得数百家品牌的持续好评。2020 年，波罗蜜成为 B 站花火、悬赏、起飞三个 up 主扶持计划的官方服务商。

江湖过招

本回合主题：品牌如何在 B 站做好内容营销

一、B 站未来只做开放的环境

首先以我的观察和理解，分析总结了当下各大流量平台的一些特征：

表 7 多平台内容价值及粉丝特征比较

	抖音	快手	B 站	小红书	微博	微信
内容特质	较垂直	更广泛	最垂直	生活化	最广泛	最广泛
粉丝质量	No.3	No.2	No.1	No.5	No.6	No.4
粉丝地域	较均匀	更下沉	一二线集中	较均匀	较均匀	较均匀
营销价值	广泛曝光	带货转化	深度种草	好物分享	广泛曝光	广泛曝光
电商生态	限流	限流	开放	闭环	限流	闭环
品牌倾向性	国际品牌本土品牌	微商品牌本土品牌	国际品牌本土品牌	国际品牌本土品牌	所有品牌	所有品牌
涨粉潜力	成本高	成本高	红利期	困难	停滞	停滞

B 站的粉丝质量、垂直度、粉丝的黏性、以及在年轻人和一二线城市里的集中程度来讲，是所有流量平台中最出色的。

这个表是 2019 年年底的，今年我们也观察到了一些变化，比如小红书，在表格里它的电商是一个闭环，但是我们也观察到小红书正在公测，未来可能会打开，导流到阿里。

所以整个表格大家可以动态地参考一下。从开放还是封闭的角度来看，B 站的打法是非常清晰的，未来只做开放的环境。

二、B 站当前情况

图 12 B 站 2020 年第二季度财报中的粉丝数据

B 站 2020 年 Q2 财报发布的数据显示各个方面都在涨，日均使用时长和活跃用户关键指标涨的幅度比较大。

和抖音快手不同的是，抖音快手是短视频平台，而 B 站是长视频平台，B 站视频基本在 15 分钟左右，对品牌投放来讲，B 站的内容更容易把理念、历史、想法都说清楚。

同时 B 站的内容长尾效应非常强，一个长视频发布之后，其前 28 天的流量，和 28 天后的流量，两者比例大概是 5 比 5，对品牌来说，这就是沉淀的力量，长期的影响。

B 站的粉丝画像，Z 时代占 80% 左右，这是最年轻的平台，基本上集中在东南沿海和一二线城市。这基本上也是品牌营销最看重的市场。

为什么说 bilibili 是一块洼地?

行业内常有一种说法，认为 B 站是一块品牌营销的洼地，为什么这么说呢?

个人认为，洼地的说法，主要是看中其粉丝的年轻、黏性强，真实度很高，这种高质量的粉丝和内容对于品牌最看重的 LTV 来讲是具有超高价值的，所以这里面的价值是不能直接用 ROI 这样的短期的粗暴的算法来衡量的。

至于为什么说粉丝很真实? 要成为 B 站的会员要考 100 道题的，这就避免了机器粉，这是其他平台无法做到的。

三、B 站内容营销的新玩法

B 站上可用的营销方式有很多，不管是展示型广告还是整合营销广告，流量场景角度的还是大事件参与角度的，各种不同的投放目的，其实都能在 B 站找到对应的广告工具。

其中不难看出，B 站的商业化已经不仅仅在公域流量领域。随着 2020 年跨年晚会的火爆，到后来的"后浪"出圈，以及最近放了一颗卫星上天，整个 B 站的公域流量和私域流量，都迈开了商业化的脚步，正在不断地升级。

具体有哪些升级的营销玩法呢？

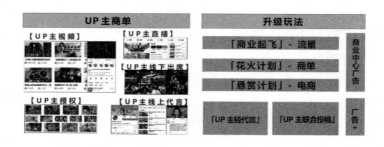

图 13 up 玩法升级

主要形式是和 UP 主的合作，不管拍视频还是授权联名，形式很丰富多彩。这里是我们推荐一些升级玩法工具：

首先是商业起飞，可以为你认为优秀的内容购买更多的流量；

第二是花火计划，是商单广告平台；

第三个是悬赏计划，电商向广告。

什么是花火计划？

简单地说，商家可以在花火平台上看到 UP 主的合作价格信息，这可以帮助品牌方在上面找到合适投放的 UP 主，也可以帮 UP 主寻找合适的品牌主的商单。

悬赏计划，则是在 UP 主、粉丝和品牌之间搭建协作平台，这和我刚才提到的波罗蜜搭建的 KOL 与品牌之间的协作平台有点像；

UP 主发布种草的视频，让粉丝通过视频链接下单，UP 主可以因为成交而获取分佣，目前链接大多数走的是阿里妈妈。

这也是 B 站开放生态的表现。

而悬赏计划的资源位非常丰富。就视频内容来说，悬赏的入口，有弹幕，有框架，有浮层，有评论区，也有 UP 主的个人主页、动态、专栏，等等。这些地方都可以挂官方认证的链接，跳到天猫店，可以帮助品牌方批量地接触到更多的 UP 主。因为品牌方总是困惑于很难短期内接触到更多的红人来批量地生产内容，悬赏可以完成这一目标。

四、案例分享

在 B 站，品牌不能端着，应该有一种不仅仅是广告主，也要成为 UP 主的一分子的觉悟。品牌只有生产出更有趣的内容，才能和粉丝们打成一片。

熟悉 B 站的朋友估计都看过这些案例：比如钉钉被打了 1 分上 B 站"求饶"；比如五芳斋的"鸭子"营销；还有中国联通的视频，有一个系列，名字叫作"老板见打"，一听名字就很带自黑的喜感。是的，品牌面对年轻人的时候，要敢于自黑，敢于剑走偏锋，敢于突破传统，敢于改变刻板的形象。

再比如从化妆品角度来说，就有大品牌找了很多 UP 主，来进行连续 12 小时的不脱妆的挑战，或者进行主题型的绘画比赛，效果很不错。当然对美妆品类来说，还有一条相对捷径的路子，就是做仿妆，可以切入 B 站最强大的领域：二次元的世界。

另外，虽然说 B 站是长视频平台，但是其实 B 站直播间也很发达（虽然通常是不带货的直播）。

综合以上几个方面，最后小结一下。

品牌或者服务机构如何在 B 站做好内容营销呢？

首先是品牌自己要想清楚，是要在 B 站完成什么定位和什么目标：是要种草，养草，还是直接拔草？

其次是花火、悬赏、起飞，这些工具要非常熟练地用好。再有就是更重要的，再多强调都不为过，就是不能端着品牌的架子，要能融入年轻人中去，要能和年轻人喜欢的形式和内容打成一片。能做到这一点，就能事半功倍。

当然，如果品牌方或者服务商觉得还是比较蒙，不太知道怎么才能融入这个圈子里，那么还有个很简单的方法，就是找 UP 主来共创内容。UP 就是在 B 站生态里成长生活的，他们最清楚 B 站的规则以及年轻人喜欢什么。

江湖评说

在 B 站做内容营销，是一项智慧密集型业务。要把 B 站当作类微博的未来阵地，去触达小众圈层。

第二节

小红书精投自由拳，
打出品牌沉淀力

前情提要

　　小红书，传说中的品牌种草的发源地，2020 年初 DAU 已破 3000 万，无数国货品牌从小红书发家，MCN、达人、品牌纷纷入场，种草带货。

　　小红书一直以来都在寻求商业平衡点，从原来的全民大乱斗，一步一步规范化运营，下半年也上线了小红书版本的"星图"，开启了小红书直播，逐步完善交易闭环。

　　尽管如此，小红书主要做的还是品牌沉淀，带货只是附加，并且目前在国内所有 App 里没有替代品。（B 站和知乎虽然能做品牌沉淀，但至少目前的规模体量还代替不了小红书。）

流量英雄

姓名：林尘

职务：侵尘文化创始人

小红书 TOP MCN 机构，独家签约达人 600+，粉丝矩阵 6000 万＋，签约达人数量平台第一。

林尘 3 年深耕小红书投放业务，擅长新品牌小红书冷启动打法。

江湖过招

本回合主题：小红书品牌沉淀和种草，好的内容从消费者出发

一、小红书的精投是什么？

最近精投是一个高频词，很多品牌方在听乙方提案的时候都会听到这个词，精投到底是什么？

精投 = 自由搏击 = 内容把控 + 选号

方向策略不在"精投"上，方向策略在实际投放的时候就像传统武术，但是精投是自由搏击。虽然有太极拳有咏春拳，但在战场上打仗的时候，还是只有一拳一腿。

如果说实际执行的时候，方向和策略是不重要的，我敢说有很多公司不同意。

确实不重要。传统广告公司过多地关注方向和策略，但是在执行层，他们都不会太多关注。

品牌心态会犯的错误

中国 90% 品牌方在做小红书时犯的错误，是这些品牌方以品牌心态做内容。品牌心态就是想把产品的卖点、成分、产地全部告诉消费者，但这是错误的。

举个案例你就明白了。2020 年"6·18"，某品牌旗下泥膜产品做的投放，客单价 280 元（新品牌冷启动阶段，当时天猫月销是 2000 单）。这次小红书总共预算花了 150 万左右，投了两位明星，分别给了两篇不同的笔记。

明星 A 的笔记以 60% 的篇幅描述了产品的产地、特定成分、功效，详细表达了使用感受，反正就是使劲地夸；明星 B 的笔记全程没提产地、没提成分，只针对很多女生都困扰的"草莓鼻"演示了这款产品对祛黑头产生的效果。

两篇笔记都是品牌给的，品牌发布前对 A 笔记非常满意，期望能透出百倍 ROI。结果怎么着？A 笔记发布出来只有 200 多互动，B 有 26 万互动！是这位明星日常互动的 8 倍！小红书所有明星日常都到不了这个数据。

但是拍图做法的笔记做到了，没有提任何产地和成分，只是做了一个需求场景，吸黑头，把场景和痛点具象化了，解决草莓鼻。

为什么品牌对 A 笔记这么满意？

花了 60% 的篇幅讲产品的特性、产地、使用感觉、功效，这是正常的"产品逻辑"，品牌当然喜欢。

二、精细化的内容怎么写？

1. 小红书的内容要场景化

什么是好的内容？好的内容在小红书就是场景化的内容，场景化的内容等同于种草力。种草力就是消费者产生非冲动购买的原力，不是马上冲动购买，而是放在购物车最后购买。

2. 小红书审稿四部曲

品牌方在投小红书的时候，对于内容把控，我总结了四部曲。

（下面的第一个点要记住，剩下三个点不用记。如果第一个点无法站在消费者的角度看内容的话就用后面三个点。）

第一，站在消费者角度看；

第二，检查有无包含需求场景；

第三，是否解决了通电；

第四，跟达人原先风格是否相符。

因为很多品牌站在品牌心态看内容，往往觉得把产品写得越牛越好，其实不是这样。

"小红书没有 KOL，却有 3000 万的 KOC。"

这是小红书在未来品牌大会上透露出来的信息，有一个很有意思的点，整场大会官方没有提 KOL 这个词，一直在强调 KOC。小红书有 3000 万的用户做分享，这 3000 万的用户都是 KOC。

KOC 是比较新的名词，以前很多大 V 都在说 KOC 不就是朋友圈的素人微商吗？

KOC 到底是什么人？举个例子：假设古时候有一个皇帝复活了，这时候皇帝参加综艺选秀，他是明星；如果他去做表情包是 IP，如果拍段子奥利给是网红 KOL；如果在小红书上分享刚刚买的面膜跟用户交流，那就是 KOC。是否是 KOC 不取决于他的粉丝体量，而在于是否有分享性和交流性，这才是 KOC。

三、怎么选择投放账号？

品牌方都会问一个问题，怎么选账号的量级？

服务商一般会根据品牌投放的定位选，因为需要给他们一点面子嘛，大部分品牌问这个问题基本上是预算不太够。预算非常足够的品牌会这么问：这个季度的预算怎么消耗完啊？

举个例子，某保健品在小红书上怎么投？就是看过一遍名单下来把看不顺眼的划掉，其他都投，这是打法策略——能投的都投出去。

拿装修房子做个比喻，头部达人就是艺术品，看重的是品牌调性；腰部达人是软装，靠的是他的声量和长期沉淀；爆文 KOC 是小家电，用沉淀的实力来做转化；素人是硬装，他有基础声量，有口碑。

如果你很有钱，装修是不是得放几个艺术品？如果没什么钱，想做到极致的性价比，配合几个小家电就可以了。

1. 在小红书上选号我们看什么？

看内容标签，给品牌进行分析，把所有的标签词拎出来。

很多做电商的朋友觉得流量词就是进店搜索词，其实不全对，竞品词、行业词、功能词全部是标签。

为什么把标签选出来？因为小红书的 KOC 不是根据粉丝去推送内容的，而是根据兴趣标签推送内容。只要近期发过此标签并且出了爆文，就代表着这些 KOC 账号在这些标签下面的权重很高，持续发相似的内容，平台还是会把内容分发到流量池中，所以先把标签选出来。

权重是什么？就是看近期互动。这个不是很难，在市面上的数据分析平台就可以看到，比如日常的每一篇笔记点赞收藏加起来都破千，那就是爆文账号；还有一类账号发三篇爆一篇，再有一类账号数据全"凉"。

2. 精投核武器

给你分享一个"核武器"，叫甜品级账号，即性价比又高又好被"忽悠"还不知道自己账户很值钱的甜品。

举个例子，很多人认为所谓的流量标签是美妆美食，其实不是，小红书是根据内容标签推流，不是根据账号领域推流。所以存在一种账号，发其他的内容根本没人看，但一旦提到某个词，比如"柜姐"，这篇内容就爆了。因为小红书认为在"柜姐"标签上的权重很高，会优先推荐对奢侈品和专卖店感兴趣的流量。

所以找到品牌的相关词，只要提到这些词的并且一提就爆的小账号，可能也就三五百粉丝或者是千把粉丝，可以直接聊合作。

但 MCN 不会给所有的品牌提供这类账号，因为沟通成本非常高，需要品牌的市场团队自己解决。

四、小红书直播带货的另类魔力

聊一下小红书直播带货，相信你对小红书直播也非常感兴趣。

到今年 8 月，小红书直播带货最高也就 700 多万 GMV，和抖音快手没有办法比，但很多人还是趋之若鹜。它的魔力在哪里？

我问一位单场直播数据 20 多万的达人，做小红书这么久对于带货直播怎么看？她回答：我很反感一句话，叫作把品牌的价格打下来。

为什么？因为品牌要赚到钱。这里不是吹品牌，外行人看直播带货，一般都会说，人带货，但是内行看直播带货会说货带人。主播与品牌是相辅相成的，你把品牌的价格压下来了，你和他互相消耗了，后续怎么合作？所以这个现象目前虽然在大部分直播带货平台都存在，但并不是存在即合理，希望以后我们做小红书不会存在。

除了人带货，还能带好货，这是我们的初衷，虽然很难。

江湖评说

摇摆的小红书，摇摆于走交易平台的变现之路，还是做种草社区。

事实上，社区类型的 DAU 驱动的产品，在电商商业化上都有一种明确的大困难，就是如何安置电商部门。电商几乎和所有基础业务部门都有交叉重合，要期待这样一个部门在一个社区产品中扮演何种角色？

小红书目前来看还是一片混沌，这是小红书自从树立起用户心中的第一种草平台之后，整个团队一直会面临的问题：小红书，究竟是要走哪一条路？

本质上有 3 条路：

第一条，彻彻底底成为一个阿里的后花园，打通直达淘宝的交易渠道。

阿里的后花园会如何呢？如同微博，全面开放给阿里生态体系，进行全盘的端到端的顺滑商业化变现。

这一点对于小红书的社区坚持来说，几乎是一个毁灭性的打击，成为后花园意味着从上至下，整个生态由官方开始，被商业化的 ROI 主导。

效果广告全面对电商开放导致的第一结果就是，种草不公允、心智不稳定，后花园的枯萎几乎是一种必然。毕竟买断流量资产，就是竭泽而渔的下场，是一个巨大的商业化引擎各部分博弈的最终结果。

从阿里整体来看，阿里当然期待一个寿命漫长、心智稳定的健康小红书，可是一旦流量入口打通，需要疯狂增长的 GMV 目标是否允许这样的理想情况发生呢？

第二条，坚定的只种草，不拔草，成为一个坚定的生活方式社区。

这是最理想的状态，也是最舒适的状态，也是目前团队正在做且一直以来非常拿手的。

小红书团队，给大家的最大印象就是，这是一个品味极佳、整个团队都弥漫着生活方式风格的公司。这个公司太会做品牌了，太会吸引上升人群了，太迎合当代的消费主义了。小红书还创造了一种产品的潮流，双列图文瀑布流，也引发了一种小红书文案格式：多图文、条分缕析一点两点、加标签的名媛文案风。

这都是小红书团队得心应手且擅长的，也是小红书的核心资产，一切的运营、产品动作，带来了源源不断的内容。内容、投放和 MKT 带来的人群贡献出了小红书今天 3000 万的日活。

这一条路，早已走通，可是核心问题在于，上限还是低，DAU 要是走这一条路，种草的路径，能吸引的稳定 DAU 还是有限的。

大部分人还是在思考如何活下去，人生海海，已经过于辛苦了。所以说还需要等一等，真正的种草全民化、追求优美的生活方式的全民化的时刻，似乎还没有到。

第三条路，由种草心智开始，做属于小红书自己的交易闭环，做自己的交易平台。

几乎所有流量平台都在遵循大平台的商业化之路，无论是知乎、B 站，还是小红书，都在尝试各自的商业化组件。

商业化组件有什么？直播、信息流广告、CPM 曝光、企业号、闭环交易平台、CPS 模式，等等。小红书做了上述的一切，正在积极尝试。可最大的问题，仍然是流量规模问题，小红书做任何商业化的本质，都是在切割自己的 DAU，放在一个一个的篮子里，看看 UV 价值，怎么样才能蹦跶到最高，且这个时候还要保护自己的核心种草心智这一资产。

为何随时随地都要强调"种草心智"？这是小红书最核心的资产，用户为何来小红书，是因为我可以从小红书上看到吃喝玩乐的各种最全面、最真实的推荐。虽然存在中腰部为了"恰饭"的虚假真实，可是仍然不排除小红书在中国上升人群的这一地位。

只要种草心智不死，小红书就不死，因此商业化的优先级，要以保护和不损害心智为前提。

那么，直播会损害种草心智吗？不会。但是小红书做直播流量有限，且长期坚持只种草，不拔草，所以交易习惯没有养成的话，不会形成生态，只会是一个一个桥头堡下的自营逻辑的流量灌输变现。

那么，自营交易闭环会损害种草心智吗？其实是会的。但是小红书很谨慎地把品牌商户号和小红书的品牌旗舰店绑在了一起，仿佛在告诉用户，你顺便可以在这个社区买买。可是用户不会买单，用户的路径不以社区运营者的运营路径为转移，因此小红店给品牌带来的渠道销售价值不大。

因此不能得到优质品牌的精力投入，小红书的商业价值也就没有那么大。

还记得那句话"1000 亿以下，皆为虚无"吗？当然要是小红书持货自营，又是另外的模式，但是这样岂不是更是，既做裁判，又做选手了吗？

小红书，坐拥 3000 万稳定上升人群的种草社区，却要不断摇摆，不得不摇摆，破局点是什么？

谨代表群响若干个做小红书种草生意的 MCN 会员，向小红书团队表达敬意和祝福，小红书加油！

第三节

拼多多的
多样性

前情提要

6.2 亿用户，市值 822 亿美金。

这是拼多多在 2020 年 Q1 季度的财报数据。

从下沉人群切入的拼多多，不断地在股东信和财报中强调，不要管我，不要让我盈利，传统电商赚钱的环节，拼多多一分不赚，还在补贴。截至 2020 年 6 月，拼多多年度活跃用户 6.3 亿，人均消费额 1800 元一年，整体 GMV 1.1 万亿。

人群上，向上破圈，切新人群，百亿补贴持续不断，让一二线用户也大喊真香。

目前拼多多一二线城市用户占比已接近一半，其中男女比例大概为 4：6 在年龄分布上，35 岁以下用户占比最高，接近七成。

货品上，不断吸引品牌入驻，从货上匹配增量人群，不断扩大势能。

人人都知道拼多多流量红利大，但是入局的玩家大都摸不透，其玩法与传统电商迥然不同。

流量英雄

姓名： 王俊

职务： 拼多多头部品牌TP，麻雀电商创始人

江湖过招

本回合主题：品牌如何进场拼多多

一、基础数据篇

拼多多年度活跃用户6.2亿，人均消费额1800元一年，整体GMV1.1万亿。

很多人对基础数据没有感觉，但对比一下其他平台的数据就会有感觉了：阿里用户约7个亿，京东3个亿，抖音4个亿，快手3个亿。（截至2020年6月）

拼多多生意第一关：如何选品

拼多多的选品逻辑：有限的SKU，深度的库存。

因为拼多多的基础运营逻辑是"货找人"。传统电商诞生于PC时代，那个时代的主要信息获取方式是搜索，对应到电商领域；"人找货"，意味着传统电商满足的是人群多样、长尾的购物需求。这样的平台需要的"货"的要求是：长尾、个性。它满足的是每个人个性消费的需求。

拼多多诞生于移动时代，基于微信的社交属性而发展起来。有限的屏幕，强社交关系，必然导致拼多多上的商品是共性的消费需求。你发现了3斤橘子，希望以更低价格购买，发给了你的朋友，一起拼单。这样的场景和社交，导致产品虽然是有限的，但深度很广。

它满足的是消费者基础的生活消费需求。

再看看用户特点：已婚有小孩在已婚用户中的占比是 58%，女性用户在总用户中的占比是 70%。（数据来源艾媒、易观、极光等第三方机构，仅供参考。）

看出来了吗，这样的人群，所对应的商品需求必然和天天逛天猫的人不一样。拼多多最先抓取的用户是当年那些没有支付宝、没有淘宝账户的用户。因为微信一下子让几乎所有有微信账户的人有了小额现金，现金的变现变得特别简单，而拼多多抓住这个机会，最先将这批用户吸引上了平台，用基础刚需消费品进行变现，从而奠定了拼多多的用户基础盘。

当然随着平台用户规模的不断扩大，大家的需求也必然会增加，不同人群的需求也会不断升级，这个升级不仅是说价格，更是说对自己所在人群的定量化升级：从不用餐巾纸到用餐巾纸，就是一种升级。这种升级是一种老百姓对美好生活的向往。应该说拼多多是中国"老百姓的电商平台"。

在拼多多上如何运营

拼多多的基本运营逻辑是单个 SKU，这个逻辑最早是京东的逻辑，但拼多多为代表的新电商将其发挥到了极致，运营的是商品。天猫运营的是整体店铺，这个方向请特别注意，否则一开始会很不适应。天猫的核心逻辑是"钩子款引流"，店铺其他款做利润，而拼多多的逻辑是单品打爆，逐渐提价。两者在逻辑和操作上非常不同，做天猫的来做拼多多不适应的地方就在这里。拼多多未来是否会和天猫一样，这个就要看平台下一步的战略了。

打单品，打链接是最主要的运营方式。最牛的运营，7 天就可以做一个 10 万 + 的链接。当然战略的亏损是必需的。

这里有个前提，商品需要合适，如果不是平台建议的，就很难了，要特别注意。我们做过一个测试：

第一步：先做好商品的基础销量，特别是评价一定要大于 100 个；其次店铺的 DSR（卖家服务评级系统）评分不能过低，否则不能提报秒杀活动。

第二步：符合秒杀门槛以后，看一下最近限时秒杀里面的同类产品，用一个相对有竞争力的价格先报名一次小额秒杀，一般 1000 份以内。第一次秒杀一定要百分百售罄，但是千万不要刷单，会被拉黑。秒杀的时候配合加大场景推广的投放，不要太纠结投产加大曝光会增加后续的权重，秒杀结束后会邀请秒杀回价上首页，一定要利用好这个资源位做好投放。

第三步：秒杀结束以后维持场景推广，当发现自己推广的曝光量每天在一个值上不去的时候，再来一场秒杀。重复第二步操作，一般每次秒杀结束以后，推广的曝光量和转化率投产比都会有一个明显的提升，这个时候继续加大投放，控制好自己预期的投产比就可以了。

结果是，参加秒杀活动后曝光量峰值从 5000 提升 60 万。

拼多多的流量分布规律是什么？

由于是单个商品打爆的逻辑，因此各个官方的流量口就是最重要的。目前 App 的第一屏基本就是最主要的流量入口，比如秒杀、品牌清仓等。

如果是品牌（天猫调性分 4 分以上的），可以向拼多多申请超级品牌日这些位置。如果自己货不多，可以联合其他商户一起做。流量也不错。

对于目前拼多多主推的新的流量口，私域、直播也都不错，特别是珠宝类，目前多多直播的流量非常大，有很好的红利。但千万提醒，直播主要是店铺直播，目前看起来达人直播成熟度不高，建议以常规的店铺直播为主，红包吸引粉丝是必要的手段。

私域上，主要是针对线下品牌和知名品牌的，拼多多会给这些品牌提供一套完整的工具和玩法，系统主要是小程序。

在新流量口上，拼小圈值得大家关注，这是一个潜在的流量区域，类似微信的朋友圈，但能看到你的朋友买了什么，可以对话，可以发红包，很有意思。是否可以为商家所用，这个要具体运营了，我觉得潜力不错。

如果你是水果生鲜，多多果园，这个流量也会让你很爽，量真的很大。缺点是结账周期有点长，你得看看自己是否扛得住。

1. 推广方式

由于拼多多目前主要推的是单个 SKU，因此推广上主要是直通车这些形式。整体看下来 ROI 还是很不错的，高的能做到 1∶15，具体看行业和商品。你拿天猫的预算来做这个，绝对让你爽翻。

其他推广方式，要看你和小二的沟通了。小二也会推荐一些方式给你，前提是你的店铺和商品已经有很好的基础了。

对于小二这部分，我特别提醒一下：（1）不要做触摸红线的交易，不要做，害人害己。（2）店铺和商品基础销量没有做好，不要去找小二，毫无意义，浪费时间！（3）做好自己的事情，小二会来找你的，他们真的很忙（KPI 指标很高）。

2. 关于开店

店铺权重还是有不同的，建议能开旗舰店的就开，不行的开专卖和专营。个人店毫无意义，不建议开。如果你做测试，也可以，但流量和活动基本不用想了。

拼多多开店费用和时间，和天猫、京东相比还是低很多，1000元店铺保证金，上大活动 5 万元活动保证，真的不贵。

如果你的品牌已经被别人在拼多多开了，你想要回来，很难，要开店建议自己好好查查，否则就是浪费时间，平台也没空给你查这个。这个对很多品牌商来讲很难受，但没办法。

3. 关于选品

上面已经说了，拼多多目前还是以基础消费品为主，在家用的那些都是大类目，都可以玩，关键看品牌、性价比，还有货量。这些都有优势的赶紧来，都没优势的先看看，找小二也没用。

这里特别提醒一下，所有商户，不要总是自嗨"自己的货就是好，就是便宜"，拼多多的算法系统很厉害，你要在一个平台上活下去，了解平台的需求和要求是第一位的，自己觉得好没用。

可以到店、到家的服务类产品，如医美、汉堡王等也都入住了，这类的机会还是很大的，但需要慢慢来；大宗商品，比如汽车，房产，是刚刚开始，需要时间。

关于运营上的几个特别的点：

客服很重要，否则会被罚款很严重。

发货及时，极其重要，很多商户说被拼多多扣款什么的，都是发货不及时造成的，毫不客气地说，拼多多的发货要求比天猫严很多，一定要及时。

如有疑问，必须第一时间申诉，后台都有入口，别被运营负责人忽悠。这个不能怪平台，我见过太多，毫无意义；

如果是品牌，没有正规授权的，不建议上，没有用，千万记住。有些商家找了一批便宜但是没有授权的产品（在海淘领域特别多），结果被罚了，不能怨别人。

4. 关于团队组建

整体来讲，只要你选好货了，拼多多的运营核心人员1个，车手1个，客服2—3个就够了。5个人的配置，每月干个几千万，不是什么问题。拼多多效率还是很高的。

在拼多多上如何营销

拼多多在上市之初就把自己的模式定位为迪士尼+COSTCO。在目前看来，迪士尼的目标，它的确正在一步一步逼近。

从浅层流量上，大家可以看到初级迪士尼的玩法正在变成基础，举几个例子：

拼：最基础的玩法；多多果园：游戏，根据要求完成任务就可以免费获得某些产品；省钱月卡：类似天猫的会员卡，有卡可以获得部分产品的优惠。

这些基础玩法构建了拼多多的迪士尼外围，在这些外围，可以不断地拓展新用户和新内容。

而在下半年新产品上，"拼小圈"是值得关注的。

我们看到更多的迪士尼核心圈层的构建：基于人、货、社交为网状结构的娱乐、社交场景。你不再因为便宜而觉得好玩，童年的货，朋友买的商品，红包，基于同样一个商品的交流，让你流连忘返，是不是很像你去迪士尼的样子？虚实结合，更接近迪士尼的本来面目。

如果有人要问我如何在拼多多上做营销？你先问问自己如何在迪士尼乐园做营销？是不是很有趣，拼多多已经搭建完了你做营销的场景和工具，你要做的就是如何吸引用户来你的乐园。

就这部分而言，拼多多确实非常强大，我们也非常期待它的下一个游戏是什么，非常期待。

按照逻辑说完了拼多多的常规内容，下面聊点我们对拼多多的理解：

二、答疑篇（商家）

你觉得拼多多还会增长吗？

毫无疑问，拼多多的用户还会增长，整体 GMV 也还会成长，人均消费额肯定飞涨，这点我不怀疑，建议大家也不要怀疑。

说个插曲，2018 年我们公司在做融资的时候，前面见过 100 个投资公司的投资人，其中 0 个用过拼多多；最近再看我的"拼小圈"（拼多多的一个功能），他们玩得好开心。这个现象很有趣。

更有趣的是他们买的东西，你都无法和他们的形象对照起来，你会发现，啊，他怎么买这个。非常有趣！

拼多多到底怎么玩？

说实话，这个问题太大，如果你去问小二，小二肯定不理你（或者没时间理你）。我也不知道怎么说，分成以下几个小问题讨论吧！

我是商户，怎么在拼多多上赚钱？

只要你的货够香，那就可以赚钱，关键你的货香吗？怎么定义香？得让消费者觉得香才行，你觉得香，毫无意义（我最怕有人说，我的货多么好，我跑都来不及）。商品、质量、价格、体验、是否当季等等，都会影响"香"的浓度。你的货香不香，你扔上去看看就行了，没那么复杂。

我是品牌，想做拼多多，怎么做？

这类"哲学"问题，我也很头疼。你是品牌，还是商标？你得先弄清楚，当然很多职场人士没有决定权，老板觉得是就是。我简单说明一下，拼多多觉得是品牌的基本就是天猫调性分 4 分以上的，这是个基本判断。那些开了天猫店，单 SKU 月销低于 5 万单的就别来闹了，真不是。不是拼多多平台认为你不是，是消费者认为你不是，你老板认为是也没用。

怎么做？开店，交钱，上架，卖货！很简单。然后呢？没然后了，你卖就好了，拿结果说话。

拼多多上多是假货吗？

这类问题，我真不想回答，典型的浪费时间，自己去买买看看吧。

拼多多上的东西价格为什么这么便宜？

你去开一个店就知道了，开店保证金 1000 元，大型活动保证金 5 万元（可退），交易佣金 0，只有一个 0.6% 给支付宝、银行、微信的支付通道费。推广费？前面说了，1000 元 / 天。

这就是便宜的原因之一。注意是之一。

之二是什么？你必须全网最低，真的最低，不是忽悠，拼多多的价格审核部门是我见过最厉害的，你在其他任何平台卖过什么价格，他们都知道，你自己看着办。

拼多多上的退货率高吗？

看什么类目，非标品会高点，其他的很低，真的很低。为什么？因为我们作为商户为了提高销量，已经把物流压到极致了，普通消费者找得到这样的快递吗？

上拼多多会被二选一吗？

如果其他平台看得上你，可能会，如果没有，你就别想太多了，不是所有品牌都有资格被二选一的。被盯上了怎么办？问你老板去，如果你自己是老板，只能祝福你了。

现在去拼多多还来得及吗？

时间，永远是公平的，来了，你就来得及，不来，你永远来不及。

拼多多还有流量红利吗？

中国 14 亿人口，人就在那里，有吗？自己考虑，这类问题，我不回答。

三、答疑篇（投资人角度）

拼多多到底会多大？

拼多多目前的策略看起来，还是没有变，不断裂变用户，不断提高 GMV，这个应该是他们最核心的策略。用户上做到 8—10 个亿应该是可以的，他们真是围绕着用户在做工作。GMV 上，通过百亿补贴，不断拉高客单，因此 GMV 翻一番也应该不是问题。

拼多多走的到底品牌化还是供应链改革？

在我看来，无论是品牌化还是供应链改革，其实拼多多的核心一直是满足消费者的需求。一个用户有消费品牌的需求，也有买供应链产品的需求，这点非常明显。这不是品牌化还是供应链化可以定义的。拼多多品牌化还是白牌化，看消费者的意思。他们决定。

建议大家好好看看拼多多的一个功能"拼小圈"，很有意思。我本人有很多投资公司的朋友，也有很多其他的朋友，只要他们在拼多多上买了东西且没有关闭这个功能，我就能看到他们买了哪些东西。不看不知道，你看了真的就会发现很有意思，原来他会买这样的东西，简直颠覆你的认知。

有趣的是，通过这些功能，你还能认识到你从来没见过的品牌和产品。最关键的一点是，你也有极大的冲动去买，最后还真买了。

从这些点点滴滴的开发来讲，从秒杀、大牌驾到、万人团、直播、拼小圈、多多果园等等，拼多多不断在刷新大家的认知。

如果将拼多多拆解掉：

第一个"多"：用户多，用户需求多，有买戴森的需求，也有免费拿水果的需求，有住5环外的，也有住浦东陆家嘴。这个"多"囊括了巨大的需求：巨大的消费需求、生活需求、娱乐需求。

第二个"多"：商品多，注意这里说的不是品牌，而是商品。我在拼多多上找到了我小时候喝的汽水，也通过别人看到了我不知道的天使薯片，还有我以为没有了的捕蟑螂的神器。拼多多真的很有趣，很神奇。

第三个"拼"：就是将这些聚合起来，进行化学反应，这个能量有多么巨大，大家可以想象一下。

现在 6.2 亿，未来 8—10 亿，3—4 万亿，想象空间巨大。品牌你来吗？用户你来消费吗？我相信谁都不会拒绝。

拼多多怎么赚钱呢？

这点其实是拼多多平台应该考虑的，而不是我们要考虑的问题。但如果你有 6 个亿用户，你会不赚钱？打死我都不信，这种量级要是不要赚钱，才是核心问题。

商户（品牌）怎么赚钱？

还是那句话：6.2 个亿用户，未来 8—10 个亿用户，这些用户里还不够你去找要的客户？怎么找是你的事情，但我认为拼多多还是很开放让大家去找的，不过要注意，你必须遵守他的原则"用户第一"，一切玩法都要满足这一点，否则不会允许你在拼多多做。

品牌自己是有品牌价值的，拼多多这样将品牌价格压得这么低，品牌如何存活？

首先，还是这个观点，6亿用户里面难道没有100万人有能力购买你的产品？肯定有，怎么找到这些用户，才是品牌真正要考虑的。

另外，任何一个社会或者行业，永远存在交替轮换。需求不断在更替，品牌溢价也不会一成不变，如何调整品牌溢价也是品牌商要考虑的。国外为什么有那么多DTC品牌（通过互联网渠道直接销售给消费者的品牌），国内为什么有那么多白牌商品，就是这个道理。

四、谈谈我对电商的理解

电商，其本质是"社会效率化"的结果。它是传统商业的迭代，是依托社会效率化整体迭代所产生的必然结果。

中国第一代电商，即传统电商，以淘宝（天猫）、京东为代表。淘宝以"交易效率"切入，京东以"配送效率"切入，建立了自己的商业"帝国"，同时也给全社会铺设好了提高效率的"电子商务基础设施"。

电商的生态有几个要素：用户、平台、商品、品牌（商家）、配送、交易。

淘宝（天猫）的平台，切入点是提高了用户到品牌到交易三者间的效率；京东的平台，切入点提高了：用户到商品到配送，三者间的效率。

平台型电商1.0（淘宝天猫为例）的本质是"服务品牌和商家"。

电商平台的角色需要看它的盈利模式，如淘宝天猫的收入都来自品牌方和商户，收他们的广告费和交易费等。这样的逻辑下，电商平台的核心就是"服务品牌和商家"而不是服务消费者，不是服务用户。如果你是商家或者品牌，两周不找小二，小二就会找你，因为他的工作就是服务你们。

京东开始其实是平台型电商1.5版本。

京东，以提高商品配送效率杀入赛场，它的体系中没有品牌（商家），因为它要提高效率："我自己买来再卖，这样效率最高。"它服务的其实是"消费者"，不是品牌（商家）。

问题是，在收入上，它抄袭了平台型电商（淘宝天猫）的模式，比如广告费、交易费，所以很纠结、很拧巴。

但京东的做法给了新电商机会。

新电商，是相对传统电商而言的，也是效率化的结果。

这里有个前提，是以微信为代表的"以用户为核心"的移动互联网产品的大量出现，包括抖音、B站、快手等短内容平台。无一例外，用户就是他们的上帝，不是品牌，也不是商家。

新电商，切入点是提高了用户到商品，两者间的效率。

因此新电商，是以"消费者（用户）为服务核心"的电商2.0版本。

商品是新电商的核心，例如白牌。白牌是静态的描述。没有一个工厂或者公司愿意做白牌，每一个做白牌的公司都有一个做"品牌"的梦想。消费者对于白牌的诉求核心本质上是对"品牌溢价"的不买单，不愿意为太高的"品牌溢价"付费。

号称"世界工厂"的中国供应链代表了足够先进的生产工艺和巨大的产能，在经济下行、消费降级的大环境下，高溢价品牌的订单量下滑，释放了大量的产能。但这样的供应链绝大多数是不懂如何塑造"品牌"的，因此我们认为，大多数这样的"白牌供应链"只会"做产品"而不是"商品"，是普遍现象。能够赋能供应链，做商品指导+额外品牌价值（哪怕只是一点点）的公司，其市场潜力是巨大的。

江湖评说

人、货、场每时每刻都在变化，而且变化的速度会越来越快。具体来讲，消费者的需求一定会出现多层次的需求，未来很难用一个传统的用户画像来进行描述，比如买LV包的人，也可能会买9.9

元包邮的水果，这样的变化就产生了一种"新消费"态势，具体表现为：新商品、多场景、多面需求。

在"新消费"趋势下，所有消费品都值得全部"重新"做一遍；在"新消费"趋势下，全网络，线上线下融合的跨平台布局是所有品牌必须要做的；在"新消费"趋势下，人的多面需求需要"超高效率"的满足。

因此，电商行业，除了要考虑流量，更应该多考虑用户想要什么商品，抓住这点，任何一个平台都会欢迎你。

部分概念解释

操盘手：一般指有能力独立负责一个业务单元，通过商业经营让一家公司或一项业务的商业价值持续得到放大，收益更多并且效率更高的人。

Z 世代：Generation Z，对应 Y 世代而言的，泛指 95 后。这代人是移动互联网世界的"原住民"，在深度数字化的环境下长大，在资源的获取和利用、深度学习与思考、多元化吸收与包容、创新力与创业精神方面尤为突出。

下沉人群："下沉人群"相关的概念是"市场下沉"。"市场下沉"指产品或品牌向低一级的目标人群拓展，从一二线城市向三四线城市扩展，由高端向低端发展的一种做法。"下沉人群"就是这些三四线城市中消费能力比较低的消费人群。

人设：人设有两个维度构成，第一个是社会人格，这是当事人自己主观希望呈现在他人面前的自我形象。社会人格主要来自原生家庭和社会环境的塑造，是类似"超我"的"道德我"的存在。人设的第二个维度是人格标签，即是他人对我们的评价或"界定"。无论这个标签是正面的还是负面的，都一定程度上固化了人格，并降低了标签之外的可能性。我们对标签的维护也是在试图回应他人的期待。

掮客：是指替人介绍买卖，从中赚取佣金的人。也常喻指投机者。

公域流量：也叫平台流量。它不属于单一个体，而是被集体所共有的流量，是商家入驻后通过搜索优化、参加活动、花费推广费以及使用促销活动等方式来获得客户和成交。公域流量运营的核心是要熟练掌握平台规则，根据平台的发展规律顺势运营。

私域流量：就是一个基于信任关系的封闭性平台上的流量池，当然这个平台不一定是社交平台。

二类电商：指在知名电商平台之外，独立的产品网站，通过一切可以引流的渠道，进行推广，产生订单。一般单品爆款率很高，不受各种电商平台规则的限制。也指广告创意内容与购物车相结合的商品推广形式。

淘品牌：是淘宝商城推出的基于互联网电子商务的全新的品牌概念，是"淘宝商城和消费者共同推荐的网络原创品牌"的概念。2012 年 6 月 1 日淘品牌正式更名为天猫原创，是指在天猫平台上诞生成长的年轻品牌。

信息流投放：是以单图、大图、多图的形式投放广告，外观和平常浏览器里面看的新闻差不多，在各种手机 App 上投放，比如浏览器、今日头条等

垂直领域： 是指只专注某一行业某一部分，粉丝属性限定为某类特定群体。

千人千面： 千人千面就是大数据，例如系统后台会根据买家的搜索、点击、收藏、购买等习惯会优先推送合适你的产品（就是系统分析你的搜索、购买等行为觉得你会需要的产品）。

流量洼地： 指的是价值更高，价格更低，有流量的入口。比如早期的苹果商店，早期的微博，早期的公众号，以及早期的应用市场。注意他们有个共性，早期！所以，流量洼地是根据时间来判断的，到了中后期，红利消失，就不存在流量洼地的说法了。

红海市场、蓝海市场： 红海市场，指的是现有的竞争白热化的血腥、残酷的市场。因为招招见红，所以叫"红海"，是跟所谓的"蓝海市场"相对的概念。红海代表现今存在的所有产业，也就是我们已知的市场空间；蓝海则代表当今还不存在的产业，也就是未知的市场空间。

消费者生命周期： 随着营销推广的不断进行与深入，消费者在对产品的了解和使用中不断成长，从一个普通的目标客户成为长期的熟客，需要一定时间，这显示了一个生命周期。

品效合一： 是指品牌成长与销量效果的两全其美。在营销中，这两者往往很难同时达到，有时就算达到也有主次之分。但在互联网，尤其是在大数据的驱动场景之下，品牌和效果已经出现了大量的融合趋势。

品牌机构化： 今天的国货品牌创始人很大部分都是营销操盘手出身，而非简单的供应链 + 传统电商渠道整合商，他们从一开始到现在，都牢牢自己把握住品牌增长的节奏。品牌优则做流量、做营销，甚至业务溢出，出现一个 MCN 或者一个营销公司的业务。

机构品牌化：机构的品牌化，在于机构发现自己操盘下的消费品，作为一个产业资产，可以有更强资产沉淀。流量的流动没有安全感，资产的沉淀让人有安全感，品牌的销量不应该只体现在战报中，还应该体现在实实在在的机构资产和利润中。所谓"流量优则控货，流量优则做货"。

鲁班电商：鲁班是基于内容营销，可以将产品投放在今日头条、抖音上的二类内电商容平台。

品牌美誉度：品牌美誉度是品牌力的组成部分之一，是市场中人们对某一品牌的好感和信任程度，是现代企业形象塑造的重要组成部分。很多 CEO 没有意识到的是，品牌知名度只是品牌美誉度的一个组成部分。

超级平台：拥有 1 亿以上用户，每个用户每年使用 8 次以上，就可称作"超级平台"。

撮合：在多方交易中，存在中间一方将多方的信息集中起来，然后将信息进行匹配，以便满足各方对信息的需求。

对赌：对赌是一个金融学术语，全称为对赌协议，是投资方与融资方在达成协议时，双方对于未来不确定情况的一种约定，为确保各自的利益而列出的一系列金融条款。如果约定的条件出现，投资方可以行使一种权利；如果约定的条件不出现，融资方则行使另一种权利。所以，对赌协议实际上就是期权的一种形式。

"二选一"：每到"双 11"大促，强迫商家"二选一"、促销规则暗藏玄机等各类乱象就会轮番上演。11 月 10 日，为预防和制止互联网平台经济领域垄断行为，国家市场监督管理总局出台《关于平台经济领域的反垄断指南（征求意见稿）》，并公开征求意见，直指平台"二选一""不公平价格行为""大数据杀熟"等有违公平竞争的行径。

智慧密集型：以智力资本为主要生产要素，高度依赖智力成果，大量聚集智力型员工，主要提供以智力、知识、技术、经验、信息、技能为核心生产要素的产品和服务的产业。

泛流量：泛流量是相对于精准流量而言的，指的是从社交平台上获得的宽泛的流量。这种流量鱼龙混杂，其中有的是我们需要的人群，有的则是打酱油路过的。

赛马机制：指企业必须为其所有的员工提供公平的竞争环境，通过公平的竞争，让所有的员工得到充分有效的利用与合理的配置，从而产生较高的知识经济效益。

存量市场、增量市场：存量市场说的是现存已被看到的确定的市场份额，是一个从有到优的过程；增量市场说的是可能会被激发的潜在的市场份额，市场边界在扩散，整体规模在增加，甚至可以蚕食别的类似品类的市场，是一个从无到有的过程。

用户心智："心智模型"是隐藏在你的一切行为方式、思考方式背后的那些形式和规律。心智影响着用户对他所使用的产品的相关行为。符合用户心智模型的设计，用户使用起来就会觉得自然与顺畅。

冷启动：冷启动这个词很容易给人一种静谧无声的感觉，但新品牌从推出到上市，是避免不了从 0 开始打开市场的，"冷"更多的是在表达我们对待产品的一种谨慎态度，旨在提醒我们在确定产品能够全面铺开之前尽量不要有太过热烈的举动，但同时必要的铺垫预热活动还是要照样进行的。

长尾效应： 从人们需求的角度来看，大多数的需求会集中在头部，而这部分我们可以称之为流行，而分布在尾部的需求是个性化的，零散的小量的需求。而这部分差异化的、少量的需求会在需求曲线上面形成一条长长的"尾巴"，而所谓长尾效应就在于它的数量上，将所有非流行的市场累加起来就会形成一个比流行市场还大的市场。

无限符号（∞）： 表示无穷或无限，即没有边界。

去中心化： 一种现象或结构，其只能出现在拥有众多用户或众多节点的系统中，每个用户都可连接并影响其他节点。简单讲，就是每个人都是中心，每个人都可以连接并影响其他节点，这种扁平化、开源化、平等化的现象或结构，就是"去中心化"。

闭环思维： 针对自己或者他人发起的活动或工作，通过不断循环和不断反复的过程以团队（真实团队或者虚拟团队）的方式完成，并最终反馈结果给发起人的思维习惯。

良性竞争/恶性竞争： 无视竞争规则，翻手为云覆手为雨，从而引起的价格战和资源战。

弯道超车： 利用弯道超越对方。其中"弯道"被理解为社会进程中的某些变化或人生道路上的一些关键点。

市场情绪： 是整体市场所有市场参与人士观点的综合展现。这种所有市场参与者共同表现出来的感觉，即市场情绪。也正是市场上大多数参与者的主流观点决定了当前市场的总体方向。

信息茧房：人们关注的信息领域会习惯性地被自己的兴趣所引导，从而将自己的生活桎梏于像蚕茧一般的"茧房"中。由于信息技术提供了更自我的思想空间和任何领域的巨量知识，一些人还可能进一步逃避社会中的种种矛盾，成为与世隔绝的孤立者。在社群内的交流更加高效的同时，社群之间的沟通并不见得一定会比信息匮乏的时代更加顺畅和有效。

集聚效应：劳动和资本等生产要素的集中，会产生向心力，带来更多资源，产生更高效益。

第二增长曲线：一切事物的发展都逃不开S形曲线（"第一曲线"），如果组织和企业能在第一曲线到达巅峰之前，找到带领企业二次腾飞的"第二曲线"，并且第二曲线必须在第一曲线达到顶点前开始增长，弥补第二曲线投入初期的资源（金钱、时间和精力）消耗，企业永续增长的愿景便能实现。在寻找第二曲线的道路上，成功的管理者必须向死而生，另辟蹊径，一次次跃过那些由成功铺设的"陷阱"，开辟一条与当前完全不同的新道路，为组织和企业找到实现下一条增长的第二曲线。

边际成本：指的是每一单位新增生产的产品（或者购买的产品）带来的总成本的增量。随着产量的增加，边际成本会先减少，后增加。运用边际成本法取得信息，对企业管理者进行相关分析和决策具有重要的指导作用，它克服了完全成本法的缺点，避免操纵短期利润，有利于短期产量决策。

时间窗口：股市的时间窗口，指大盘在某个时间点或时间段，就会产生转折，这个转折可能是大涨或大跌。正是因为时间窗口的转折性，所以吸引很多技术分析高手，用一生去研究和分析，希望准确找到股市的重要时间窗口。

沉没成本：人们在决定是否去做一件事情的时候，不仅是看这件事对自己有没有好处，而且也看过去是不是已经在这件事情上有过投入。我们把这些已经发生不可收回的支出，如时间、金钱、精力等称为沉没成本。

信息不对称：在市场经济活动中，各类人员对有关信息的了解是有差异的；掌握信息比较充分的人员，往往处于比较有利的地位，而信息贫乏的人员，则处于比较不利的地位。

马太效应：好的愈好，坏的愈坏，多的愈多，少的愈少的一种现象，即两极分化现象。

耦合：在物理学上指两个或两个以上的体系或两种运动形式之间通过各种相互作用而彼此影响，甚至联合起来的现象。借用到其他领域，其实就是用以描述偶数 2 以上多体系的相互作用 / 彼此影响 / 互相联合之现象。

系统性风险：由于全局性的共同因素引起整个系统出现失效或倒闭的风险。

降维打击：企业竞争力可以体现在若干个维度的累加上，具有高维度思维的企业，主动将竞争对手的某一核心维度的竞争力降为零，并跟对手在自己更具竞争优势的维度内进行竞争，从而实现以小博大、以弱灭强的商业竞争结果。

黑天鹅事件：非常难以预测，且不寻常的事件，通常会引起市场连锁负面反应甚至颠覆。黑天鹅存在于各个领域，无论金融市场、商业、经济还是个人生活，都逃不过它的控制。

虹吸效应：原指是物理上由于液态分子间存在引力与位能差能，液体会由压力大的一边流向压力小的一边，直到两边的大气压力加水压相等，容器内的水面变成相同的高度，水就会停止流动。经济发展中的"虹吸效应"是指在同级经济领域中，实力较强的往往会吸收实力较弱的，使得强者越强，弱者越弱，形式区别于"马太效应"。

熵增定律：在一个孤立系统里，如果没有外力做功，其总混乱度（熵）会不断增大。薛定谔在《生命是什么》中说：人活着就是在对抗熵增定律，生命以负熵为生。

群响是什么

 一个顶级的流量营销社群，致力于为电商行业品牌方、流量机构、服务商的创始人／高管们，提供行业一线信息和丰富的资源对接服务。

1. 垂直精准、高质量的人脉圈子
8000+ 付费会员，随时随地找人、找信息、找资源

2. 庞大的营销实操案例库
100 万字 + 全域最值得参考学习的一手操盘案例

如果你是企业的 CEO、创始人、高管
如果你是业务的一线操盘手
如果你是流量平台的业务负责人

那请一定关注群响，成为群响会员！

搞流量，来群响